济小宣 编

济南出版社

图书在版编目（CIP）数据

“泉”在济南 / 济小宣编 . -- 济南：济南出版社，2024.5
ISBN 978-7-5488-6495-0

Ⅰ . ①泉… Ⅱ . ①济… Ⅲ . ①城市文化 - 文化事业 - 济南 - 文集 Ⅳ . ① G127.521-53

中国国家版本馆 CIP 数据核字（2024）第 096401 号

“泉”在济南
QUAN ZAI JINAN
济小宣　编

出 版 人　谢金岭
责任编辑　贾英敏　刘召燕
封面设计　纪宪丰

出版发行　济南出版社
地　　址　山东省济南市二环南路 1 号（250002）
总 编 室　0531-86131715
印　　刷　济南乾丰云印刷科技有限公司
版　　次　2024 年 5 月第 1 版
印　　次　2024 年 5 月第 1 次印刷
开　　本　155 mm × 228 mm　16 开
印　　张　24.5
字　　数　318 千字
书　　号　ISBN 978-7-5488-6495-0
定　　价　39.00 元

如有印装质量问题　请与出版社出版部联系调换
电话：0531-86131736

前　言

一座充满朝气的城市，既要有强健的“筋骨肉”，又要有昂扬的“精气神”。

“精气神”存在于经济社会发展的方方面面，可看、可听、可触，体现在有生命力的文字、有穿透力的图片、有感染力的视频中。2023年以来，“济南宣传”微信公众号从经济社会发展的多维视角推出原创好文、清新美文、昂扬雄文，让人们看到了城市“精气神”迸发出的新活力，找到了阅读济南的新角度、爱上济南的新理由。

今天，我们精选了部分作品，集结成《“泉”在济南》一书。“泉”在济南，是一种时尚，意为向往这座城市、倾心这座城市、流连于这座城市。“泉”在济南，是一种温度，蕴藏着热情似火的服务、如沐春风的态度。“泉”在济南，更是一张名片，让“世界泉水之都、文化旅游名城”名扬天下，让四海宾朋不以万里之远奔赴泉城。

这本《“泉”在济南》，既是对济南城市软实力持续跃升的见证，更是对强省会建设“而今迈步从头越”的鼓舞。

“‘泉’有观点”中既有鼓舞奋斗拼搏的好文，勇于发扬自我斗争精神，迎难而上，敢拼敢闯；也有提升党员干部自我修养的美文，习得“修身”十个方法，掌握复盘思维，提升个人“软实力”，以科学方法提升工作水平；还有从实践中总结提炼经验方法的慧文，掌握学习方法，把工作干成学问，以个人成长推动事业发展，用事业进阶锤炼能力提升。从实践中源源不断汲取营养，在发展中畅快分享智慧火花，在创新中迎接挑战攀越巅峰，我们的事业也一定会不断迈上新的高度！

“‘泉’有活力”“‘泉’有韵味”通过全新的角度、易懂的语言、独特的思考将关注的视野拓展至经济社会发展全领域。其中，既有对提升城市软实力、打造新质生产力的深度观察，有对大兴调查研究之风寻找“解题之钥”的独家见解，也有对经济运行保持“持续向好、量质齐升”之势的深度揭秘，还有对“爆红出圈”的超然楼的聚焦关注，对“济南名士多”人文胜景的历史回顾……这些有活力的文字，穿越千年历史，聚焦当下热点，展望未来之势，给人们带来了全新视角下的天下泉城。

“‘泉’域风采”把视线对准一线基层，把焦点聚焦鲜活实践，把镜头锁定实干攻坚，反映的是带着泥土芬芳的火热实践。其中，既有传承千年历史绽放时代光彩的“精神内核”，也有躬耕于野潜心推动项目突破的“工作密码”，还有展现强省会建设勠力攻坚实现新跨越的成效成就……这些鲜活的经验、成功的智慧，鼓舞着人们向着中国式现代化的蓝图疾行。

“‘泉’映时光”链接了“济南宣传”视频号的精选作品，充分展示了济南的四季之美。其中，有人间四月天的大好春景，花海如潮；有“水晶帘动微风起，满架蔷薇一院香”的初夏，泉水欢歌；有登高望远、赏菊品茶的惬意秋色，共享丰收；有雪落成诗、银装素裹的隆冬，冰清玉洁。这些精美流动的画面吸引着八方游客走进济南，品味美好时光。

善思，故能远。踏上全新的征程，开启全新的奋斗，济南城、济南人一定能带来全新的精彩，迈上全新的高度。“济南宣传”也将透过全新的视角讲好新时代济南故事，让济南声音在广袤空间里传播得更广更远。

2024 年 5 月

目录

CONTENTS

"泉"有观点

"泉"有活力

“泉”有韵味

“泉”域风采

“泉”映时光

『泉』有观点

QUANYOUGUANDIAN

干工作，就要发扬自我斗争精神

同样一项工作，安排不同的人负责，往往会有截然不同的效果。有的同志行动迅速、落实有力，有的则拖拖拉拉，推一推动一动，甚至推而不动，不做事、不作为。之所以有如此大的反差，根本原因就在于精神状态、工作作风的不同。对党员干部来说，大家身处关键岗位，肩负重要使命和人民期待，如果“在岗在位不在状态”，怎么能挑得起济南强省会建设的千钧重任？工作是竞相比拼，我们在干，别人也在干，我们凭什么比别人干得好、干得快，凭什么出新出彩出成绩？即便是从个人角度来讲，如果对工作没有激情、对事业缺乏热爱，不担当、不干事、不负责，谈何发展进步？

习近平总书记强调：“一个地方的工作，成在干部作风，败也在干部作风。”任何一流的成绩都离不开一流的队伍，任何一流的队伍背后一定有一流的作风。作风就是形象，作风就是力量。良好的作风是我们攻坚克难的有力武器，是集聚优势的重要法宝，也是凝神聚力的关键所在。宣传思想工作是为国家立心、为民族立魂的工作，宣传思想战线是最考验党员干部政治能力素质的战线，加强干部作风建设是当前最为紧迫的课题。

如何锤炼过硬作风，奋力守正创新，推动宣传思想工作全面强起来？有着“中国式管理之父”之称的国学大师曾仕强曾说过：“人最大的敌人是自己。”锻炼过硬作风，就要发扬“自我斗争精神”，拿出刀刃向内的勇气，进行自我净化、自我完善、自我革新、自我提升，提振攻坚克难精气神，焕发干事创业新气象，做到激情一直“满格”、状态时刻“在线”、工作始终“到位”，以干部作风大转变推动事业发展大突破，为加快建设“强新优富美高”新时代社会主义现代化强省会做出新的更大贡献。

发扬自我斗争精神，要以极端负责的态度对待工作

“肩扛千斤，谓之责；背负万石，谓之任。”党员干部就是干事创业的代名词，肩上有千钧重担，身后有千军万马，手头有千头万绪，理应拿出极端负责的态度对待工作，在其位谋其政，任其职尽其责。极端负责，就是以最高的标准、最强的责任心、最大的力度抓工作，把大事做圆满、小事做精致、难事做稳妥、细节做完美，以最高水平把工作做到极致、责任落到实处。

一要保持事事讲认真的姿态。习近平总书记强调：“我们党最讲认真，言必行、行必果，说到做到。”认真，是一种态度，更是一种精神、一种境界。讲认真才能真负责，有了认真的态度，平凡简单的事情可以做出彩，棘手的问题可能迎刃而解。广大党员干部要拿出事事讲认真的姿态，立足本职岗位，知责于心、担责于身、履责于行。“认真”二字，“认”是态度，“真”是行动。“认”，就要充

分认识工作的重要性。对每一篇文章、每一个文件、每一件小事，都视常为圣、视小为大、视平为要，瞪起眼来，打起十二分精神，不折不扣抓实抓好。“真”，就要真抓实干。有些同志对工作有想法没办法，有思考没思路，有决心没恒心，说起来“头头是道”，干起来“畏首畏尾”，结果一事无成。党员干部必须真抓实干，躬身入局、起而行之，主动下基层、上一线、入战场，挑千钧重担、破艰难险阻，为各项事业的加快发展建功立业。

二要保持“时时放心不下”的心态。心有所思，身有所行。现实生活中，有的同志对工作视而不见，有的则是事不关己、高高挂起，睁一只眼闭一只眼，还有的遇到问题绕着走，如此心不在焉，谈何干事创业？只有“时时放心不下”，才能始终保持强烈的事业心和责任感，始终保持如履薄冰的高度警觉，始终保持见微知著的极端敏锐，眼里才会有干不完的活，身上才会有使不完的劲。“时时放心不下”，心中该装什么？始终装着人民群众，多想想群众的急难愁盼是否解决，还能为群众做哪些实事、好事；始终装着工作，想想工作是否有所进展、还存在哪些问题、未来如何改进提升；始终装着自省之心，多反思自己还有哪些过失，与先进标杆相比还有哪些短板弱项、如何更好地提高个人修为。

三要保持处处勇担责的状态。有权必有责，有责要担当。领导干部，不论职位高低、权力大小，都有一定的决策权，而与之对应的就是负责、尽责、担责的义务。极端负责，就要勇于担责，在任务和困难面前“不松手”“不甩手”“不袖手”“不缩手”。一是要有知责的态度。“知责任者，大丈夫之始也”，知责是履责的前提，大家要清楚自己的职责所在，把责任始终记在心里、扛在肩上、抓在手上，一步一个脚印地做好本职工作。二是要有担责的本领。软肩膀挑不起硬担子，党员干部不仅要有担事的宽肩膀，还得有成事的真本领。身处宣传思想战线的党员干部就要做到开口能讲，讲别人能听懂的话，讲出关键、讲出方法、讲到点子上；也要提笔能写，写出有思想、有思路、有新意的文章，写出有观点、有深度、有见解的材料；还要问策能对，面对问题有足够的准备、应对的办法，甚至有创新的思路；更要交事能办，以"钉钉子"的精神抓好工作推进，办就办成，办就办好。三是要有揽责的胸怀。现实中，很多工作会交叉重叠，甚至出现盲区，这时要有揽事揽责不揽权的格局，宁可上前一步形成交集，不可退后一步出现空当，做到分内事不推不拖、交叉事补位补台，确保工作无盲区无死角全覆盖。

发扬自我斗争精神，要以追求卓越的劲头提升工作

卓越，就是把每一件事做到最好、做到极致。追求卓越彰显的是认真负责的态度、敢为人先的境界，干工作就要把卓越作为一种追求，对待任何事情都坚忍不拔、坚定不移、坚持不懈，不满足于干了、干完了，而是拿出"凡事要么不干，要干就干到最好"的态度，把每一件事做到极致、做到完美。只有这样，个人的能力和潜力才能得到充分发挥，工作才能做到先进一流。

一要有事争一流的决心。古人有云："力欲争上游，性灵乃其要。"工作标准的高低，决定了我们走的远近。如果老是满足于过得去、差不多，永远不可能取得大的成绩。只有不断向自己提出挑战，确定更高的发展目标，才能在不断的竞争中化解危机，创造新的价值。作为省会城市，济南就是要在全省各项工作中争第

一、创一流。处在宣传思想战线的各单位、处室都要主动把自己放到全省、全国的大格局中找标杆、定目标，把“争一流”作为工作标准，坚持高点定位，拿出不甘人后、奋勇向前、誓争第一的精气神，敢于与优者对标、与强者比拼、与快者赛跑，打造一流品牌，争创一流业绩，争当一流先锋。

二要有凡事做到极致的恒心。极致，就是最佳意境、最高程度，也就是通过达到能力的极限来取得做事的最高水平。现实生活中，有时看似能力水平相差无几的两个人，达到的事业高度却有霄壤之别，差距就在于是否具有追求极致的态度。心理学上有个跳蚤效应，就是把跳蚤放到玻璃杯中，跳蚤刚开始轻易就能跳出来，当把杯子加上盖，跳蚤一次次跳起、一次次被撞，最后它学会了根据盖子的高度来调整跳跃高度，一段时间后取下盖子，跳蚤却再也跳不出来了。很多时候，跳蚤效应在工作中同样适用，有的同志会在内心默认较低目标，从而限制了自身能力的发展。追求极致，既要勇于突破思想极限，善于用发展的眼光直面问题，打破头顶的天花板，跳出

思维定式的桎梏，做事情不打任何折扣、不留任何余地、不讲任何条件，也要勇于突破能力极限，不断更新知识结构，接触新鲜事物，全力以赴挑战自身极限，从而不断突破自我，使人生和事业达到应有的高度。

三要有"明知山有虎，偏向虎山行"的雄心。追求卓越，是为了不断取得突破。在这个过程中，会遇到很多拦路虎、绊脚石，这就要求大家发扬斗争精神。要磨砺抗打压能力，面对急难险重能够"每临大事有静气""泰山崩于前而色不变"，正确看待问题和矛盾，化压力为动力，保持良好精神状态。要提升斗争本领，主动投身到困难大、矛盾多的斗争一线接受锤炼，在工作中提升技能水平，在挑战中增强防范化解各种风险的能力，在调查研究中培养应对新形势、掌握新情况、破解新难题的能力，在火热的实践中练就敢于斗争、善于斗争的硬脊梁、铁肩膀、真本事。要讲究斗争艺术，善于从纷繁复杂的矛盾中把握规律，掌握方式方法，抓住关键要领，把握时度效，以最优的方式方法取得最佳的斗争效果。

发扬自我斗争精神，
要把甘于奉献的牺牲精神融入工作

毛泽东同志指出"要奋斗就会有牺牲"，并写出了"为有牺牲多壮志，敢教日月换新天"的豪言壮语。有信念、有梦想、有奋斗、有奉献的人生，才是有意义的人生。任何工作、任何岗位，都离不开脚踏实地、默默耕耘的奉献者。发扬自我斗争精神，就要把敢于牺牲、乐于奉献的精神融入工作当中。

一要有能吃苦的品格。党章明确要求，共产党员要"吃苦在前，

享受在后”。只有吃得苦中苦，才能磨炼意志、增长才干、建功立业。特别是现阶段，各项任务繁重艰巨，只有发扬特别能吃苦、特别能战斗的精神，才能确保各项事业顺利推进。

二要有能吃亏的境界。博大的胸怀、容人的气度，是党员干部必备的品德素质，也是为官做人的可贵境界。正所谓“正其义不谋其利，明其道不计其功”，大家要深刻理解信仰与坚守、奋斗与奉献的意义价值，少一些个人得失的计算，多一些舍我其谁的担当，大力弘扬淡泊名利、无私奉献的精神，扑下身、沉下心、扎下根，在集体利益面前“能吃亏”。

三要有能吃气的胸襟。大家在工作中难免有受委屈的时候，能不能经受得住委屈，这也是对党员干部的考验。有的同志在工作安排上稍不如意，或是在谈话中偶不顺耳，或是取得成绩没有得到应有认可，就闹情绪、撂挑子、讨说法，影响工作，贻误事业发展。曾国藩有句话：“受不得屈，做不得事。”党员干部受得了委屈，才能担得起大事。在遇到困难和挫折时，在面对误解和委屈时，要做到大事讲原则、小事讲风格，靠真本事立身、靠干实事进取，以满腔热情和人格魅力赢得大家的理解、支持。

修身“十要”

“政者，正也！”“君子为政之道，以修身为本。”修身、正己、立德，素来是中国人做人处世、为官理政的根本。有人说，人生就是一场无止境的修行。人生能达到的高度，取决于个人修养的深度。儒学思想强调的“修身”，就是为了“齐家、治国、平天下”。所谓“修身有方”，虽“法门万千”，但也有章可循。今天主要跟大家交流下关于修身的十种体会。

一曰正心为本

何谓正？不上、不下、不左、不右，是为正。正心，即心要端正。心正则言实，身正则行端。心术不正，万事皆休。

中国人历来强调“正心以为本，修身以为基”的人生理念。明代思想家王守仁在《传习录》中也强调：“心即理也，天下又有心外之事、心外之理乎？”无论是为人处世，还是治国理政，正心修身都至关重要。

“心动”决定行动，有什么样的“心”，将会决定你成为什么样的人。心底无私之人，眼中全是广阔天地；胸怀坦荡之人，所行皆是大道正途。反而言之，如果心中全是欲望、脑中满是算计，必然处处碰壁，最终为大家所弃。共产党人就应该始终保有一颗对党、对人民的“赤胆忠心”，坚定理想信念，胸怀“国之大者”，坚决摒除私心杂念，坚决不走歪门邪道，做到眼中有光芒、心中有丘壑、脚下有力量，始终保持昂扬向上的精神状态，风雨无阻、勇往直前。

正心是水磨工夫，需要勤修苦练、切磋琢磨。就像十八届中央纪委六次全会公报所提出的：“党性教育是共产党人的‘心学’，是党员正心修身的必修课。”新时代下的党员干部，要坚持修炼共产党人的“心学”，坚定理想信念、强化党性修养，做到心中有党、心中有民，心中有责、心中有戒，始终保持对党的忠诚心、对人民的感恩心、对事业的进取心、对法纪的敬畏心。

心正之人就好比一个陀螺仪，“心”就是中间的陀螺，无论外部怎么晃动，中间的陀螺始终保持稳定。只要我们始终保持心的端正，就能无惧艰难坎坷，笑看惊涛骇浪，终将“踏平坎坷成大道”，取得“真经”，练就“金身”。

二曰尚德立魂

古人云：“为政以德，譬如北辰居其所而众星共之。”在中华文明数千年的历史长河中，坚持以德修身，是经久不衰的言论。

正所谓“国无德不兴，人无德不立，官无德不为”，于国家而言，德是兴国之基；对个人而言，德是立身之本；对领导干部来说，德是从政之魂。尚德，就是要注重涵养德行，写好人生的“德”字，真正成为德才兼备的有用之才。

“德”字右侧下方由“一”和“心”组成，“一”谓初始，“心”谓本性，告诫我们要坚守初心本性，时时滋养、处处修炼、事事唤醒。

“德”字右侧中间为横“目”，告诫我们要练就一双“火眼金睛”，既看清大是大非，立场坚定不犹豫，也看到小事小节，坚守底线不含糊。

“德”字右上侧似“十”，横平竖直，扛起的是责任担当，树起的是榜样示范。

“德”字左侧为“彳”（双人旁），告诫我们要讲团结，重团结，善于沟通协调，凝聚团队合力。

三日每日自省

何谓自省？就是能够时常向内反思自己、检视自己，发现自身缺点，弥补自身不足。

自古以来，自省是最重要的加强个人修养的方法之一。孔子说：“见贤思齐焉，见不贤而内自省也。”荀子也认为：“博学而日参省乎己，则知明而行无过矣。”《易传》里说：“君子以恐惧修省。”意思是，做人常怀敬畏之心，凡事自省自律，便能顿悟觉醒、趋吉避凶。

这里有一个例子，很富有哲理。意大利画家莫迪里阿尼的肖像画有一个奇怪的特点：许多成年人都只有一只眼睛。这令人大惑不解。画家解释道：“我用一只眼睛观察周围的世界，而用另一只眼睛审视自己。”画家的用意就是警示人们：人要学会“自省”。

党员干部有时会面对金钱、权力、美色的诱惑，面对别有用心者的“围猎”，如何正确处理公与私、廉与腐、俭与奢、苦与乐的关系，不断涵养“乱云飞渡仍从容”的政治定力，努力抵御私心杂念的干扰、不良欲望的侵袭，稳得住心神、管得住言行、守得住清白？方法之一就是坚持“吾日三省吾身”。

只有常常自省，才能时时警醒。党员干部要经常“照照镜子”，善于和敢于反省，随时检视自己是否坚持党性、是否勤廉为民、是否守正创新、是否敢于担当，才能永葆精神上的健康、品格上的高洁。如果不想、不愿、不敢正视自己、检讨自己、改正自己，就无法认识自己、完善自己、提升自己，结果只会让自己的灵魂蒙垢，甚至滑向罪恶的深渊。

四曰严于律己

何谓律己？就是克制、把握自己。严于律己，就是从思想上、品德上、行动上从严要求自己，思无邪、心无私，遵规守纪、行不逾矩。严于律己，是衡量一个人道德修养的重要标准。

《谢曾察院启》言：“严于律己，出而见之事功；心乎爱民，动必关夫治道。”其大意是要严格约束自己，这样才会取得事业成功；心中有百姓，则是成功治理一个国家的基本道理。

济南名士张养浩提出：“士而律身，故不可以不严也……自律不严，何以服众？”他希望为官者对自身要求严格，克己奉公，廉洁自守，不徇私枉法。律人必先律己，律己务必从严。

百年来，无数共产党人始终将修身律己作为一门“必修课”和必备的政治品格。正所谓“一个人能否廉洁自律，最大的诱惑是自己，最难战胜的敌人也是自己。一个人战胜不了自己，制度设计得再缜密，也会‘法令滋彰，盗贼多有’”。只有修身自律，时刻保持律己的警觉，不断强化自省、自察、自纠的能力，才能避免落入“人见利而不见害，鱼见食而不见钩”的陷阱，不被糖衣炮弹击倒。

对广大党员干部来说，要时刻做到严于修身、严于律己，把修身自律作为品格修养的价值底色。

五曰日行一善

何谓积善？也即积德。荀子曰：“积善成德，而神明自得，圣心备焉。”意思是积累善行养成高尚的品德，能够心智澄明，最终达到圣人的境界。

善是人类普遍追求的价值，向善是现实中每个人的共同情感。事有大小，善无高低，日行一善则德累一分，长期积累，终成大德。刘备临终前告诫自己的孩子“勿以善小而不为”；袁了凡“誓行善事三千条”，竟改变了命运。抛却两则故事中的封建帝王思想、迷信神秘意味，单从修身角度来看，坚持善的理念，常做善的事情，终会聚沙成塔，成就人生。行一善不难，对于党员干部来说，认真地对待工作，热情地接待群众，专心地思考问题，投入地学习文件，用心地构思材料……无论做到哪一件都可以称为“行一善”。只要持之以恒、坚持不懈，专业能力、群众威信、文字水平、大局意识等就会不断提高，从众多干部中脱颖而出，也就顺理成章。正如《易传》所说的那样：“积善之家，必有余庆。”

要做到积善成德，就要常怀对“善”的敬、对“不善”的畏，心心念念皆为善去恶。对于党员干部来说，心中要高悬党性之镜，经常性地鉴照自己，对于正确的言行、积极的状态、正向的努力等要及时肯定，为“积善”积蓄力量；对于不恰当的言行、不光明的念头等要及时改正，为“积善”破除障碍。

六曰克己慎独

“慎独”，语出《中庸》“莫见乎隐，莫显乎微，故君子慎其独也”。其意是当独自一人而无别人监视时，也要表里一致，严守本分，不做坏事，不自欺。说简单点，慎独是指一个人在独处的时候，即使没有人监督，也能严格要求自己，自觉遵守道德准则，不做任何不道德的事。南宋思想家、心学创始人陆九渊一语中的：“慎独即不自欺。”

一个人在别人面前，能恪守正念、正行，不动歪心思、坏念头，不做坏事，这不是难事。但在无人监督、别人不在场的情况下，拿什么来遏制自己的私欲？这绝非易事！因为人是有私心的，特别是人有动物式的欲望和本能。这般情境下，拿什么克制自己的私欲，成就自己的私德？那就靠慎独进行修身。

2007 年，发表于《浙江日报》“之江新语”中，有一篇题为《追求“慎独”的高境界》的政治短评，其中一段这样写道：“党员干部要‘慎独’……做到台上台下一个样，人前人后一个样，尤其是在私底下、无人时、细微处，更要如履薄冰、如临深渊，始终不放纵、不越轨、不逾矩。”

至于党员干部如何做到慎独，习近平总书记在这篇短评中指明了方向：要坚定理想信念，树立明确的政治方向，珍惜个人的政治生命，以形成内在的“定力”；要时刻反躬自省，存正祛邪，注重修身养德，增强防腐拒变的“免疫力”；还要办事公开透明，讲民主、讲程序、讲纪律，避免暗箱操作、上下其手，减少各种诱惑的“渗透力”。

七曰好学笃行

何谓好学？就是喜欢学习，勤于学习。何谓笃行？笃行是好学的延续，是学有所得，躬身践行，做到知行合一。好学笃行是党员干部修身的必由之路。

有人曾这样形象地描述学习的重要性：每个人的世界都是一个圆，学习是半径，半径越大，拥有的世界就越广阔。好学是充实人生、提升自我的不二选择。好学就意味着勤学不辍、终身学习。毛泽东同志就是终身学习的榜样。他自少年时代就热爱读书学习，长征途中躺在担架上也手不释卷，甚至弥留之际仍在学习。据医疗护理记录，离世当天，他看文件、看书共 11 次，达 2 小时 50 分钟。党员干部只有不间断地学习，才能知自身之不足，才能提升自身修养与素质，才能克服"本领恐慌"，才能更好地服务群众，干事创业。正如习近平总书记所言，"中国共产党人依靠学习走到今天，也必然要依靠学习走向未来"。

笃行就意味着尊知践履、躬行不怠。习近平总书记强调："一切学习都不是为学而学，学习的目的全在于应用。"但是，从知识到实践，并非自然而然就能实现的。正如《尚书》所言："非知之艰，行之惟艰。"跟大家分享一个地质学家李四光的故事。冰川的分布是研究地质构造的重要依据，有些外国人对中国的冰川进行过考察，断言"中国没有第四纪冰川"，信奉西方权威的一些中国地质学家也就默认了他们的说法。但李四光既不盲从，也不做无谓的口舌之争，而是坚持用事实说话，深入开展考察，先后在扬子江流域、黄山等地发现了大量遗迹，最终推翻了"洋专家"的错误推断。这也充分说明了躬

身笃行不怠、实践淬炼真知的重大意义。

党员干部要将个人理想和奋斗融入中华民族伟大复兴事业，以只争朝夕的紧迫感，不断充实自己、提高自己，加快提升本领；以精益求精的高标准，时刻磨炼“匠心”，在实干中拉高标杆，立足全局谋一域，创先争优不止步，在担当作为中锤炼党性、服务人民、推进事业。

八曰至专至诚

何谓至专？就是专心致志，精益求精。诚则明，至诚如神；专则精，至专必达。以至诚之心，专精于一处，则无事不成。

对《孟子·告子上》中“专心致志”的故事，大家都耳熟能详。同样拜师学艺的两个人，水平却天差地别，原因并非在于智商高低，而在于是否做到了诚与专。中国共产党为什么能从近代中国各种政治力量中脱颖而出，带领中国人民成就民族独立和国家富强的历史伟业？不是因为中国共产党人天赋异禀，而在于他们孜孜于中华民族的伟大复兴，虽历经千难万险而意志坚定、初心不改。新时代的党员干部要继承和发扬早期革命家们的至诚至专之精神，忠于事业，专于职责，砥砺奋进，勇毅前行。

党员干部要认准目标、持之以恒，无所畏惧地磨炼“犟性”，连续不断地解决改革发展道路上的各种问题，推动工作取得实实在在的进步。

党员干部要有“功成不必在我”的精神境界，沉得下心，既要做显绩，也要做潜绩，要有“栽下树，让后人乘凉”的奉献精神和不计个人得失、着眼于长远利益的大局观。

党员干部要从小事做起，不能只埋头于大构想、大事业，不能大事干不成、小事不想干，要用可行的目标聚沙成塔、积水成河，积跬步以至千里。

九曰识微明机

何谓识微？是指看到事物的苗头而能察知它的本质和发展趋向。《宋史·常安民传》有云：“惟识微见几之士，然后能逆知其渐。”何谓明机？就是把握时机，随机应变，也就是《盐铁论》中所说的“明者因时而变，知者随事而制”。事物的发展都有一个从小到大、由浅入深的过程，及时发现苗头，善于抓住时机，对于预见未来、成就事业至关重要。

牛顿看到苹果落地发现地球引力，阿基米德洗澡时感觉身体被轻轻托起发现浮力，莱特兄弟看到飞翔的鸟发明了飞机，瓦特看到烧水的蒸汽研制了蒸汽机……聪明人见一叶可以知秋，愚钝者却因一叶而障目，其中的根本区别就在于对细节的观察是否敏锐、是否保持追问、是否具有从微小事物中把握大局的统御能力。

在制定预案，特别是长期性工作预案时要有“留白”意识，不能仅局限于当前阶段，要充分考虑发生重大变化，甚至突然出现“黑天鹅”的可能，留足应对空间。同时要善于抓住时机，随时就势，主动求变。

党员干部要跳出惯性思维，不断练就识变能力，提升应变本领，增强求变勇气，既对原则坚定执守，又能根据不同情况应变创新，才能使各项工作更加体现时代性、富有创造性。

十曰慎好慎友

慎好，就是要审慎选择爱好，慎重对待爱好，做到有度有节，让爱好成为陶冶情操的“润滑剂”，而不是腐化堕落的“催化剂”。慎友，就是要慎重对待交友，以义交而不以利交，交净友而不搞帮派，让朋友成为相互帮助、共同进步的最强助力。

世人皆有所好，党员干部也不例外，但如果不能审慎对待爱好，就可能出问题。“不怕领导讲原则，就怕领导没爱好”，当今因“爱好”落入陷阱而落马的事例屡见不鲜。有的同志喜欢打游戏，晚上熬夜，白天工作起来无精打采；有的喜欢书法，有时间泼墨挥毫，没时间研究工作；还有的喜欢古董玉器，最终“爱好”滋生成欲望，身败名裂。古人有言“好船者溺，好骑者堕，君子各以所好为祸”，领导干部要保持淡然心态、低调对待，善于隐藏自己的爱好，而不宜高调展示，更不能到处宣扬。

党员干部在日常的人际交往中，因情趣相投、秉性相合而结交朋友，是正常的事情。但对掌握一定权力的同志来说，交友范围和方式往往影响着权力的运行，必须慎重面对，务必做到公私分明，讲“人情味”，不背“人情债”，始终保持朋友圈的“纯洁”。

“人情味”是人和人之间相互关怀、相互帮助的优良品格。“人情债”是人情世故中因为一顿饭、一次礼金、一件私事等欠下的债，可能会由小及大，甚至从合规到违规。对领导干部来讲，人生最大的债就是“人情债”，有的是还不起的。要严格区分“人情味”和“人情债”，既有“人情味”，又守住“人情关”，破解“人情之困”，不背“人情债”，做到“恋亲不为亲徇私，念旧不为旧谋利，济亲不为亲撑腰”。

谈激情干事

习近平总书记强调：“良好的精神状态，是做好一切工作的重要前提。”党员干部的精神状态，在很大程度上决定着一个地区、一个单位的发展状态。怎么保持良好的精神状态？一个基本要求就是要有激情。激情是一种强烈的情感表现形式，是无形的动力。激情干事，就是对待事业有感情、对待工作有热情、对待团队能共情，以蓬勃向

上的朝气、积极进取的锐气、充沛旺盛的精力、奋发争先的豪情壮志，全力以赴扛起工作赋予的责任，高效优质地完成各项任务。

人在激情的支配下，能够高扬理想使命，激发最大潜能，提升思想境界，最大限度地激发干事动力、释放创造活力，以“能人所不能、忍人所不忍、受人所不受”的坚韧不拔之气，把不可能变为可能，把可能做到极致，成就精彩事业。但在工作中，有的同志浑浑噩噩，精神状态懒散，不思进取，敷衍了事，自甘平庸；有的同志只有瞬间热情，“今天激动，明天慢动，后天不动”，谈目标豪情万丈，谈执行束手无策，谈结果一事无成；还有的同志满足于“领导交啥就干啥”，“来了文件上报，有了批示下传，遇到问题转交”，工作毫无亮点、毫无生气。哪里有激情，哪里就有活力，事业就能发展，干部就能进步。大家要把激情工作作为一项鲜明特质，让激情干事在宣传思想战线蔚然成风。

涵养干事的精气神

态度决定一切。我们对待工作的态度，将决定事业的高度。怎样对待工作？毛泽东同志说：“人是要有一点精神的。”邓小平同志讲：“没有一股气呀、劲呀，就走不出一条好路，走不出一条新路，就干不出新的事业。”这“精神”、这“气”、这“劲”，就是干事创业的精气神。只有提振“精气神”，才能饱含激情，以良好的精神面貌、精神气质、精神状态投入工作。

一要全心全意对待工作。把工作当作职业还是事业？二者虽一字之差，却折射出不同的价值追求与人生格局。把工作当职业，考虑的是个人得失，关注的是“自留地”和“小算盘”。把工作当事业的人，将工作与自己的人生目标融为一体，对所从事的行业和岗位发自内心地热爱，在工作中迸发出强烈的责任感和使命感。作为党员干部，我们肩负的工作是光荣而有意义的，大家要牢记自己的第一身份是共产党员，要保持强烈的使命感，以重任在肩、不辱使命的责任心，全心全意对待工作，担负起责任、肩负起使命。

二要全力以赴投入工作。全力以赴，就是竭尽全力，使出浑身解数，激发出最大力量。以百分之百的精力去对待工作，这样取得的突破往往是惊人的，就像“千斤顶”那样能够顶起千斤重物。大家要以追求卓越的态度对待工作，挖掘自身潜力，发挥最大潜能，心无旁骛地干好每一件事，把工作干到极致。

三要全始全终抓好工作。古人云：“奋始怠终，修业之贼也；缓前急后，应事之贼也。”工作中，有的同志只管“说了”，不管是否“做了”；只管“发文件了”，不管是否“落实了”；只管“开会研究了”，不管是否“解决问题了”。这是典型的虎头蛇尾。如果不能有始有终，任何缜密的计划、完善的措施、创新的思路，都只能是一纸空文。对待任何一件事都要持之以恒、锲而不舍、一抓到底，既要“想到”，也要“做到”，更要“得到”，形成闭合回路。

保持积极的好心态

“欲事立，须是心立。”心态决定状态，心态影响行动。习近平总书记多次强调，领导干部要淡泊名利，保持良好的心态。激情干事，就要涵养积极向上的好心态，处理好从政为官、做人做事的关系，做一名忠诚、干净、担当的高素质干部。

一要有忠诚之心。“忠诚敦厚，人之根基也。”忠诚胜于能力，行动胜于诺言。作为党员干部，我们都曾面对党旗宣誓“随时准备为党和人民牺牲一切"，这是对党和国家"以身相许"的庄严承诺，就要不忘初心、牢记使命，在党言党、在党忧党、在党为党，始终把党的事业和人民利益放在第一位，在其位、谋其政、干其事、求其效，做到平常时候看得出来、关键时刻站得出来、危急关头豁得出来。要以忠诚之心对待组织，以平常之心对待名利，以奉献之心对待事业，不为噪音所扰、不为歪风所惑、不为暗流所动，忠心热爱党，铁心跟党走。

二要有自信之心。信心比黄金更重要。工作千头万绪，困难无时不有，关键是精神不能垮，信心不能丢，斗志不能减。形势越是严峻，任务越是繁重，就越要坚定信心。狭路相逢勇者胜，要以"明知山有虎，偏向虎山行"的胆识，"置之死地而后生"的魄力，踏石留印、抓铁有痕的劲头，面对困难不松劲、面对问题不退缩、面对责任不逃避，全力以赴想对策、找出路，从而绝境逢生、柳暗花明，取得最终的胜利。当然，信心不是盲目自大，而是取决于我们怎么谋划工作、怎么推动工作。大家既要有充满激情的理性，又要有充满理性的激情，定好盘子、厘清路子、开对方子，努力打开改革新通道、闯出发展新天地。

三要有豁达之心。古人云："大度豁达义气深，决胜千里辨输赢。"古往今来，但凡事业有突出业绩、取得成就的伟人，都是襟怀坦荡、宽宏大量、豁达大度的人。当干部，不能只打养家糊口、个人进步的"小九九"，不能纠结于失去一次机会、少拿一项荣誉的小牺牲，而要善于从大局出发，分清"小我"和"大我"、局部与全局，对待名利常常"得之淡然，失之泰然"，真正做到能吃苦、能吃亏、能吃气，有功劳不伸手、有苦劳不计较、有疲劳不抱怨，做一个理想远大、格局宽广的人，心甘情愿地燃烧自己、照亮别人、成就事业。

形成持续的正反馈

保持一时激情容易，让激情常在却是一件难事。这就要求我们做好自我管理，善于给工作做规划，形成持续的正反馈。

一是大目标要有小计划。任何宏大的目标都需要变成具体的可执行的任务，分解成具体指标。指标分解的科学与否，将影响工作的积极性。如果好高骛远，遥不可及，就会“一而再，再而衰，三而竭”，让人丧失希望；如果定得太低，轻易就能完成，也很难把动力充分激发出来。科学的指标，需要“跳起来摘桃子”，既激发出足够的动力，又能获得实现目标的成就感。要坚持项目化推进，把每一个目标当作一个项目，将宏观的大任务转化为具体的小项目，明确具体任务、时间节点，化整为零、化难为易、化虚为实。要分清轻重缓急，设定优先顺序，增强行动的自主性、计划性。

二是谋长远要会立当下。远与近是指纵向的时间跨度。善看长远的人，对远与近有着深刻的辩证认识。有些问题，短期看是挑战，但把眼光放长远，就是机遇。党员干部要学会谋长远，站得高、想得深、看得远，把握规律，顺应大势，做到谋定而后动。“骐骥一跃，不能十步；驽马十驾，功在不舍。”伟业绝非一日可成，如果一味盯着宏伟的目标而不去行动，激情就会一点点消退。这就要求“立当下”，坚持“日日行，不怕千万里；常常做，不怕千万事”，从眼前事做起，一步步打好基础，向着发展目标勇毅笃行，在完成一个个阶段性任务中实现小目标、形成正反馈，激励自己不断取得新突破。

三是有所得就要有所舍。舍得，舍得，有舍才有得，先舍后得，不舍难得。舍得是一种境界、一种修为、一种智慧、一种格局。党员干部要善于取舍，以壮士断腕之决心，舍弃该舍的，才能得到应得的。我们要善于做减法，果断放弃那些不切实际的、可有可无的追求，将注意力集中到值得精益求精去坚持的事情上，把复杂的局面简单化，把宝贵的时间用到刀刃上，集中精力干大事，干重要的事、关键的事。

保持对工作的新鲜感

新鲜感是指对新事物、新经验、新环境所产生的感受，它能给人带来兴奋、愉悦，激发挑战欲。对干事创业者来说，新鲜感是获取新知、追求进步的动力。让激情常在，就要始终保持对工作的新鲜感。

一要拥抱新事物。当今社会日新月异，新知识、新事物、新挑战层出不穷。宣传思想工作是领风气之先的工作，创新是做好宣传思想工作的不竭动力。宣传思想战线的同志们要不断解放思想，接受新理念、掌握新知识、拥抱新事物，勤于动脑思考、善于学思践悟，自觉把学习和思考转化为内在创新的习惯和能力，从而创新工作思路和方法，在工作中常抓常新、在方法上推陈出新，以更加开放的思路和胸襟，研究新情况、解决新问题、推动新发展。

二要接受新挑战。无论是事业的发展还是个人的成长，从来都不是一蹴而就、坐享其成就能实现的。只有敢于突破固有模式、勇于跳出舒适圈、善于迎接新挑战，才能不断取得新突破。党员干部要在行动上敢想敢干、敢为人先，敢做第一个吃螃蟹的人，主动涉足前人未曾涉足的"盲区"、有碍发展的"禁区"、矛盾错综复杂的"雷区"，鼎新革故、打破常规、破旧立新，努力成为创新的实践者、探索者和先行者。应对工作新挑战，前提是要善于自我挑战，坚持自我革命，树立极限意识，不断突破思想极限和能力极限，打破天花板，取得个人的突破和事业的拓新。

三要做到常自省。为什么有些同志工作四平八稳、平庸无为，年复一年、日复一日，毫无亮点、毫无提升？很重要的一个原因就在于不去自省、不去复盘，看不到或者不敢正视自己存在的缺点和问题。保持对工作的新鲜感，就要保持“自省吾身，常思己过”的反省意识，多想想自己还有哪些短板弱项，如何更好地提升工作。通过自省，以更高的标准、更严的要求衡量自己，发现新问题、找到新目标，然后坚持问题导向，对问题一一整改，不断提升自我、完善自我。

锤炼自身的“韧实力”

韧性是指物体柔软坚实、不易折断的性质。《说文解字》中标注：“固而不柔，脆也；柔而不固，弱也；柔而固，韧也。”工作中，难免会遭受失败打击，如果遇到困难就躲避退缩，经不起一点挫折，受不了一点委屈，势必迷失方向，轻则迟滞个人成长，重则影响事业发展。党员干部必须锻炼自身“韧实力”，增强抗摔打能力，面对众多矛盾和问题时始终保持昂扬向上、奋发有为的精神状态。

一要心里能装事。工作中，大家会面临“既要”“又要”“还要”的多重要求，以及两难、三难、多难的复杂局面，可以说是“压力山大”。压力与动力并不是简单对立的，压力恰恰是动力得以转化的前提。遇事有压力，干事才会有动力，落实才能给力。可以说，干事的动力，就在沉甸甸的压力中；发展的突破，就在不停歇的探求中。“抗打压”最关键的就是有精神的承受力，面对矛盾和困难，要有乐观主义精神，有强大的心理和败不馁的气概，用积极思维取代消极思维，用积极作为替换消极回应。在这个过程中，要摒弃

“骄”“娇”二气，视困难为考验、把压力当动力，充分点燃自身的潜能和斗志。

二要肩上能扛事。“犯其至难而图其至远”，困难和问题，是试金石、磨刀石，也是铺路石，它们考验人、锻炼人，也能够成就人。通过与困难的层层较量、在风浪中的重重磨炼，自身的“抗打压”能力才会由弱转强，进而积厚成势，最终成长为攻坚克难的奋斗者。扛事就要勇于担苦担难，敢于涉重涉险，拿出“初生牛犊不怕虎”的朝气，面对大是大非敢于亮剑，面对危机挺身而出，面对失误勇于担责，不摸清情况不走人，不解决问题不撒手。

三要弯腰能成事。直起腰杆做人，弯下腰来做事。大家都知道，赛跑时运动员会弯下腰来，以便更好地蓄力发力。工作中，遇到了委屈或者一时难以解决的“老大难”，也要学会弯腰。弯腰是一种态度，也是一种智慧。这种态度就是要低调处事，树立空杯心态，保持谦虚谨慎，未成之事勿出口，事成之后不自满，虚心学习，诚恳请教，在弯腰、放空、清零中吐故纳新，不断提升自我。这种智慧就是能屈能伸，面对一时解决不了的问题可以暂避锋芒，静下心来看清楚、想明白，从而更好地发力，最终扛起重任。过刚易折，过柔则靡。只有学会弯腰做事，才能吃得了苦、受得了委屈、扛得住事，以饱满的热情和昂扬的斗志，把各项工作干好干出彩。

养成复盘习惯，用好复盘思维

儒家经典《论语》有言："吾日三省吾身。"

苏格拉底说："未经反省的人生是不值得过的。"

古圣先贤都有自我复盘的自律精神，他们更多的是将复盘作为持身修心之道，重在自我升华。

复盘，原是围棋术语，也称"复局"，指对局完毕后，复演该盘棋的记录，以检查对局中招法的优劣与得失关键，以此发现攻守漏洞，砥砺自身棋艺。

就像底线思维、系统思维一样，如今复盘思维已经是我们"工具箱"里最常用、最有用的分析工具之一。有了这个工具，我们可以大大减少工作中平庸化的重复，避免不走心的琐碎，把积累转化为能力，为经验建立起态度，把前期的"工作存量"转化为未来的"成果向量"，实现工作价值最大化。

谋事如谋局，做事如落子。党员干部需要养成复盘习惯，树立复盘思维。无论谋局谋势，无不从复盘推演开始。

善复盘者赢

复盘，是对过往工作进行回忆、复刻、反思、探究、推演，发现问题、找出原因、找到规律，从而推动工作不断改进、提高、升华。这是党员干部自我成长、磨炼党性的过程，更是提升认知水平和工作效率的多重需要使然。复盘，是能力提升的加速器，是发现问题的探测针，是看清问题的放大镜，是产生新认识的催化剂，是行动的导航仪，是知识资产的生成器。

现在，作为一种工作方法，复盘已经被广泛应用到会计、股市、企业管理、行政管理等多个领域。作为党员干部，我们日常从事行政管理工作，是不是也提倡复盘呢？答案自然是肯定的！

1. 复盘是认识论

"实践、认识、再实践、再认识，这种形式，循环往复以至无穷，而实践和认识之每一循环的内容，都比较地进到了高一级的程度。这就是辩证唯物论的全部认识论，这就是辩证唯物论的知行统一观。"以上是毛泽东同志在其光辉篇章《实践论》中的一段论述，至今广为流传。这是复盘的哲学基础。没有复盘，就没有认识提升，就只能"低位徘徊"，所做的都是低质量努力。

以招商引资工作为例，有些地方仍拘泥于遍地打广告、投门子找关系的老套路。如果来个大型复盘，就能发现，现在的招商引资早已到了"包机出海抢订单"阶段，新招商模式、招商理论层出不穷。有的省介绍了12种招商方式：产业链招商、专业镇招商、开发区招商、政府招商、中介招商、人才招商、成果转化招商、基金招商、政策招商、情谊招商、会展赛事招商、网络招商等。这些招商引资的"新招式”，听过吗？试过吗？哪些是适合自己的？工作中落实了多少？结合“他山之石”如何优化下一步工作？……

不复盘，认知水平就达不到一定层次；不复盘，过去的工作经验就等于零。复盘是一个普遍的方法论，万事皆可复盘，一经复盘天地宽，信然！

2. 复盘是传家宝

复盘思维，不是当下才有的先进管理思维，而是我们党一直在用、“磨得发光”的一件利器。

中国共产党百年历程，常遇岔路、弯路，时有险滩、暗礁，其中每一次光芒闪耀的关键历史节点，其实都是在经历一场伟大复盘。在那个风雨如晦、万马齐喑的年代，中国共产党的成立，本身就是早期党组织和革命先驱对中国近现代历史和人类文明发展史科学复盘的结果。从八七会议、古田会议到遵义会议，从延安整风运动到党的十一届三中全会，再到新时代全面从严治党，都是党以自我革命精神纠正错误、总结经验、完善自身、走向胜利的典范，无一不是深刻复盘的结果。

在“当下史”的书写中，复盘的传统仍然在重大国家叙事中被继承、被发扬。可以说，中国共产党不断从胜利走向胜利，其实也是“科学复盘”这一方法论的胜利。

3. 复盘是基本功

当前，全党正大兴调查研究之风，调查研究是党员的基本功。我们要善用复盘思维开展调研，以更全面的视角、更理性的态度审视调查研究的每个环节。

比如说，在调查研究中养成复盘思维，就像去北极探险，在到达北极点的路上充满浮冰，浮冰一直在流动，可能你一觉醒来，方向就偏离了。这时，就不能盲目按前期计划前进，必须通过复盘来调校方向，重新确定行动方向。如能每天坚持这样做，就能一步步接近终点。

展望性复盘。以问题为导向引领调研方向，对已经发现的问题进行展望性复盘，奔着问题去、跟着问题走，把情况摸清楚，做到不唯上、不唯下、只唯实，真正发现群众所急、所需、所盼。

过程性复盘。善于分析问题是解决问题的关键，既要分析面上情况，又要剖析点上现状，不断开展过程性复盘，思考问题背后产生的原因、带来的危害等，让调研内容更加体现民意、切合实际、符合规律。

总结性复盘。要站在局外看全局，在“回头看”中查缺补漏、建章立制、巩固成果。归根到底，一次调查研究的成效如何，关键在于调研成果是否有效运用、问题症结是否成功解决。

深入开展调查研究，时时处处“要以复盘剖析深化调查研究成果，对调研选题再检查、对调研过程再检视、对查摆问题再剖析、对调研

报告再完善”，保证调查研究不走形、不跑偏、出实效。

4. 复盘是助推器

丘吉尔说“不要浪费任何一场危机”。不浪费危机，其实就是通过复盘查摆问题，梳理经验教训，找到破解方案，从而化“危”为“机”，走出泥泞。可以说，复盘就是一种危机管理方法，让我们在工作中总结经验教训，不断提高自己对事物的认识能力和理解水平，抓住工作的关键和主要矛盾，不断精进自己、提高自我、助力成长。所以说，复盘是每位党员干部成长的“助推器”。

复盘差距练本领。在日常具体工作中，在服务群众工作中，年轻干部要定期复盘、反省、反思自身工作的差距，特别是攻坚急难险重任务后，需要复盘，对比老同志在艰苦环境和复杂局面中的担当作为，总结自身不足与差距，应该到艰苦环境中去磨炼，到吃劲岗位上去锻炼。

扫雷避坑蓄能量。复盘，能让自己不在同一个地方栽跟头，还可以躲过别人没有躲过的坑。无论是自己的问题短板还是别人的“反面经验”，要本着实事求是的态度，在复盘的过程中立行立改。对于管理漏洞，要及时完善制度；对于烦琐的方法路径，要不断优化方案，吃一堑长一智，提升为民服务的真本领。

以终为始长才干。复盘不是终点，而是解决问题、突破创新的起点。年轻干部应把握成长黄金期，在复盘中扬长补短、积累精进，革除不合时宜的观念作风，多学些比较欠缺的知识技能，不断增强自身的综合素质。善于掌握主动权，将矛盾想得复杂一些，对困难预见充分一些，因时因地制宜，对经验教训进行“深加工”，形成更加积极有效的好办法、新办法、巧办法，并将其付诸下一次的实践，使各项工作更加切合实际、体现民意、符合规律，以新风貌展现新作为、打开新局面。

四个步骤养成复盘思维

复盘思维是一种高效的学习方法，可以帮助我们更好地理解和应对复杂的问题，提高决策力和执行力。所以，我们日常的复盘要持续聚焦自我成长，培养良好复盘习惯，形成成熟稳定的复盘思维。

1. 善用清单，扭住复盘牛鼻子

复盘，就是将经历转化为经验，把问题转化成方案。有一本书叫《清单革命》，里面提到"8家试点医院，医疗水平参差不齐，但持续改善的清单，让4000名病人术后严重并发症的发病率降低了36个百分点，术后死亡率下降了47个百分点"。这段表述给人的启发是，清单是无数次试错、无数次试验、无数次迭代得出的结果，是深度复盘的结晶。

我们工作中遇到的问题、出现的错误，千万不要让它"白白流失"，要学会用清单的方式进行记录，形成一个"避雷指南"，以后才能避免再次踩雷。有复盘的自觉，才能及时发现背后的问题，反之则比较容易在同一个地方栽跟头，把小问题拖成"老大难"，或是陷入自我感觉良好的窠臼，导致工作原地打转，甚至前功尽弃。在复盘的过程中学会用矛盾的、联系的、发展的眼光看问题，要分析工作思路是否正确、方法是否得当、机制是否合理，避免低水平工作效率的重复，发掘更大的进步空间，找寻推动工作提质增效的最优解。

2. 对照目标，握稳前进方向盘

"不要因为走得太远而忘记为什么出发。"复盘思维要求我们首先要找到最初工作的期望、目标、评判标准。目标对于复盘的重要性就如同灯塔对于船舶，搞不明白"为什么而复盘"的问题，行动就会失去方向。

目标给我们指引，让我们知道要往哪里努力，目标是否达到也是评判成功与否的标准。通过将结果与目标进行对比，我们就知道一件事情是成功还是失败。不明确目标，大家就不知道向何处使劲。无目的的工作是盲目的，也是危险的；而忘记目的的工作则是无效的，甚至会导致负面效果。

对涉及具体工作的复盘，首先要进行目标回顾。比如在创建全国文明城市工作中，目标就是零失分、取得综合测评成绩第一名。再比如，在理论宣讲工作中，目标就是宣讲多少场次、受众覆盖多少人次等。要让参与复盘的人都心中有数，知道自己要讨论什么、如何评判。

“在其位，尽其责”的事业心和责任感，始终怀有身为人民公仆的服务意识，是党员干部的初心。在复盘中，要以人民群众为轴心，以人民群众的根本利益为中心，在为人民服务的过程中以“无我”初心来涵养“大我”情怀，做到知行合一，在总结中画好为民同心圆，坚守好前行初心路，以为人民服务的理念筑牢党员干部忠诚奉献的信念。

3. 去芜存菁，提炼成功方程式

在复盘中发现规律、总结规律，是最重要的内容。正确的规律和认识可以指导我们今后的工作，提升工作业绩，提高成功的可能性。

复盘，要从一个具体的案例中，提炼出方法和规律。这不仅有助于解决该案例中的具体问题，还能够解决某一类问题，便于指导后续的其他工作。只针对某一个案的复盘结论，等个案结束后，结论就失效，这样的复盘价值不大。

复盘时，我们会得到一些规律或者认识，对于这些规律或者认识，要进行推演、实践，而不是得到结论就止步。规律推演，一方面会排除明显错误的结论，一方面会找到相对正确的结论，这可以使我们复盘的结论更加可靠。同时，我们还应该在今后的实践中进行应用，并根据应用的情况不断修正、提高，最终获得真知，提升工作水平。

4. 反思评估，搭建认知防护网

复盘，需要有敢于反思、勇于自省的精神。善于复盘者，必善于自我批评。党员干部日常面对的机关事务琐碎、复杂、烦冗，不易出彩，不易被关注。但面对同质、等量的工作，有的人能条分缕析，有板有眼；有的人却一团麻线，无果而终。为什么会出现两种不同结果？这两种结果如何评估？这就需要一套体系化的评估标准。

反思主要从两个方面进行：做事的态度和做事的方式。做事的态度，是积极主动还是消极被动，是自己想要还是等着别人推动，是用心还是交差，是注重成长还是看重表现。做事的方式，是埋头闷干还是抬头看路，是闭门造车还是广泛听取各方意见。

复盘虽然是一种反思、总结，但要比其更具系统化、机制化。复盘是一次目标驱动型的学习总结，目的性更强，从梳理最初目标开始便一路刨根问底，探究结果与目标之间差异的根本原因，然后总结、反思、提高。

习近平总书记在学习贯彻习近平新时代中国特色社会主义思想主题教育工作会议上曾经提出，要按照“四个对照”和“四个找一找”，有的放矢进行整改。只有切实把准问题，才能为“治病救人”提供精准靶向。这里提到的“精准靶向”，其实就是“结果分析”最有效的路径。在靶向式评估、结果导向的倒查中，让大家破解“机关心态”，不迷失于烦琐。

三大向度推动复盘制度化

没有复盘，工作会是什么样子？无非两种情况，一是对过去存在的问题和教训，放任自流，如风过耳，漠然视之，然后把小问题拖成大麻烦；二是对于已经取得的成绩，不及时总结，坐在功劳簿上沾沾自喜，导致成绩昙花一现，没有了进步空间。为了避免这两种情形，需要把复盘这种工作方法常态化、制度化，掌握“回头看”的节奏，保持“向前看”的姿态，建章立制，防止反弹，锚定目标，逆风翻盘。

复盘制度化，要在以下几个“向度”上发力。

1. 要有民主取向，倡导共同参与

在集体作业过程中，复盘要想达到预期效果，就要保持过程的开放性、交互性。因此，复盘就要避免搞成领导“说啥是啥”“讲啥听啥”，要遵循“自下而上”“人人参与”的原则，鼓励更多人放下包袱，敞开天窗说亮话，让大家在“七嘴八舌”中实现认知提升乃至完成决策。

工作复盘，还要打通群众通道，走出去听听百姓意见，让街坊四邻“找碴儿挑刺”，做到问需于民、问计于民，让老百姓意识到“公家的事儿”人人有份，真正做到把以人民为中心落实到每一项议程中。

2. 要有问题导向，疏通堵点痛点

高效的复盘，不是什么都要“盘”一下。要讲重点、看亮点、抓难点，有针对性地复盘。现在，很多总结性会议往往搞成了“大锅炖”“夸夸群”，每个人发言要么不着边际，要么只摆成绩，不谈问题，不说方案，到头来只是走个过场，复盘无效。

复盘的力度，来自问题导向。这需要带着问题举一反三、开门见山，即便面对成绩，也要分析成绩的来之不易，预见未来的风险点位，以此提升自身“免疫力”。只有带着问题，甚至以挑剔的眼光复盘，才能让后期工作越干越会干、越干越能干。

3. 要有结果指向，实现目标成果化

所有“完成时”的复盘，都立足于“未来时”。复盘，不是工作的终点，关键要在下一步工作中落地生根，检验成效，并且要以成果化检视目标达成情况。

“一语不能践，万卷徒空虚。”对于复盘出来的问题，最制度化、科学化的方法是建台账列清单，形成问题项，做出流程图，排出时间表，根据“有解方案”有序整顿，更要将成熟路径方法进行推广，督促进度，做到“盘”以致用。

结语

复盘思维，是工作流程中的“学思践悟”，是立足岗位修炼党性、保持先进性的经验保障。把握趋势、善作善成，需要一次认真透彻的复盘。广大党员干部要主动用好复盘方法、保持复盘习惯、严守复盘制度，以对问题负责、对未来负责的严肃态度，做好新时代答卷的复盘者，为各项事业的发展进步寻求最优解。

无复盘，不工作；无复盘，不精进；无复盘，不思想；无复盘，不真理。

让个人软实力成为事业硬核力

城市的发展，需要提升城市软实力；事业的进步，需要党员干部提升个人软实力。于个人而言，软实力就是个人在内生力、感召力、思想力、执行力、沟通力等五方面综合素养的体现。硬实力是看得见、摸得着的力量，是可以被量化的指标，而软实力是精神的、无形的，容易被认为是虚的、可有可无的，常常被低估甚至被忽视。事实上，软实力和硬实力一样，都是体现个人素质的重要指标。内功扎实了，外功才有力，才能在工作和为人处世中见思想、见水平、见能力。硬实力让人走得快，软实力让人走得远；硬实力决定人生的起跑线，软实力则影响人生的天花板。特别是党员干部，肩负着重要使命，更需要不断提升个人软实力，涵养精气神，练就大气场，成就大事业。

锻造强大内生力，
鼓足干事创业精气神

习近平总书记曾引用清代诗人龚自珍的名言“不能胜寸心，安能胜苍穹”，深刻指出“‘本’在人心，内心净化、志向高远便力量无穷”。

我国传统文化一直提倡修心，孔子讲“毋意，毋必，毋固，毋我”，强调修心四忌；《大学》之精义“格”“致”“诚”“修”，要在一心；王阳明更是主张“知行合一”，将修心上升为“心学”的高度……心态决定状态，状态决定成败。“心学”是一门学问，“心力”是最强大的内生动力。提升个人软实力，就要锻造良好的心态、强大的心力，做到大事难事面前意志坚定、危事险事面前心平气定、利益功名面前淡然处之。

正其心而戒其私。《论语》中记载过这样一个故事：鲁国正卿季康子问政于孔子，孔子对曰：“政者，正也。子帅以正，孰敢不正？”又曰：“其身正，不令而行；其身不正，虽令不从。”孔子以此告诫为政者要“正人先正己”。习近平总书记也多次借用此典故，告诫年轻干部要正心明道、怀德自重。正心就是心要端正，以端正之心养浩然正气。正气是从政的基本要求，面对各种诱惑时，正气足才能坚定信念，坚守红线底线。“天下之难持者莫如心，天下之易染者莫如欲。”与正气相对的是邪气，正其心，就要摒弃歪门邪道，常破“心中贼”，以内无妄思保证外无妄行，不搞“自我设计”，不走捷径、不找门道、不抄小道，避免因为没有“控制住自己”“把握好自己”而酿成无法挽回的恶果。

大其心而戒其窄。有一个哲理故事。三个工人在工地砌墙，有人问他们在干吗。第一个人没好气说：砌墙，你没看到吗？第二个人笑笑：我们在盖一幢高楼。第三个人笑容满面：我们正在建一座新城市。多年后，第一个人仍在砌墙，第二个人成了工程师，而第三个人成了前两个人的老板。“宰相肚里能撑船”，心大了，就能虚怀若谷，容纳万物，不被琐事牵绊，不被喜怒左右。党员干部不一定要飞黄腾达，但一定要心中有格局。大其心，就要有“事了拂衣去，深藏身与名”的豪情，拓宽胸襟，提升境界，有大局观，善于观大势、谋全盘、抓整体。正如南宋理学大师朱熹所说，“心大则百物皆通，心小则百物皆病”，大其心就要克服心胸之窄，不见名必争、不见好就要、不见利就抢，也不能小肚鸡肠、吹毛求疵、求全责备，更不能孤芳自赏、目中无人、唯我独尊。胸中有丘壑，就能抓住关键重点，屏蔽无谓烦扰，做到观大势、谋大局、干大事。对宣传思想文化战线的同志们来说，必须紧紧围绕建设“强省会”这个全市工作大局，聚焦“项目深化年”这一主题，聚力抓好提升软实力、建设文化强市等重点工作，讲好“济南故事”，自觉置身大局中做好本职工作。

静其心而戒其躁。“每临大事有静气，不信今时无古贤”，是清朝三代帝师翁同龢的一副对联，告诫世人遇到大事要做到从容淡定、应对自如。日常生活中，大家要面对和处理各种琐事，不可能一帆风顺。“静而后能安，安而后能虑，虑而后能得。”静，不是面对急难险重无动于衷，更不是对群众所思所盼麻木不仁，而是一种智慧、情操和境界。面对大事难事，保持平常心，摆正心态，遇事不慌、处事不乱，压得住阵脚、稳得住形势，冷静分析问题、科学做出决策，在压力之下保持最佳状态、激发最大潜力、拿出最优方案。古人推崇“君子慎独，不欺暗室”，即使独处，也要自律，不做违背原则的事；即使没有人知道，也还有天知、地知、我知。静心，就要学会独处。家喻户晓的网红主播董宇辉，曾不止一次在直播间调侃说自己是一个很无趣的人，他很少去社交场所，闲暇时基本都是待在家里喝茶、看书、做笔记，有时跑跑步。或许在很多人眼中，董宇辉的生活很枯燥，但他却乐在其中。对董宇辉而言，读书可以提升自己的精神境界。人在独处状态下能够屏蔽外界干扰，沉下心来审视自己。独处是提升自己的最好机会，要珍惜宝贵的时间，做一些有意义的事情，比如说读书学习，比如说强健体魄，比如说反省思考。

锻造强大感召力，
充盈从政的正能量

《左传》有云：“‘大上有立德，其次有立功，其次有立言。’虽久不废，此之谓不朽。” 古圣先贤把“立德”摆在修身的首位。立德，指树立高尚的品德，戒除心中的私心杂念，成为道德楷模。品行端正，做人才有底气，做事才会硬气，做官才有正气。提升个人软实力，就要自觉涵养德行，立德戒私，立大德、修大爱、成大美。

修为政之德，戒非分之想。“为政以德，譬如北辰居其所而众星共之。”国无德不兴，人无德不立，官无德不为。党员干部讲政德，才能以德修身、以德润才、以德服人，其才方能用得其所，其功方能垒土成台，使自己的能力和才干对国家有用、对人民有益。修为政之德，就要树立“为官避事平生耻”的正确导向，坚守“为官一任、造福一方”的神圣使命，坚持正直为道，堂堂正正、坦坦荡荡，光明磊落、刚直不阿，敢于斗争、善于斗争，讲原则不讲面子、讲党性不徇私情，担当起该担当的责任，真正做到上不愧天、下不负民。民族英雄林则徐曾经立碑：“人到无求品自高。”这里的“无求”，是指没有私欲、没有非分之想。侥幸就是不幸的开始。讲政德，就要戒非分之想，保持廉洁操守，筑牢道德底线，坚守规矩红线，坚持“把自己交给工作、把成长交给组织”的理念，树牢正确的政绩观。

修积善之德，戒从恶之行。孟子曰：“爱人者，人恒爱之；敬人者，人恒敬之。”为官一时，做人一世。党员干部既要做好官，更要做好人，在生活中要多修善德。要有日行一善的追求，待人以

善，与人为善，常怀善心，常行善事，做一名社会认同、群众喜爱的人；要有宽以待人的气度，善于将心比心、换位思考，以宽容之心塑造人格魅力；要有成人之美的境界，树立利他思维，在事业和工作中甘当人梯、乐见其成，搭台补台、团结协作。积善成德，也要戒除从恶之行，心不动于微利之诱，目不眩于五色之惑，坚决不做有损党和国家利益之事，坚决不做损公肥私、损人利己之事，坚决不做有违公德、有伤风化之事。

修持家之德，戒徇私之事。家是最小国，国是千万家。家风正，则民风淳；民风正，则社稷安。家风家教既是一个家庭最宝贵的精神财富，更关系党风政风乃至社风民风。从孔子庭训“不学礼无以立”，到诸葛亮诫子“静以修身，俭以养德”，再到《朱子家训》里“一粥一饭，当思来处不易；半丝半缕，恒念物力维艰”的教诲，这些家规家训闪耀着中华传统美德的光芒，蕴含着廉以养德、崇德治

家、勤俭持家等价值观。修持家之德，要从中华优秀传统文化中汲取智慧和力量，厚植家国情怀，涵养良好家风，坚持讲操守、重品行，净化人际交往圈子，培养健康生活情趣，扼制私欲，管住亲友，守住大节。每一个人都有多种情感，党员干部要对待人民群众有感情、对待工作有热情、对待事业有激情，也要对待爱人有爱情、对待亲人有亲情、对待朋友有友情。涵养良好的家风，就要处理好这种感情、热情、激情同个人生活中的爱情、亲情、友情的关系，把亲情私事与履职用权区分开来，做到不拿群众一针一线、不费光阴一朝一夕、不谋个人一私一利，以一身正气行走在天地之间。

锻造强大思想力，
当好谋事创新的“智多星”

毛泽东同志说：“领导者的责任，归结起来，主要地是出主意、用干部两件事。”出主意，就是要透过各种纷繁复杂的现象，把握事物的关键与本质，分清轻重缓急，从而精准、科学、高效地做出决断，这考验的是领导干部的思想力。思想力就如同我们的大脑，遇到不同情况就要对身体下发不同的指令，方法和步骤不同，取得的效果就会有差异。思想力决定了思维是高还是低、眼界是宽还是窄、格局是大还是小。提升个人软实力，就要拥有强大的思想力，当好谋事创新的“智多星”。当然，思想力不会天生就有，也不会自然生成，而是在不断学习思考、实践锻炼、成败得失中积累和磨炼出来的。

善于从理论中找方向。习近平总书记强调，年轻干部要胜任领导工作，需要掌握的本领是很多的，最根本的本领是理论素养。理论素养体现在什么地方？井冈山时期，毛泽东同志站在黄洋界上问红军战士能看多远，战士回答能看到江西和湖南，毛泽东则说，我们是共产党人，共产党人应该要看得更远，我们要在井冈山看到全中国，看到全世界。这里所说的“看到全中国，看到全世界”，当然不是说目力所及，而是指思想上的高度，从理论上总体把握中国和世界的基本情况和主要矛盾，从而分析得出关于中国革命斗争前途和方向的正确主张。思想建党是我们党的重要法宝。年轻干部的特点是，大多受过高等教育，思维活跃，勇于创新，但往往缺乏系统的理论学习和严格的党内政治生活锻炼。先进的理论具有引领发展的强大力量，掌握先进理论能够增强走向未来的前瞻性和预见性。理论创新每前进一步，理论武装就要跟进一步。要坚持用习近平新时代中国特色社会主义思想武装头脑，坚持读原著、学原文、悟原理，推动党的创新理论往深里走、往实里走、往心里走。特别是宣传思想队伍，从事的是传播先进思想、引领风气之先的工作，更要带头学习党的创新理论，努力做到站得高、看得远，讲全局、抓大事，不断提高抓住本质、抓住要害的本领。

善于从实践中“找方子”。“为学之实，固在践履。”理论的生命力在于实践，要注重理论与实际工作相结合，把所学理论应用到具体问题的分析和解决中，提高理论联系实际的能力。调查研究是了解情况、服务决策的基本功。基层是党联系群众、服务群众的最前沿，党员干部要深入基层，开展调查研究，了解实际情况和问题，对工作中的“痛点、难点、堵点”刨根问底、一抓到底。就像提升软实力，这是一项开拓性工作，没有先例可循，我们通过实践，与北大共建了全国首个城市软实力研究院，探索构建了“三室两厅一中心”新型传播矩阵，策划了“‘泉’在济南过大年”活动，正在走出前人没有走过的新路子。事实证明，想都是问题，干才有答案，很多“方子”

都在实践中。当然，光靠埋头苦干也不行，还要开动脑筋思考对策，切忌当"思想懒汉"，做到脑子里始终装着目标和问题，深思、善思、勤思，凡事比别人多想一分，遇事比他人多想一步，处事比以往多想一招。如此，才能在遇到难题时"对"出全局之策、前瞻之策、有效之策。

锻造强大执行力，当好开拓进取的急先锋

对一个单位来说，执行力是推进事业发展的必要条件和关键要素，决定着各项工作的推进，决定着各项目标任务的实现；对党员干部来说，执行力是提升本领的重要条件，也是检验担当作为的重要标尺。提升个人软实力，就要锻造强大执行力，让雷厉风行成为个人的鲜明标志，当好开拓进取的急先锋。

要雷厉风行，戒光说不练。古人说，大丈夫做事，雷厉风行。干事创业，如同赛跑，先人一步才能胜人一筹。推诿拖延干不出强省会，纸上谈兵不可能走在前。特别是时代的发展日新月异，很多新事物、新形势瞬息万变，随着元宇宙、人工智能技术的到来，数字人虚拟主播成为新兴力量，我们的媒体能否抓住机遇、占得先机，关键看行动。雷厉风行，就要有强大的执行力，紧紧围绕工作大局，牢固树立"行动是最有力的宣言，落实是最有效的担当，执行力是最大的能力"的理念，把任务当作命令，把执行任务当作服从命令，说了算，定了干，干就干好，接受任务不讲条件，执行任务不找借口，完成任务不打折扣，创造性执行好上级部署安排，推动工作不断上台阶、求突破、创特色。光说不练假把式，立

说立行，就要旗帜鲜明地向虚张声势的“假把式”说不，坚决杜绝“雷声大、雨点小”，甚至“只打雷、不下雨”的情况。

要知难而行，戒知难而退。“困难是一道坎，是一道分水岭，就像鲤鱼跳龙门，跳过去就是一片新天地，进入一种新境界。”实践反复证明，机遇存于挑战，突破始于困境。面对挑战和困境，“躺平”不可能成功，“绕道”绝非正途。没有人可以随随便便成功，成功一定是一条少有人走的路，最好的捷径就是知难而行。党员干部要做知难而行的“逆行者”，拿出“明知山有虎，偏向虎山行”的勇气，事不避难，义不逃责，始终朝着问题走、迎着困难上、顶住压力拼，闯出一片新天地。“畏难便生难，不难也难；迎难而上便消难，难也不难。”很多同志不缺干劲缺韧劲，不缺冲劲缺较劲，抗压能力和心理承受力不够强，顺境时一顺百顺，逆境时迷茫焦虑，甚至自暴自弃。温室里长不成参天大树，想成大事、成为有用之才，必须抗摔打，到艰苦环境中经风雨、练本领、长才干。

要革新易行，戒墨守成规。时代不断发展，社会不断进步，过去能用的老办法，现在可能行不通了；过去能借鉴的老经验，现在可能不管用了；过去我们能干成事，但如果不加强学习可能就跟不上时代了。古人讲自省，孔子主张自省悔过，曾子坚持“每日三省其身”，曾国藩把自省当作吃饭穿衣般的必备之事，每天通过记日记和静坐检讨过失。自省如同照镜子，对照镜子，可知自己的衣着形象是否整洁端正。现实生活中会遇到很多诱惑，如不能及时反省改过，就容易迷失自我。只有通过自省及时发现问题，学习新技能，掌握新本领，才能跟上时代步伐、适应事业发展。党员干部要经常“照镜子”，检视自己是否坚持党性、是否勤政为民、是否担当作为，及时革新易行，改正缺点，校正人生的航向。

锻造良好沟通力，绘好团队建设的同心圆

同样对接协调一件事，有的同志三言两语就能把事情协调好，有的同志千言万语也办不成事，这就是沟通能力的差距。沟通协调，不仅仅是交流信息，更重要的是可以消除分歧，形成共识，加强团结，增强凝聚力、战斗力。提升个人软实力，就要锻造良好的沟通协调能力，更好地争取上级支持理解，更好地布置任务、协调事项、推动工作，为队伍建设营造团结和谐的良好氛围，绘就干事创业的同心圆。

沟通协调，要坚持实事求是。不曲解上意，不隐瞒下情，不好大喜功，不回避问题，不夸大其词，不避重就轻，不文过饰非。对上级，要实事求是地反映情况，客观地分析困难，有针对性地提出意见建议。对下级，要正确地解释上级的部署要求，理性地引导大家的认知和认同，更好地推动工作开展。

沟通协调，要善于换位思考。所谓旁观者清，换位才能“易地以处，平心而度之”，将心比心，增加理解，从而更加理性、客观地看待自身工作，实现自我完善、自我提升。换位思考，就要跳出自己的“一亩三分地”，站在他人的立场上看待问题、理解问题。要增强大局观，强化补位意识，做到“各拿各的号，同吹一个调”，确保工作无死角、不掉队。

沟通协调，要学会掌握火候。言有所戒，凡事有度。如果一味地只顾自己的想法，不问青红皂白，不分时机场合，不管是非轻重，不顾对方的态度或反应，想啥说啥，乱评乱议，甚至喋喋不休、穷追

不舍，好事也会办砸。沟通协调，必须掌握火候，讲究分寸，无论有多大分歧、多少矛盾，都应公平对等、心平气和、诚恳真挚地进行交流协调，力求通过相互尊重、体谅包容、开诚布公的理念和行动实现搁置争议，求同存异，达成共识。

『泉』有活力

QUANYOUHUOLI

济南：请叫我“2023 年度活力城市”

■ *海右君*

一

2023 年收尾之际，济南捧回一个沉甸甸的荣誉。

12 月 22 日，由中国新闻周刊主办的 2023 年度活力城市大会举行，济南荣获“2023 年度活力城市”。

活力就是人气，活力就是动力，有活力的城市才有强大的吸引力、蓬勃的新动能，才会有广阔的发展前景。

成为“2023 年度活力城市”，标志着济南再一次在全国舞台上获得认可。这是济南软实力提升的成果彰显，也是强省会建设的重要收获。

二

济南为何能成为“2023 年度活力城市”？

2023 年，很多人通过超然楼认识了济南，感受到了济南的活力。

2023年1月31日，抖音上一条“超然楼傍晚亮灯”的短视频迅速燃爆全网，短短7秒的镜头播放量很快超过1亿次。一瞬间，天南海北的游客仿佛找到了“打开济南”的新视角，纷纷来超然楼打卡拍照，超然楼就此“火爆出圈”。

借助这次出圈的大好机遇，济南因势利导，打造了以超然楼为中心、贯穿大明湖沿线、延展市内网红景点、覆盖全市文旅资源的“点线面体”新格局，带动济南连续上榜“全国十大周边游目的地城市”，“来济南、看超然”已成为当下现象级的网红 IP。

流量是城市的面子，活力是城市的里子。面子，让济南火了起来；里子，则让济南持续火下去。超然楼亮灯的短视频，带火了济南。人们在认识济南、发现济南的过程中，看到了一个古典与时尚交织的多元济南、一个传统与现代辉映的多彩济南、一个底蕴与活力共振的多维济南。这种厚实的里子，让济南热度持续持久。

作为黄河流域中心城市和山东省省会的济南，在地图上一撇一捺恰好构成了一个“人”字，就像一名充满朝气与活力的运动健儿，站立在中华民族两大自然图腾——黄河与泰山之间，向着辽阔的太平洋迎风奔跑。泰山静默，黄河奔腾，造就了济南动静相宜、活力涌动的城市性格。

在 2023 年度活力城市大会上，济南市委常委、宣传部部长戴龙成用“四千之城”展现了济南充满激情与活力的新画卷。

三

“四千之城”的第一个“千”：千年文化之城正青春，历史与现代共融，塑造济南活力之魂。

济南是国家历史文化名城、“东亚文化之都”，这里有8000年泉水史、4600年文明史和2600年建城史，孕育了西河文化、龙山文化、大舜文化，传播了上古文化、尧舜文明及孔孟之道。

历史文化是城市的灵魂，唯有传承历史韵味、坚守文化品位，城市才具有蓬勃生命力。济南投资155亿元改造提升明府城、上新街等历史城区，把160平方公里的老城区打造成历史文化名城核心区。济南连续多年举办中华“二安”文化旅游节，疫情期间“神医扁鹊”“门神秦琼”等“抗疫天团”历史名人粘贴，更是让济南名人再次“火”出了圈。济南着力推动文物活起来，一大批济南古建筑迎来火热新生，大观园的复古浪漫、张采丞故居的玫瑰瀑布、华夏书信文化博物馆的咖啡邮局、多处网红地标的打卡盖章，让济南传统文化印记真正活了起来、火了起来！

千年之城正青春，湖光山色恰少年。中华优秀传统文化在济南正焕发出全新活力。如今，漫步在泉城，无论是在中西交汇的老商埠，还是在时尚现代的CBD，又或是古色古香的曲水亭，都能让您感受到一个既古朴典雅又活力四射的新济南。

事实证明，历史文化底蕴和现代文明共融共生是济南这座城市的活力之魂。

四

“四千之城”的第二个“千”：千亿产业之城正澎湃，产业与创新共进，点燃济南活力之擎。

城无产不兴，产无城不立。一座活力四射的城市，必定是产业兴旺发达的城市。黄河重大国家战略，使济南成为全国新一轮区域发展战略重构的重要一极。

如今的济南，产业创新活力迸发，一批千亿级产业加速崛起，经济总量连续 6 年跨越 6 个千亿级台阶，综合实力位居全国第 14 位，获批全国新旧动能转换起步区和全国首个科创金融改革试验区，四大主导产业总规模突破 1.6 万亿元，“四新”经济占比达到 39%，数字经济占比达到 47%，高新技术产业占比达到 56% 以上，是全国最大的重型卡车生产基地、最大的特高压输变电设备基地、最大的服务器产业制造基地，全国首个超算互联网工程在这里上线，全球首张确定性网络在这里启动，世界首颗量子微纳卫星“济南一号”在这里制造，等等。在这背后，是服务至上的工作理念，是永葆一流的营商环境。济南在全国首创“拿地即开工”审批模式，首推“建成即使用”模式，“四证齐发”的费斯托全球生产中心项目创造了外资项目快速审批的全国第一。如今，“在泉城·全办成”已成为济南高质量发展的“金字招牌”。

事实证明，产业崛起和改革创新共进是济南这座城市的活力之擎。

五

“四千之城”的第三个“千”：千万人口之城正激情，人气与传播共促，扬起城市活力之帆。

“海右此亭古，济南名士多”，这是1200多年前33岁的杜甫对人才辈出的济南最生动的注解。从扁鹊、鲍照到苏辙、曾巩，从李清照、辛弃疾，到李攀龙、张养浩，再到季羡林、韩美林，这些名人名士都先后在济南生活、游历或求学、为官，留下了传诵千古的诗句文章。

人是济南最大的活力源，人气是济南最美的“烟火气”。作为实有人口超过1000万的特大型城市，济南始终把人才当作第一资源，深入实施人才强省会战略，出台人才政策“双30条”，举办“海右人才节”，向人才致以最高礼遇，济南也因此蝉联“中国年度最佳引才城市”。“天下泉城，成全天下。”如今的济南，正成为天下英才激情创业、成就梦想的人气之城、希望之城、未来之城。

城因人才兴旺，城靠传播扬声。为在更大范围、更高维度、更深层次宣传济南、推介济南，济南着力探索构建集内容生产、理论宣讲、典型发布、文艺展播、城市营销、国际传播等功能于一体的“三室两厅一中心”新型传播矩阵。“三室”即十大雄文工作室、十大短视频工作室、“理响泉城”工作室；“两厅”即泉城发布厅、泉城文艺厅；“一中心”即济南国际传播中心。

在构建“三室两厅一中心”的过程中，济南始终坚持两个原则：

一是抓住了民心，宣传才有生命力。民心就是流量，就是风向标。雄文、短视频，始终站在群众立场上，泉城文艺厅坚持让百姓登台唱主角，讲述百姓故事。这样的宣传才有传播力、渗透力、感染力、生命力。

二是用好了正能量，才能拥有大流量。要想弘扬社会正能量，宣传工作既需要有角度，更需要有方法。比如，泉城发布厅一改过去说教味、宣传腔，采取小切口介入的方式，从一个个感人的故事入手，通过诗朗诵、情景剧、歌曲、小品文等多种形式，对全市先进典型、济南好人、名企名牌进行统一发布、统一推广，搭建起全市各行各业进行集中展示的平台。截至目前，泉城发布厅已成功举办 20 场发布活动，全网累计传播量近 6.7 亿人次。

济南之所以能够迅速成为新一代的流量城市、网红城市，关键在于以人民为中心，让人民“站 C 位”，把“聚光灯”打在人民身上。正因为如此，宣传工作才能更有底气、更有人气，济南才更有活力，更有生命力。

事实证明，人气和传播共促是济南这座城市的活力之帆。

六

“四千之城”的第四个“千”：千泉生态之城正惊艳，生态与文明共促，筑牢济南活力之基。

济南是闻名天下的“千泉之城”，拥有 1209 处天然泉水，世界上泉最多的城市要数济南；纵观古今中外，能够融山、泉、湖、河、城等独特风貌于一体的城市，唯有济南！

济南的山，层峦叠嶂，崛起成峰；济南的泉，水涌若轮，风姿绰约；济南的湖，万涓汇流，海纳百川；济南的河，串珠成链，蜿蜒连绵；济南的城，浑厚古朴，富有活力。近年来，济南坚定践行“绿水青山

就是金山银山”的理念，着力推进“显山露水”“青山入城”“泉水进家”等工程，实现趵突泉等重点泉群持续喷涌20年，泉水直饮工程让济南人实现了喝泉水的梦想，1100多个城市公园星罗棋布，蓝天白云、繁星闪烁成为日常，泉水叮咚、一城山色常伴身边，在家饮泉、推窗见绿、出门入园已成为市民群众触手可及的幸福。

硬实力让城市强大，软实力让城市伟大。城市既要有筋骨肉，更要有精气神。

近年来，济南以创建全国文明城市为抓手，把提升城市软实力密切融入经济发展、文明培育、城市治理全过程各环节，大力推进全域、全程、全民创建，外修“颜值”，内塑“气质”，实现全国文明城市年度测评“四连冠”。

城市软实力是指一座城市传统文化与现代文明、价值认同与品质认可、内在形象与对外影响、政府服务与社会治理等多种非物质元素聚合，显示出来的软力量。

城市发展的实践表明，一个城市能否繁荣，能否成为一个时代的文明高地、所在区域的重要增长极，根本上依赖于这个城市能否抓住历史机遇，成为引领时代文明形态、城市形态转换的重要引擎。这就是软实力的力量。

城市软实力提升是一项系统工程，也是一项具有生长性的渐进工程。济南积极探索城市软实力提升 1.0 到 5.0 的推进路径：软实力 1.0，就是天赋禀赋；软实力 2.0，就是塑造创造；软实力 3.0，就是结合融合；软实力 4.0，就是转变转化；软实力 5.0，就是归零归真。

2023 年年初，济南与北大牵手，共建北大城市软实力研究院，打造引领全国提升城市软实力的核心引擎和示范样板，为探索中国特色城市软实力建设道路提供路径支撑。这也是目前全国唯一一所从事城市软实力研究的新型研发机构。在强省会建设新征程上，济南发挥软实力的强势赋能作用，坚定不移向改革要活力、向开放要空间、向创新要动力、向法治要保障，全面推动软实力与硬实力互动并进、相得益彰，持续塑造高质量发展新优势。如今，一个“刚柔并济”的济南，已经到来。事实证明，生态和文明共生是济南这座城市的活力之基。

七

文学大师老舍先生一篇《济南的冬天》，就像日夜流淌的泉水一样，为济南带来持续至今的流量，直到今天，海内外很多朋友，一提起济南，还会想起这篇文章。对历史最好的回应就是创造新的历史，流量时代必须创造新的时代流量。天下泉城，活力济南。成为“全国十大活力城市”，既是济南新征程的阶段性成果，更是一个新起点。当下的济南，正剑指文化强市，打造世界泉水之都、文化旅游名城，加快建设强省会。期待济南带来更多精彩！

以文润城提升城市软实力
融合创新培育新质生产力

孙世会

2024年的济南市政府工作报告明确提出，大力推动文化强市建设，全面提升文化软实力。

为此，我们要深入挖掘济南泉水文化、名士文化、诗词文化和美食文化等，不断提升济南城市文化软实力，聚力打造中华优秀传统文化“两创”新标杆，以文化产业带动实体经济，推动济南竞争力、知名度、美誉度再上新台阶，真正让“听泉水叮咚、看一城山色、闻满城书香、品济南味道”深入人心。

深挖泉水资源，打响“千泉之城”品牌

随着城市IP时代的到来，如何为城市确立一个清晰而独特的定位，发掘、营造契合城市精神、品格的超级IP，已经成为城市发展

的重要课题。

“山泉湖河城”勾勒出济南兼具婉约和豪放的城市轮廓，丰沛的泉水资源造就了济南“四面荷花三面柳”的如画美景，更孕育出济南得天独厚的城市文化。“齐多甘泉，冠于天下”，著名文学家曾巩曾这样盛赞济南的泉水。千百年来，汩汩泉水滋育着济南。目前全市天然泉水达 1209 处，是名副其实的“千泉之城”，泉水数量之多、喷涌之盛为世所罕见。

我们要立足新时代、新机遇、新融合，深入挖掘好泉水文化。济南的泉水天下闻名，茶叶也广受好评，济南最大的茶叶市场有着“江北第一茶市”的称号，年销售额几十亿元。我们完全可以在曲水亭街到百花洲这一段开展名泉茗茶品鉴会活动，既能展示茶文化，更能拉长茶产业链。

我们要以串珠成链的思维，以全球视野构筑泉水数字文化生态文明全产业链建设，通过文化影响力，增强城市传播力，提升济南吸引力，实现经济社会高质量发展。坚持事业与产业互促、宣传与服务并举，大力实施泉水文化传承发展示范工程，加快推进“济南泉·城文化景观”申遗，有序推进明府城等历史文化街区改造提升，让文化创新创造活力迸发涌流。要加快文体旅融合发展，着力培育一批具有引领示范效应的平台企业，打造世界级“山水圣人”中华枢轴文化文明交流互鉴的网红打卡地，让世界泉水之都、东亚文化之都焕发更加炫目的光彩。

尽享一城山色，满足人民群众新期待

通过老舍先生《济南的冬天》，很多人知道，济南原来还是一座山城。济南的山，一座一座连绵起伏，从四里山、五里山、六里山、七里山，到鹊山、华山、药山、九如山，点缀城内的齐烟九点，绘就“一城山色半城湖”的旖旎画卷。近年来，济南加快打造惠及千家万户、融入大众生活的“千园之城”，尽享一城山色已成为泉城市民生活新常态。

全市目前已建成山体公园近百处，实施山体绿化提升 140 座，修建山林绿道 300 多公里，创造性地将近郊山体打造成优质便利的市民休闲健身场地，让市民近距离感受到山、城交融的生态美景，青山变景入城，成为市民家门口的生态园林。

我们联合园林等部门，持续举办“一城山色·登山打卡”“仁者乐山”等一系列活动，将山体公园群打造成国内独特的游览景观和靓丽名片。希望通过一系列活动的开展，不断满足人民群众对美好生活的新期待。

打造诗城词都，擦亮文化济南名片

作为历史文化名城，济南有着 9000 多年人类活动史、4600 多年文明史和 2600 多年建城史，是龙山文化的发祥地，是文化发展的丰厚土壤。古往今来，这座名城吸引无数文人墨客到此，留下生活印记，写下不朽诗篇，为“诗城词都”留下鲜明的注脚，成为济南闪耀世界的文化名片。

济南是“二安”故乡，诗词文化遗产异常丰厚。“诗圣”杜甫曾在历下亭留下千古名句“海右此亭古，济南名士多”；诗人元好问曾多次造访济南，由衷发出“羡煞济南山水好，有心长作济南人”的感叹；画家赵孟頫的《鹊华秋色图》至今熠熠生辉，“云雾润蒸华不注，波涛声震大明湖”依旧为人津津乐道。

济南是一座爱阅之城，遍布全市的50处泉城书房成为广大市民群众的精神栖息地，在泉城掀起新一轮全民阅读热潮，让书香飘满泉城，有力提升了济南这座城市的气质和温度；连续举办了两届全国图书交易博览会和首届济南书市，创下多项历史之最，又成功申办第32届全国图书交易博览会，有力提升了城市软实力。

我们要创造性地开发和运用中华传统文化中的诗词。要办好国际泉水节、中华“二安”文化旅游节，系统推进“二安”文化品牌和“诗城词都”品牌建设，每年创作推出一批独具泉城味道、泉城风格、泉城气派的文艺作品，以“书香泉城”“博物馆之城”建设带动公共文化服务提质增效，用文艺赋能城市高质量发展，吸引广大市民群众参与到城市文化建设中，让千年文脉焕发生机、让千年古城在新时代熠熠生辉。

打造新鲁菜之都，济南味道香飘世界

油旋、甜沫、把子肉……提起济南美食，顿时让人垂涎三尺。鲁菜是八大菜系之首，在全国乃至国外都极负盛名。我们要进一步宣传济南餐饮品牌、宣传鲁菜，擦亮“中国鲁菜美食之都”的金字招牌，让济南味道香飘世界。

在传承美食文化方面，济南已连续举办八届中国鲁菜美食文化节，开展了鲁菜工匠大师技艺展演、鲁菜传承展、名吃展等展会，工匠大师走社区进校园、首届济南海鲜节、济南味道系列评选、民间厨艺大赛、济南美食文创护照、《二安的美食雅聚》专题片拍摄、全网美食大V泉城行、国服月夕巡游等多项丰富多彩的活动，将美食与文化相融合，以美食为媒介，以文化为支撑，立体全面对外宣传，展示了济南餐饮的蓬勃生机和无穷魅力。

民企发展，济南凭什么能？

■ 林江丽

企业有活力，经济才更有动力。

作为推动经济发展的“生力军”、驱动科技创新的“主引擎”、扩大对外开放的“动力源”、增进民生福祉的“助推器”，民营经济备受关注。

2022 年，济南全市民营市场主体已达 148.2 万户，占全市市场主体总量的 98% 以上。

毋庸置疑，民营经济已经成为济南经济社会发展的重要支撑力量。

出台若干措施开展“攀登”行动，支持民营企业跨越发展；召开高规格阵容的民营企业座谈会，面对面交流，倾听民营企业家意见建议；170 家企业正式入选民营企业重点培育库……

近期，济南一系列“组合拳”动作，有力释放着坚定不移支持民营经济持续健康发展的强烈信号，也展现出济南进一步促进民营企业做大做强做优、推动全市民营经济高质量发展的决心。

让民企做产业的航母、成长的瞪羚、创新的先驱

“攀登”，就是通过政策扶持，引导民营企业主动对标提标，瞄准国内一流、世界一流的标准，高点定位、换挡提速、勇于争锋，做产业的航母、成长的瞪羚、创新的先驱，实现大跨越，再上新台阶。

当前，济南正处在“勇当排头兵、建设强省会”的关键期、机遇期、黄金期。为什么要重磅推出“攀登”行动，助力民营企业持续攀登高峰？济南民营企业又凭什么能？

通过更多数字或许能够读懂背后的深意。

2022 年，济南全市民营经济增加值占 GDP 的比重，由 2019 年的 36% 提高到 41%；民营涉税市场主体实现营业收入近 2.5 万亿元，占全市涉税市场主体营业收入的 43%；实现进出口值 1240.4 亿元，占

全市进出口值的 62.4%；新增城镇就业 15 万人，占全市城镇新增就业人数的 86%；民营高新技术企业 5339 家，占高新技术企业总数的 93% 以上。

综观这些数据，无论从数量还是质量，都不难看出济南民营经济保持着稳中向好的发展态势，不断取得新成绩。

但高质量发展对民营经济发展提出了更高要求，实现民营经济健康发展、高质量发展势在必行。同时，与一些民营经济发展的头部城市和区域相比，济南的民营经济还存在进一步提升发展的空间。

民企能"攀登"，济南有优势

坚定不移支持民营经济持续健康发展，全心助力民营企业做大做强做优，济南有决心、有行动。

实现更多民企加速"攀登"，这座城市有基础、有条件、有优势。

——全市地区生产总值 6 年跨越 6 个千亿大关，2022 年突破 1.2 万亿元，一般公共预算收入突破 1000 亿元；产业体系日趋完备，资源要素加速集聚，承载能力不断提升，综合实力位居全国城市前 20 强；积累形成了战略红利交汇叠加、交通网络四通八达、科技创新实力雄厚、数字赋能势头强劲、人才保障基础坚实、金融服务优势突出、营商环境持续优化、消费市场潜力巨大、城市品质生态宜居、人文环境厚重淳朴等"十大发展优势"。济南高质量发展不断迈出坚实步伐，为企业发展提供前所未有的机遇、注入更多动能。

——在全国率先实现建筑工程竣工验收"零材料"申报，"泉惠企"企业服务平台推出两批"免申即享"政策，惠及企业 50 余万户（次），涉企服务"一口办理""链上自贸"等改革成果在全国推广；开展"一件事”集成改革，政务服务事项办结时限压减90%以上；获评中国“国际化营商环境建设标杆城市”；在全省率先建立民营经济发展环境评价体系，积极构建“首席服务专员”“民企12345专席”“民营企业家交流中心”“民营企业服务站”“四个一”服务机制；开展民营经济高质量发展十大专项行动，实施民营企业梯度培育。济南持续优化民营经济发展环境，有力为企业发展赋能助力。

——2022年，济南3家企业入围“中国民营企业500强”，9家企业入围“山东民营企业100强”，新增数量居全省首位；临工重机股份有限公司为全球矿车龙头企业，济南圣泉集团股份有限公司为世界化工材料领域龙头企业，华熙生物为全球最大的玻尿酸原料生产商，国家专精特新“小巨人”企业北谷电子是将国产电气控制系统应用于工程机械领域的开创者之一……越来越多的行业佼佼者在济南茁壮成长，奔向更高、更远。“始终把民营企业和民营企业家当作自己人”的济南，让广大民营企业和企业家坚定信心，敢闯敢干，心无旁骛，勇立潮头谋发展。

让大企业“顶天立地”、小企业“铺天盖地”，济南正双向发力。在这个城市发展的沃土上，政企携手共进、双向奔赴，越来越多民营企业茁壮成长、勇攀高峰，民营经济正在百花齐放、万马奔腾。

“三好”济南，才是应该有的样子

■ 望　山

2023 年“期中考”成绩出炉，济南跑出 6.4% 的经济增速！

这个增速，好于全国（5.5%），好于全省（6.2%），好于今年一季度（4.9%），是名副其实的“三好”成绩。

“三好”济南，才是这座 1.2 万亿体量的城市应该有的样子！

同样是疫情之后拼经济的第一年，全国各地都铆足了劲向前冲，可真到跑起来却有快有慢。济南为什么能够跑出“快人一步”的成绩？

在一年之中最热的时节，驻足、回望、复盘，能够发现很多有意思的细节。正是把握住了这些细节，加快发展的“齿轮”才飞速旋转了起来……

先手：先下手为强

受制于疫情，2022 年的济南在经济战场并没有发挥出应有的水准。尽管如此，经济总量仍然突破了 1.2 万亿大关。

2022 年年底疫情防控转段，吹响了全力拼发展、拼经济的“冲锋哨”。听到哨响，有的城市在稍事喘息休整，有的城市在总结盘点谋划，也有城市马不停蹄旋即转战。

济南没有歇息！

拼经济、拼发展，对于各地没有什么秘密可言，无外乎抓项目、抓投资、抓消费等。很多时候，谁动作快、谁出手准，谁就能抢得先机、拔得头筹。

1 月 8 日，济南召开了一次市委常委会会议，主要议题是“研究部署一季度经济工作”。

看似平常的会议，却极不普通。寥寥几百字的新闻报道，出现了“起步即冲刺”“首战即决战”等多处战前动员式的用语，提出了七项需要“全力以赴”干的工作，释放出了一个强烈信号——拼经济、拼发展、抢开局，争取 2023“开门红”！

以往按照季度研究经济形势、部署经济工作的会议，往往放在季度末或者下个季度初。要想做到“起步即冲刺”，得进行超前工作调度，“先下手为强”。

超前谋划，先下手为强——再回头看这句话，济南把握住了拼经济、拼发展的要义。

心中有“数”，才好调整发力！

随后的半年，济南每个月都会复盘 2023 年以来的经济运行情况。

从 GDP 增速到各行各业增加值，从各区县 GDP 等主要经济指标到省内 16 市各类经济指标增速……每次复盘，都会通过 30 多个图表"全景"分析，把数据一层层"剥开"，既"瞻前顾后"看自己纵向的表现，又"左顾右盼"看国内万亿体量城市及省内兄弟城市的表现。

一季度，济南生产总值为 2746.8 亿元，同比增长 4.9%，实现"开门红"。上半年，济南生产总值为 5841 亿元，同比增长 6.4%，较一季度加快 1.5 个百分点。

抢得了先手，毫不犹豫地加速——济南的 2023 开局很成功，中盘很给力，以加速跑的势头进入下半程！

战法：六个字的奥妙

仗，不能乱打，要有章法！

上半年的济南之所以发展快，很关键的一点在于战略方向一致、"作战地图"清晰。

2023 年 3 月，在新一届济南市领导班子履职一周年之际，强省会的济南新战法，终于完成了"最后一块拼图"！

一个战略定位，即"勇当排头兵、建设强省会"。

六个战略目标，即"强、新、优、富、美、高"——

"强"，即综合实力强，注重量的积累和质的提升，全方位增强经济实力、内生动力和城市竞争力；

"新"，即发展方式新，通过创新驱动、深化改革、扩大开放来解决好动力和活力问题，形成新的发展方式和模式；

"优"，即城市品质优，解决城市发展不均衡不充分问题，提升综合承载力，塑优空间形态，实现城市精明增长、内涵式发展；

“富”，即人民群众富，让现代化建设成果更多更公平惠及全体市民，推动共同富裕取得更为明显的实质性进展；

“美”，即生态环境美，加快发展方式绿色转型，推动形成节约资源和保护环境的空间格局、产业结构、生产方式、生活方式；

“高”，即治理水平高，实现高质量发展与高水平安全良性互动。

简单明了的六个字，让人们“洞见”了未来强省会的样子！

两个战略抓手，即“贯彻落实党的二十大精神的重点任务和动态完善的经济社会重点建设项目”。

四句话工作方法，即“突出重点、讲求细节、压实责任、形成闭环”。

“三不”作风保障，即“不打糊涂仗、不搞花架子、不当太平官”。

合在一起，这就是“勇当排头兵、建设强省会”工作推进体系。有人将其简称为强省会“16243”体系。

“1”和“6”，侧重从顶层战略的层面来谋划强省会的方向和目标；“2”“4”“3”，侧重从执行落实的层面来谋划强省会具体工作的落实和落地。

这“一高一低”的战法谋略，既有眼界站位的高度，又有执行实施的力度。

无论如何称呼，强省会“仗”怎么打已经了然于胸。

突破：“动起来”的项目库

有了战法，抢了先手，能不能跑起来？还不够！

春节假期后第一个工作日，济南召开2023年“项目突破年”工作动员大会，就干一件事：项目突破！突破项目！

大会明确十大领域第一批1301个重点项目，总投资超过2.4万亿元。

当然，全国各地都在抓项目，而济南的聪明之处在于：项目库不是固定的，而是动态调整的，有好项目可以随时入库。

接下来的几个月，“动起来”的项目库不断有项目进账——

1301、1400、1500、1600、1700、1800……最新的项目数据为1810个，总投资接近3万亿。

这些项目，有的是今年新建或者续建的，有的是明年开工或者续建的，能够为经济发展带来实打实的支撑。

为了突破项目，济南上半年真拼了——

在山东省高质量发展重大项目建设现场推进会上，济南参加集中开工的项目共77个，总投资1174亿元，今年计划投资345亿元；

市委书记刘强和市委副书记、市长于海田先后带队“走出去”，赴韩国、日本、德国、瑞士、匈牙利等国家招商引资，洽谈合作；

世界激光产业大会、中日产业创新发展交流大会、第三届儒商大会、山东区块链研究院技术创新暨生态合作大会、2023 国际青年交流大会、首届中国双碳技术大会等高端峰会论坛纷纷举办，搭建起项目招引的桥梁；

项目与人才密不可分，举办首届“海右人才节”，组织开展 5 大类 206 场活动，打造近悦远来的人才引力场。

当“项目突破”成为抓发展的第一关键词，源源不断的项目、资金、技术、人才纷纷向济南聚集。

韧劲：能冲更能扛

城市之间的竞争，比拼的不仅是创新力、发展力，还有耐受力、承压力。

面对风险和考验，能不能扛、能不能顶，是判断一座城市成熟与否的“风向标”。

曾经，房地产投资占全市投资的比例超过 40%，是济南固定资产投资的重要支柱和拉动经济增长的强劲支撑。然而，近几年，房地产进入深度调整周期，再叠加疫情的影响，投资呈现出下降趋势。这在全国大城市中是一个普遍现象。

从济南来看，2023 年上半年房地产开发投资同比下降 13.2%。而即使是在这种下拉幅度之下，全市固定资产投资仍然同比增长 2.0%，较一季度提升 0.6 个百分点。

一降一升，可以看出济南经济发展呈现出很强的韧劲。

为什么？

济南一直在积极优化固定资产投资结构，避免房地产市场的波动对经济增速产生过大影响。

如今，房地产投资占济南固定资产投资的比例，由超过 40% 降到了 31% 左右，相应增加的是基础设施建设投资、工业投资等，投资结构进一步优化。特别是轨道交通、外热入济、高速铁路、雨污分流等大体量基础设施建设项目的高投入，发挥了投资增长定盘星的作用，稳住了基本盘。

随着现代化济南都市圈崛起成势，圈内外辐射带动效应进一步释放，即使是在房地产市场周期性调整中，济南仍然展现出很强的发展预期和成长潜力。比如，现有购房者有很大一部分来自外市，人口一直呈现持续增加态势；城镇化率和其他万亿体量城市相比仍有较大提升空间……这些预期和潜力，都是支撑济南房地产健康发展的最大底气。

这就是发展的韧劲！

在“跑起来”的状态下，济南的发展后劲十足——

2023 年以来，规模以上工业增加值始终保持在 10% 以上的较好增长水平，十分稳定和亮眼；数字经济领跑全省，1—5 月数字经济核心产业规模达到 2644.6 亿元；新增 50 家专精特新“小巨人”企业、144 家省级瞪羚企业、629 家省级专精特新企业、788 家创新型中小企业；企业上云突破 6 万家，居全省首位；市场主体总量突破 151 万户……

照这个势头下去，“三好”济南定能越来越好！

风起“城市 IP”，“爆红”变“长红”路在何方？

■ 云众声

各地打造“城市 IP”的风潮，似乎从未像最近这般火热。

因“村 BA[①]”“村超”爆火的贵州小城台江和榕江，被“盛唐密盒”“不倒翁小姐姐”带火的大唐不夜城及其背后的古城西安，凭超然楼等“网红 IP”吸睛无数的济南，借助“小饼烤炉加蘸料”走红的淄博……一众“城市 IP”宣推及打造的爆火案例，让人看到了“城市 IP”这个广义概念中蕴含的无限可能和能量空间。

从城市形象宣推的维度分析，在很大程度上，关注度就是吸引力、吸引力就是竞争力。当下，城市发展比以往更渴望人气、需要人气。这也就不难理解，为何近来众多城市密集发力打造“城市 IP”，已渐成风起云涌之势。

---

① 村 BA：由贵州省台盘村“六月六”吃新节篮球赛发展而来的赛事。

竞逐之下，爆红者众。但透过现象看本质，以城市需要的绝不仅是短期“爆红”，更应是以文化底蕴为基础、以城市特质为底色的“长红”。这为“城市 IP”的打造提出了更高要求，以亦带来更深层的思考——“爆红”之后求“长红”，“城市 IP”高质量打造路在何方？

城市的“流量入口”

泱泱大国，地大物博。据统计，全国有 330 多个地级及以上城市、2843 个县（市辖区、县级市）。长长的名单中，每个地方都有各自特色和所长，这也意味着，一座城市想在众多兄弟城市中脱颖而出、在推动发展的进程中拔得头筹，绝非易事。

发展需要人气加持，需要文旅等事业蓬勃向上。在这一背景下，众多城市“各出奇招”，打造“城市 IP”就是其中之一。

近年来，不少地方纷纷发力，塑造了一批城市形象宣推品牌，形成了发展进程中的一个个典型缩影。

2022 年，一项被称为“村 BA”的村级篮球赛事，吸引了万人规模的观众观赛，让举办地贵州台江县台盘村一炮而红；2023 年夏，一场名为“和美乡村足球超级联赛”的村级足球赛，在两个多月的时间里迅速斩获了数百亿次的浏览量，以“村超”之名推动其背后的贵州小城榕江实现“爆红”；蕴含着十足烟火气的“小饼烤炉加蘸料、灵魂烧烤三件套”和浓浓人情味的“进淄赶烤”，让老工业城市淄博以一种令很多人意想不到的方式走红了；灯火璀璨的超然楼、唯美优雅的“浪漫斑马线”、气韵卓然的洪家楼教堂等“网红 IP”密集爆火、出圈，带火了其所在城市济南。

无论是“村 BA”“村超”“进淄赶烤”，还是超然楼等网红打卡地，都离不开当地在城市形象宣推方面的努力，而这份努力正在逐渐获得回报——“人们只有知道了一座城市，才会去了解这座城市，继而喜欢上这座城市”。各类“城市 IP”的爆火，为城市带来了崭新的“流量入口”，让城市形象得以通过更新颖的渠道实现更有效的宣推，这不仅能在文旅经济发展方面为城市带来直观收益，更能在提振消费、“双招双引”等方面带来重要利好。

万物皆可当“IP”

城市是需要经营的，而经营方式是多元的，更应是与时俱进、应时而动的。在“流量经济”蓬勃发展、前景广阔的当下，打造“城市IP”已成为越来越多城市的共同选择。

据华略智库新兴产业研究院研究员王尧分析，“IP 经济”已成为各地追逐演绎的新模式、新业态，不仅对促进居民消费、拉

@黄中

动经济发展起到积极作用，更是彰显城市品牌、吸引人才集聚、提升城市“热度”的关键所在。

正因利好颇多、作用显著，各地打造“城市IP”、发展“流量经济”的兴趣自然愈发浓厚，方式方法亦不一而足。

在实践层面，有的地方主要依靠自然资源禀赋打造“城市IP”，如嘉兴的乌镇、大理的洱海等；有的主要依靠对文化内涵创新发展出新的“城市IP”，如西安大唐不夜城的“盛唐密盒”“不倒翁小姐姐”等；有的则围绕城市地标做好网红文章，如重庆的洪崖洞、济南的超然楼和洪家楼教堂、天津的瓷房子等；有的更是围绕传统节日庆典或赛事打造“网红IP”，如云南的泼水节、广东的龙舟赛和舞狮、贵州“村BA”等。

“食无定味，适口者珍。”可以看出，“城市IP”绝不只限于旅游景区，只要是能讲好城市故事、彰显城市魅力和独特气质的元素，都有能成为“城市IP”的潜质和可能。

让“爆红”变为“长红”

放眼各地，“城市IP”的打造如火如荼、风起云涌，不断吸引越来越多地方竞相“入局”。

竞相打造“城市IP”，激发出了更多的发展新活力，是个值得鼓励的好现象、新趋势。同时，也需要警惕打造“城市IP”进程中存在的一些隐忧。

例如，完全抛离城市特质和优势，盲目跟风，针对当地并不擅长的领域打造“城市IP”；或者只追求短期热度，而忽略了长期效应，导致一些“城市IP”昙花一现，成为短期“一阵风”……

如何避免在打造“城市 IP”的进程中踩到这些雷，高水平、高质量打造好“城市 IP”，让“爆红”变为“长红”呢？

一方面，“城市 IP”要有生命力，和城市的契合度要高，这就需要紧紧围绕城市特质和优势“量身定制”“量体裁衣”。

“城市是文化的容器。”从这个维度思考，一个好的“城市 IP”，亦应是外界观望、洞察城市文化的放大镜。若城市历史文化底蕴深厚，就需要深入挖掘、创新创造，打造富含城市故事、辉映城市文脉的城市新名片、新标签，这样的“城市 IP”才具有蓬勃的生命力。绝不能抛开优势特质，盲目追时尚、跟潮流而“硬造”并不符合城市气质、难有根基支撑的“一阵风 IP”。

视线投向济南，这座城市不仅以“天下泉城”闻名于世，亦以“曲山艺海”享誉四方。前不久，济南重磅推出“泉城文艺厅”这一省会城市文化核心 IP，何尝不是立足“曲山艺海”特质，通过对文化优势的再创新、再创造所推出的“城市新 IP”？

另一方面，打造“城市 IP”要有定力，又要有与时俱进的创造力。

纵观各地成功案例，打造“城市 IP”都不是一劳永逸的，而是需要久久为功。例如，“熊猫”一直是成都的特色品牌标签，随着时代演进，这个品牌标签并没有因为时间的推移而黯然失色，反而不断衍生出新的“城市 IP”。长期以来，成都咬定熊猫这一核心“城市 IP”不放松，不断推陈出新，“熊猫 IP”也随之越做越强、越叫越响。

打造“城市 IP”称得上是个新课题，也是城市高质量发展考卷中的一道必答题。展望未来，期待更多城市答好这道题。

从“一带一路”看开放的济南

■ 西　田

在历史长河中，十年不过弹指一挥间。

对于一国一域，十年足以让愿景成为现实。

2023 年是共建“一带一路”倡议提出十周年。十年栉风沐雨，十年春华秋实。中国同各国坚守初心、携手同行，推动“一带一路”国际合作从无到有，蓬勃发展，取得丰硕成果。共建“一带一路”朋友圈越来越大，国际影响力、合作吸引力持续释放。

一

东临黄、渤海，西连中原腹地，山东既是亚欧大陆的桥头堡，也是“一带一路”的十字交会点。

十年来，山东省深度融入共建“一带一路”，在国家开放大局中展现更多作为。据统计，山东省与共建“一带一路”国家进出口规模由 2013 年的 7450.5 亿元攀升到 2022 年的 1.78 万亿元，累计增长 152.2%，占我省进出口总值比重由 45.5% 提升到 55.4%。2023 年前三季度，“一带一路”共建国家占全省贸易的比重进一步提升至 56.2%。

作为山东省会，济南也深度参与共建“一带一路”。2023 年 1—8 月，济南市外贸进出口总值 1421.2 亿元，同期，对“一带一路”共建国家进出口 748.1 亿元。

时代大潮中，黄河之畔的济南如何抢抓机遇？又以怎样的开放姿态不断拓展自己的“国际朋友圈”？

参与“一带一路”建设，打通国际物流通道是其中的重要一环。

如今的济南是一座外联内畅的开放之城，北接京津冀，南联长三角，东承环渤海经济圈，西通中原经济区，是全国重要的交通枢纽城市，“铁陆空地水”齐头并进。

济南国际机场 208 条航线通达海内外 120 个城市，二期改扩建后通航能力将跃居全国省会城市前列；“米”字形高铁网加密成型，每天 500 多趟车次直达全国 326 个城市；小清河全线通航，成为一条“黄金水道”，让济南通江达海；中欧班列联通 20 多个国家的 47 个城市，年开行量突破 800 列。日臻完善的立体交通体系，有效助力企业产品和服务畅达全国、行销世界。

其中，作为济南深度参与共建“一带一路”的重要方式和渠道，济南中欧班列已开行了 6 个年头。2023 年前三季度，济南开行中欧班列（齐鲁号）660 列，同比增长 46.66%。中欧班列为济南外贸企业构建开放共享的班列运行体系，打造济南新的经济增长点。

一列列班列让越来越多的“济南造”走出国门。数据显示，2023 年前三季度，济南市共有 701 家企业货物搭载中欧班列进出口，新增

81 家，同比增长 13.1%；中国重汽、玫德集团等济南市知名企业生产的产品通过班列走出家门，畅销国外。

小清河这条“黄金水道”的复航，也为中欧班列的转运提供了更多选项。2023 年 7 月，小清河开启半载试航，运送中欧班列运回的大麦，由济南港水运至高青港后，再通过陆运至滨州惠民，这是 1997 年小清河断航以来，首次“铁公河”多式联运。

二

具备了外联内畅的硬件条件，济南也在勤练内功。

近年来，济南致力于打造市场化、法治化、国际化营商环境，《济南市优化营商环境条例》于 2022 年 3 月 1 日起实施，以立法方式持续深化“有求必应、无事不扰”的服务理念。

聚焦到对外贸易，《济南市“十四五”时期优化营商环境规划》提出，推动高质量外贸创新发展。其中，积极引导优势行业、重点领域企业强强联合，实施境外经贸合作区建设递次培育工程，提升“自贸 + 综保”双区建设水平，健全跨境贸易管理体制机制，完善“链上自贸”数字化贸易服务平台。

此外，2023 年以来，济南海关制定了优化营商环境、推动外贸稳规模优结构高质量发展 28 条措施，联合青岛海关共同制定出台持续优化营商环境、支持民营企业高质量发展的 15 条举措，采取“一张表”统筹、“一台账”督办、“一竿子”到底的方式，扎实推进各项措施落地，取得明显成效。

面对来济投资兴业的外资企业，济南诚意满满。

在济南市委、市政府召开的外资企业座谈会上，外资企业代表围绕加快项目建设、维护产业链供应链稳定、惠企政策、搭建合作交流平台、人才队伍建设等方面提出了意见建议。对此，济南认真梳理吸收，坚持清单化、台账化管理，及时研究解决问题，推动与外资企业合作走深走实。

城市的努力，有目共睹。

在中国纳税人满意度调查中，济南列省会和副省级城市第 1 位；《中国高质量发展评估报告》中，济南市获评“2023 中国高质量发展十大标杆城市”和“2023 高质量发展营商环境最佳城市”。如今，全市市场主体超过 152 万户，86 家世界 500 强企业来济投资，人才总量超过 267 万人。

可以说，济南已成为“近者悦、远者来”的投资兴业热土。

三

对于开放的济南来说，每一次的“走出去”和“引进来”都满含机遇。

从公开报道来看，2023 年以来，济南格外“热闹”，各类高规格活动在济南举办，其中不乏众多国际盛会。

比如，9 月 25 日，2023 世界友城论坛暨友好省州领导人大会在济南开幕，来自 30 多个国家和地区的中外嘉宾共聚齐鲁，聚焦“绿色发展与低碳生活”，开展国际交流与经验互享，推动城市友好互利合作。这是近年来在山东举办的最大规模的国际友城交流活动，再次掀起国际友城交往新高潮。

自 1983 年缔结第一个国际友好城市以来，经过 40 多年的发展，济南市已与 47 个国家的 86 个城市建立了友好关系，其中与 26 个国家的 29 个城市结为友好城市，与 32 个国家的 57 个城市结为友好合作城市。

再如，9 月 14 日，第四届中国国际文化旅游博览会、第二届中华传统工艺大会在济南举行。“千帆竞海”展区在文旅方面推动“走出去”与“引进来”相结合，澳大利亚、韩国、加纳、印度等 30 余个“一带一路”沿线代表性国家有关企业参展。

除了借助东道主身份拓展“朋友圈”，济南还深谙借船出海的道理。

10 月 10 日至 12 日，第四届跨国公司领导人青岛峰会如期而至。峰会期间，济南不仅举行了济南城市路演暨与跨国公司合作机遇交流会，还与“好朋友”叙旧、和“新朋友”畅谈，共签约 8 个项目，总投资达 13.41 亿美元，一批新的合作意向也在酝酿之中。

同时，济南还主动出击，先后在日本东京、德国法兰克福设立济南国际投资促进联络站，扩大在全球招商的布局，济南市委、市政府主要领导同志带队分赴日本、韩国、德国、瑞士、匈牙利开展招商引资，促进产业合作。

一朵花，同样可以成为国际合作的媒介。

济南提出打造“玫瑰一带一路”品牌，以玫瑰文化为切入点，深化与保加利亚、法国、摩纳哥、巴基斯坦、伊朗、土耳其等玫瑰主产国的联系，推动济南市与国外玫瑰主产国扩大多双边经贸、文化和人员交流，联合平阴玫瑰产业发展中心和玫瑰产业协会，携手组建“一带一路”玫瑰产业联合体，打造世界级玫瑰产业平台，让济南的玫瑰真正走向世界。

越开放，越发展。济南正一路劈波斩浪，沿着“一带一路”扬帆出航，奔赴开放与合作的星辰大海。

CBD、EBD、EOD[①] 的济南实践

■望　山

“绿水青山就是金山银山。”

2005 年 8 月，时任浙江省委书记的习近平在浙江省湖州市安吉县余村考察时，首次提出“绿水青山就是金山银山”的重要论断。当年的“两山论”，今天在全国已成共识。

深邃的思想，历经时间洗礼和实践检验而愈显光辉。“两山论”揭示了保护生态环境就是保护生产力、改善生态环境就是发展生产力的真理，展现出持久的理论生命力、强大的实践引领力。

10 月 28 日、29 日，中国生态文明论坛济南年会举行，来自全国各地的生态文明建设和生态环境保护领域的专家学者，以“生态文明　美丽中国——谱写人与自然和谐共生的现代化建设新篇章”为主题，围绕生态文明建设的新理念、新要求、新目标、新部署，共同探

① CBD 指中央商务区，EBD 指生态商务区，EOD 指以生态环境为导向的开发。

讨生态文明建设中存在的难点、堵点问题。

把视线从会场转向济南这片 1 万平方公里的土地，“两山论”之下，这里的绿色发展“破题之路”值得关注。

“舍得”，才会有绿水青山

当下，“保护绿水青山”已经成为所有人的共识和行动，并且取得了实实在在的进展和成效。

以济南为例。七八年前，这座城市的环境被戏谑为“一城雾霾半城堵”。经过这些年“壮士断腕”式的污染防治攻坚战和坚持不懈的生态保护治理，济南“保护绿水青山”取得了质的飞跃。

与 2013 年相比，2022 年济南市 PM2.5 浓度下降 64.4%，优良天数增加 115.5%，前进的幅度惊人！

趵突泉持续喷涌 20 年，国、省、市控河流断面和饮用水水源地水质，连续 3 年保持 100% 达标。受污染耕地安全利用率达到 100%。小清河济南段水生生物种类 6 年间翻了两番，达到 218 种，中华鳑鲏时隔 60 多年再次大量涌现。

这些年，这座城市是“舍得”的！舍得在生态环境上投入，舍得在低碳环保上投入，舍得在集约高效上投入。先舍后得，有舍才有得；大舍大得，小舍小得——也只有明白舍得、敢于舍得、真正舍得，才激活了瑰丽大自然背后的绿色发展密钥。

如今的济南，蓝天白云常驻，繁星闪烁常见，泉水叮咚常听，山青水绿常存。

“保护绿水青山”，只是走好了“两山论”的第一步。关键是要走好第二步——绿水青山就是金山银山，让绿色发展理念更可持续。

如何把“就是”做好，让绿水青山真正变成金山银山？

从微观视角看，一座美丽小山村通过发展特色产业，比如特色种植、旅游民宿等，把身边的绿水青山变成了金山银山。这种小范围的探索，相对比较容易。

从中观视角看，一片区域、一座城市如何走好“两山论”的第二步？这涉及发展战略、推进体系、工作系统等，关键是找对路径、找准模式，十分考验一个地方的发展智慧。

而从济南实践来看，这座城市一直在尝试破题，并且已经在局部地区取得了实实在在的突破。

从目前南北贯穿城市中轴线的三个“D”的规划建设，可以看出端倪。

CBD：寸土寸金之地的“绿色实践”

“两山论”的适用性是普遍的。但对于绿色资源丰富的农村与人口、建筑密集的城区来说，绿色发展之路显然不同。

绿色不仅指绿水青山，还代表了一种集约高效、低碳节能的发展理念和模式。作为一个从2015年才开始建设的年轻CBD，济南中央商务区显然更有条件、更有空间落实绿色理念。

这个位于城市核心区的CBD，从规划伊始便遵循绿色理念——

从业态策划到片区规划进行“反规划”，合理利用寸土寸金空间；整个片区地下空间统一规划开发、集约利用；弱化中央公园概念，建设绸带状公园，使绿地公园化整为零，把更多的绿地建在社区里，让市民更方便地享受绿地空间。

对标巴黎拉德芳斯、新加坡滨海湾、伦敦金丝雀码头、纽约曼哈顿等CBD建筑群，济南中央商务区重在打造人与自然和谐共处的公共空间；参照蒙特利尔地下城，通过统一规划衔接轨道交通形成人流枢纽，通过绿化景观打造四季如春的地下商城。

寸土寸金之地，高楼大厦林立，绿色低碳却无处不在——这样的现代化城区才是未来城市建设的方向。

EBD：生态商务区引领的“绿色新范式”

城市核心区的人流、建筑更加密集，济南中央商务区在拆除原有建筑的基础上拔地而起，实属不易。但毕竟建设的空间有限，绿色发展理念得以施展的范围比较小。

那一座新城，如何让“两山论”落地，让绿色成为底色？

黄河之北的济南新旧动能转换起步区，就是这样一座从一张白纸开始规划建设的新城。

治理黄河，重在保护，要在治理。生态保护是落实黄河重大国家战略的首要任务。无论从发展空间还是基础资源看，济南起步区的“绿色之笔”更有能力画出一幅“生态美图”。

怎么画？济南起步区提出规划建设EBD。与CBD相比，EBD理念无疑更加先进。

生态商务区，源于西方后工业时代生态城市理念，是一种全新的城市形态和产业园区形态。全球范围内，以纽约曼哈顿、东京新宿、上海长风生态商务区为典型代表。相比于传统的城市商务中心，生态商务区模式纠正了传统的城市发展观，在注重科技推动产业和经济发展的同时，更注重以人为本、生态保护城市空间的营造。

生态商务区选址在济南城市副中心的大桥组团，是起步区未来新

城的地标性区域。和 CBD 不同，生态商务区更注重营造以人为本、生态保护的城市空间，也是起步区践行绿色低碳高质量发展的“现实作品”——

城园相融的空间格局，规划以构建“中国式现代化田园城市示范区”为目标，提出“轴带连园融四区”的空间结构；

产城融合的创新组团，示范区构建以绿色低碳为导向的创新产业体系，布局总部经济、科创金融、科研办公及都市阳台四大功能组团；

绿色低碳的活力网络，规划突出 TOD（以公共交通为导向的开发）发展模式，建立轨道交通、接驳线和常规交通相结合的多元公交体系，

提高公共交通的便捷性。

济南起步区的 EBD 正在积极建设，未来将与 CBD 遥相呼应，成为绿色低碳发展地方探索的新范式。

EOD：生态环境导向开发的“两山探索”

2023 年 10 月 8 日，山东省生态环境厅公布了“关于拟同意济南市南部山区生态环境导向的开发（EOD）项目等 8 个项目开展第三批省级 EOD 模式试点的公示”。

这条消息引发了广泛关注。毕竟，南部山区无论在“南控”还是“南美”战略中，都把生态保护作为最优先工作。如今，南部山区要实施生态环境导向的开发项目，这预示着怎样的走向？

南部山区是泉城的“水塔”“绿肺”“后花园”，是省级生态功能保护区，是泰山区域山水林田湖草生命共同体的重要组成部分。

近年来，济南市坚持“共抓大保护、不搞大开发”，推动南部山区保护发展取得了长足进步，但在局部地区也存在森林生态系统质量不高，水源涵养能力不强等问题。

南部山区的这些问题，是许多地方把“绿水青山”变成“金山银山”过程中都会遇到的共性问题。怎么破？近些年逐渐兴起的 EOD 模式“浮出水面”。

EOD 项目，主要采取产业链延伸、联合经营、组合开发等方式，推动公益性较强、收益性差的生态环境治理项目与收益较好的关联产业有效融合、统筹推进、一体化实施，将生态环境治理带来的经济价值内部化，是一种创新性的项目组织实施方式。

国家十分重视 EOD 项目建设，出台了一系列政策文件支持其发展。山东是较早开展EOD试点的省份，目前已有国家级EOD试点项目5个、省级试点11个，总投资达660亿元以上。2023年公布的《山东省建设绿色低碳高质量发展先行区三年行动计划（2023—2025年）》，支持深入实施EOD试点。《济南市“十四五”节能减排工作实施方案》也提出要创新生态治理模式，开展EOD试点。

从山东及外地已经试点的项目看，EOD模式可持续性强，取得的效果也不错。

此次南部山区计划实施的EOD项目包括5个子项目，总投资超过21亿元。其中，生态环境治理类项目3个，分别是山体综合提质项目、锦阳川水生态治理项目、仲宫垃圾分类处置中心项目；关联产业类项目2个，分别是凤凰谷文旅康养综合体项目、乡村振兴示范项目。项目建设期3年，主要集中在2024年至2026年，运营期为2027年至2048年。

EOD项目的破题，将为济南南部山区把“绿水青山”变成“金山银山”走出一条新路。

“两山论”下，济南的绿色发展之路正出现多个“解题思路”。未来，这条路会更加精彩！

济南的“赢商”之战

■ 易安客

一

城市拼经济，在很大程度上拼的就是营商环境。

2023 年 11 月 14 日，济南市优化营商环境创新提升行动工作会议召开，对《济南市优化营商环境创新提升行动实施方案》进行解读，标志着济南优化营商环境又一次迭代升级！

市委书记刘强出席并讲话，市委副书记、市长于海田主持。如此高规格的会议，让外界看到了济南对营商环境的重视。

到底有多重视?

刘强书记在会上讲了一句话：各级各部门必须把优化营商环境作为加快强省会建设的基础性、全局性、先导性工作。

基础性、全局性、先导性……这就是济南对营商环境的重视。在笔者的印象中，济南还是首次这样表述营商环境的重要性。

这是济南向外界释放的一个明确信号：要把营商环境摆到更加重要的位置，为市场主体在济发展创造更加良好的环境，用营商环境的提升来打好“赢商”之战。

二

济南这份方案，充满了决心和务实的态度。

方案中有一句话：按照“事要解决”的标准要求有针对性制定措施，主动回应经营主体反映的突出问题、调研评估发现的共性问题，不断提升涉企服务水平。

“事要解决”——非常朴实、非常实在的一句话。相信企业看到这句话，一定很亲切、很提气。

此次方案，济南采用“1+20”框架体系，以 1 个整体方案作为总纲，以 20 个领域配套措施为重点，明确了优化提升营商环境的目标任务和具体措施。

升级营商环境，济南有哪些新动作？

一是创新提升要素供给水平。降低经营成本，包括推动高压电力接入“投资到红线”、扩大“用地清单制”适用范围、扩大普惠金融总量规模和覆盖面等措施。“开门七件事，柴米油盐酱醋茶”，对企业来说，用电、用地、融资、科技创新、知识产权创保运服、人才用工……这些经营问题，就是企业“过日子”的基本要素。解决好要素供给问题，是济南优化营商环境的重中之重。

二是不断强化法治保障，打造公平公正的发展环境。这包括开展跨部门综合监管试点、推广“诉前调解 + 赋强公证”金融纠纷化解模式、搭建“一站式”诉讼服务平台等措施。有句话说“法治是最好的营商环境”，事实也的确如此。法治保障的每一次优化，都将为企业布局济南、扎根济南增强信心。

三是推动服务便利化，便民利企。这包括打造政务服务“云大厅”、加快“无证明城市”建设、企业间“带押过户”线上办理等措施。“时间就是金钱，效率就是生命”，企业需要什么，济南就给什么。

四是增强协同运行能力。这包括完善12345市民服务热线“接诉即办”平台等措施。可以看出来，“1+20”行动方案解决的是重点问题、细节问题，真正落到了实处。

优化营商环境的比拼已经进入“下半场”，关键看谁的措施更精准，更有针对性，更能让所有市场主体、市民群众都有获得感，让好环境好服务“可感可知”“触手可及”。

济南的方案，无疑让大家充满期待。

三

营商环境是一个国家或地区经济社会发展的重要依托，换句话说，营商环境就是城市经济发展的“基础设施”。营商环境的好坏，直接影响城市经济发展的质量和速度。

2023年以来，多个省、市都把优化营商环境列为重点任务，济南也十分重视营商环境，先后出台《济南市优化营商环境条例》《济南市“十四五”时期优化营商环境规划》《济南市优化营商环境创新提升行动实施方案》，建立起了“条例+规划+方案+清单”四位一体的营商环境建设制度体系。

在优化营商环境这条路上，济南亮点频频。

其一，政务服务品牌叫响全国。“在泉城·全办成”品牌持续发力，“放管服”改革落地落实。济南率先实现了建筑工程竣工验收“零材料”申报，涉企服务“一口办理”“链上自贸”等改革成果在全国推广。

其二，线上平台发挥实际效用。“数字济南”总门户和“一网统揽”平台上线启用；上线了全国首个集元宇宙大厅漫游、数字人智能导办、远程云端帮办、智慧受理即时办于一体的政务服务“云大厅”，并入选全国典型示范案例；首批上线 309 个高频事项实现智慧受理、在线帮办，“智惠导服”平台实现 24 小时线上咨询引导。

其三，改革措施成效显著。企业开办从 7 个部门 8 个环节压缩到 1 个部门“半日办结”；工程建设项目审批制度改革实现连续 4 年进位提升，在全国综合排名第三；新建商品房办证提交纸质材料数量从“19”降到“0”，实现“交房即办证”。

倾力而为，必有斩获。济南不仅连续4年在全省营商环境评价考核中蝉联一等，还获评“中国国际化营商环境建设标杆城市”“高质量发展营商环境最佳城市”等称号。

营商环境好不好，企业的感受是最真实的。在全国纳税人满意度调查中，济南位列副省级城市和省会城市第1名，全市市场主体总量从2016年的57万户增加到152万户，86家境外世界500强企业来济投资落户……

四

济南正处在强省会建设的关键时期。

这座面积1万平方公里、实有人口超过1000万的北方大省会，在2020年首次跻身于“GDP万亿级俱乐部”，其后一路高歌猛进。2022年，济南生产总值是1.2万亿，正在迈向“两万亿之城”。

关键时刻，济南把优化营商环境摆在更加重要的位置，就是在解放生产力、提高竞争力、增强吸引力，让城市“跑”得更快。

济南的诚意，相信外界都看到了。济南的未来，让人充满期待。

“第三个三年”，读懂新未来

■永　萍

推动工业强市，济南再出重磅计划。

工业强市发展战略的坚持和深入，让济南的发展能级不断跃升、经济结构不断优化，为济南加快高质量发展提供了强劲的推动力。如今，济南再度吹响了工业强市的进军号角——

2025 年 11 月 8 日，济南印发《推进新型工业化加快建设工业强市三年行动计划（2023—2025 年）》（以下简称《行动计划》），对工业强市发展战略进行再谋划、再提升，提出 2025 年规模以上工业营收将突破万亿元。未来三年，济南加快建设工业强市有了新纲领、新目标。

谋定而后动，纲举而目张。读懂又一个“三年”，也就读懂了济南的新未来。

关键词“再强化”：再上新台阶，取得新成效

三年是时间的标尺，也是发展的刻度。济南再次提出工业强市，可谓恰逢其时，非常必要。

从城市层面看，作为山东省会、全国重要的工业基地，济南工业门类齐全，产业体系完备，拥有 41 个工业大类和全部 31 个制造业大类。久经工业文明浸润的济南，早已将工业融入城市发展的血脉。近年来，济南坚定不移实施“工业强市”战略，取得了显著成效。“自 2019 年起，济南连续三年出台三个重磅文件，大力推动实施工业强市发展战略。实现两个‘三年一大步’（2018—2020、2021—

2023）的历史性跨越赶超。”济南市工业和信息化局原党组书记、局长汲佩德表示。

第一个三年（2018—2020 年），工业和信息化发展能级实现新跃升，数字经济发展水平全省第 1，先进制造业发展水平全省第 2。

第二个三年（2021—2023 年），工业和信息化高质量发展走在前，主要指标实现质的有效提升和量的合理增长，形成了“三个优”的发展新态势。一个个数据、一项项成绩，彰显着济南加快工业发展的探索与实践，工业提供的硬支撑让城市发展成色十足。

从国家层面看，当前工业特别是制造业已经成为新一轮国际竞争和大国博弈的主要“竞技场”。党的二十大报告明确提出到 2035 年基本实现新型工业化的目标。如今，济南正迎来黄河流域生态保护和高质量发展、强省会等重大战略性机遇，走工业强市之路，符合济南发展实际，是深化重大国家战略的必然选择。

以此为背景，《行动计划》在《关于加快建设工业强市的实施意见》基础上，进一步对标对表，主要有五大特点，即突出战略导向再强化、突出目标引领再强化、突出企业攀登倍增再强化、突出绿色发展再强化、突出考核激励再强化。

这“五大强化”是强在哪？如何强？

以突出战略导向再强化为例，济南提出聚焦推进新型工业化，坚定不移深入实施工业强市发展战略，加快建设以实体经济为支撑的现代化产业体系。新型工业化，正成为济南加快绿色低碳高质量发展的“新蓝海”，济南工业正在尽展所长、驰骋遨游。

此外，济南再度发出“工业强市”的号召，锚定 2025 年规模以上工业营业收入突破 1 万亿元——突出目标引领再强化。这既是新一轮解放思想，也是再一次实事求是。

关键词“提升能级”：奔向高质量新型工业化

把握新型工业化之“新”，不仅要用系统思维扎实推进各项重点任务，也要运用辩证思维找到抓手、重点突破。

《行动计划》中提出牢固树立 “产业第一、制造当家、工业立市、工业强市”的鲜明导向，提出提升先进制造业能级、提升数字经济能级、提升企业发展能级、提升绿色发展能级四个目标 。

那么，何谓能级？

区别于“水平”“质量”等词，“能级”这一概念蕴含迭代、跨越以及升维等含义。从这四个能级，能看懂济南对“工业强市”的重视和希冀。这是济南的实力使然，也是雄心所在。

对应这四个目标，《行动计划》确定主要任务——分解为五大行动、17 项具体任务。其中，制造业优化升级位列五大行动首位。《行动计划》提出，优化提升产业结构层次，壮大四大主导支柱产业规模，推动新一代信息技术装备、节能与新能源汽车等产业加快发展，聚力打造产业发展新优势。加大制造业招商引资力度，聚焦四大主导支柱产业和标志性产业链群，新引进的产业项目中，制造业项目占比不低于三分之一。

值得注意的是，工业强市是高质量发展的工业强市，不是回归老路和传统，大干快上高耗能、高污染的项目，可以按照低能耗、低污染、绿色环保以及可持续发展的诉求进行项目筛选和落地。举例来讲，济南将大力发展新能源汽车，到 2025 年打造节能与新能源汽车产业链群。

工业强市的过程，也是一个优化调整产业结构，推动工艺、技术、装备升级，推动绿色低碳转型，实现新旧动能转换的过程。《行动计划》中，科技含量高、资源消耗低、环境污染少的产业结构占有极为重要的地位，可以看出济南在构建绿色低碳循环经济体系方面的站位和努力。

关键词“一盘棋”：
企业更壮大，市直、区县更担当

政策规划是工业发展的指南针，决定着一个地方工业发展的方向、层次和质量。能不能建成工业强市，很大程度上取决于政策规划是否科学到位。

据了解，为推动工业强市，济南明确考核“指挥棒”，科学设置“规模以上工业增加值增速”“工业技改投资增幅”等 11 项具体指标，分值权重占主要经济指标考核分值的 30% 左右。尤其设立了“工业强市建设”考核单项奖，对推进工业强市建设成效显著的区县（功能区）予以通报表扬，激发了各级各部门投身工业强市建设的积极性、主动性和创造性，促进了工业强市各项任务目标的落地落实。

当然，工业强市也是符合新型工业化规律的，各区县有各自的自然条件、经济条件和区位条件，要结合自身特点，牢牢把握在新一轮工业强市的机遇、责任和战略定位。自 2023 年济南区县两会闭幕以来，多个区县在 2023 年重点工作中提出实施工业强区（县）战略，立足本地优势产业，大力发展实体经济，不断增强发展后劲与活力。这是济南各区县部门协调发展之所愿。

此外，深入实施工业强市发展战略，广大企业是主力军。只有大

企业“顶天立地”、小企业“铺天盖地”，发展才有活力，才有高质量。

济南将聚焦持续壮大规模以上和优质企业群体，统筹推进实施中小企业攀登和优质企业倍增计划，持续完善服务企业常态长效机制，秉持“有事必应、无事不扰”的服务理念，不断提升服务企业质效……这一系列措施吹响了企业时不我待、追赶跨越的号角。如今，新型工业化浪潮勃兴。让中国重汽、比亚迪、浪潮、齐鲁制药、吉利、费斯托等制造业大牌劈波斩浪，让正在成长的制造业“明日之星”安心长大，济南的工业强市之路才会走得稳、行得远！

扛起担当的市直和区县、切中时代脉搏的企业家、引领行业发展的“隐形冠军”，以及锚定工业强市战略的城市主政者，种种力量汇聚在一起，变成了济南工业强市的信心与底气。

关键词“三个战”：
接续奋斗，久久为功

“济南坚决打好工业强市建设的总体战、攻坚战、持久战。”济南市工业和信息化局原党组书记、局长汲佩德在有关新闻发布会上表示，“这是在把握新型工业化发展规律，紧密结合济南实际的基础上提出的。这‘三个战’是一个系统工程，是有机整体，紧密联系、密不可分。”

这是工业强市建设的总基调。如何理解总体战、攻坚战、持久战？

汲佩德认为，所谓总体战，就是要充分认识到工业强市战略是关系济南经济社会发展全局的根本性战略，其奋斗目标具有系统性、阶段性和长期性，必须放在战略和全局上进行系统谋划和整体推进。所

谓攻坚战，就是必须充分认识到加快建设工业强市的艰巨性、复杂性，当前要直面济南市工业经济规模总量不大、创新能力偏弱、产业结构不优、资源要素偏紧等难题。所谓持久战，就是要充分认识到加快建设工业强市是一项长期的任务，决不可一蹴而就，必须保持战略定力，坚持一张蓝图绘到底，推动工业强市建设行稳致远。

打好“三个战”，既要抓长远，更要抓当下。

工业强则省会强，工业兴则省会兴。工业强市，已经成为省会城市崛起的必由之路。早在济南市第十二次党代会报告中，明确提出要坚持“工业强市”战略不动摇，展示了济南“工业强市”的雄心抱负。2023 年济南迎来了加快建设“强新优富美高”新时代社会主义现代化强省会的重要一年，对济南来说，坚持工业强市、构建现代化产业体系，就是夯实高质量发展之基，就是积蓄强省会腾飞之势。

同样，项目建设是工业强市的生命线。2023 年是济南的“项目突破年”，2024 年或将升级为“项目深化年”。拼项目、拼经济、拼发展，就必须发挥好工业的压舱石作用，把建设工业强市摆在更加突出的位置。

显然，举全市之力实施工业强市战略，已成为济南的重头戏，需要接续奋斗、久久为功。

大盘取厚势，落子开新局。工业强市，正在成为当下济南的最强音，实现“强省会”的战略愿景也正逐步从梦想照入现实。

“泉”在济南，亮出新年雄心

程林林

“共欢新故岁，迎送一宵中。”随着2024甲辰龙年的临近，“泉”在济南过大年系列文旅活动拉开大幕，浓浓的年味弥漫在大街小巷。

年味是什么？在济南日新月异的变化里，它看得见、摸得着，是大街小巷摩肩接踵的节日气氛，是趵突泉公园内灯光璀璨的迎春花灯，是绿地公园新建成的美景长廊，是舌尖上传统美食的烟火气，是村村有好戏、秧歌舞、踩高跷、逛狮会的乡村民俗，是“泉”在济南过大年活动掀起的高涨热情……

年味，在我们的生活里，在城市更新蝶变的新气象里，在济南加快建设“强新优富美高”新时代社会主义现代化强省会的雄心里。

雄心的支撑
——千年文化古城、世界泉水之都

“泉”在济南过大年系列文旅活动，以“泉”字开头命名，不外

乎三个原因。

一是济南的泉水历史悠长，资源丰富。济南素有"泉水甲天下"的美誉。"齐多甘泉，冠于天下"，著名文学家曾巩曾这样盛赞济南的泉水。千百年来，汩汩泉水滋养着济南，泉水是济南的根与魂。目前，全市天然泉水达1209处，是名副其实的"千泉之城"，泉水数量之多、喷涌之盛为世所罕见。

二是济南正在打造泉水新IP，走向国际。这座省会城市正在努力超越一省维度，拓宽国际视野。泉水是济南最亮丽的城市名片，也是独一无二的核心竞争力和文化软实力。只有做好泉水文章，提高泉水知名度，让泉水走上国际化，才能够更好地讲述济南故事，让世界了解泉之美、城之美、人之美。

三是"泉"谐音"全"，意欲表达济南的好客之情沸腾涌动。"泉"在济南，"全"在济南。地处齐鲁大地轴心地带的济南完好延续了数千年的"礼""义"之风，有着崇礼尚宾、热情好客、淳朴厚道的人文品质。如今，一大批根植于济南历史、文化的迎新年活动，以济南人民的诚挚热情和齐鲁大地的好品美物，向众人展现了一幅好客之情、好品之盛的美好画卷。泉，是济南发展的生命之源。围绕"泉"在济南过大年这一主题，济南在2月2日（腊月二十三）—2月24日（正月十五），坚持以文提升品质、以体增添活力、以旅带动人气、以商促进消费，精心策划了十大特色活动。其重头戏"游泉打卡"活动，立足济南泉水文化，举办游泉打卡系列活动，推出了泉水泡茶、泉水宴美食、泉水老街、泉水浴场、商河温泉、泉城人家民宿等泉水旅游产品，发布了冬季游泉打卡线路和游泉攻略，邀请海内外游客来一场寻泉、探泉、赏泉、乐泉之旅。

雄心的点燃
——网红变“长红”，流量变“留量”

2023年，文旅市场逐步复苏，济南这座历史文化名城开始频频“出圈”，成为广受追捧的“网红城市”。无论是“特种兵”出行，还是city walk（城市漫步），五湖四海的游客都在竞相奔赴济南。打造网红城市只是万里长征的第一步，保持城市流量“长红不衰”才算得上真本领。济南正试图站在更长远的角度讲好城市故事，赋予“网红济南”更加持久的生命力。

文化是一个国家、一个民族的灵魂。社会历史的发展和进步，国家的繁荣和富强，人民的幸福和安康，都离不开文化的力量支撑。如今文旅的力量，对城市的发展至关重要，文化与旅游的深度融合，对济南建设强省会具有深远意义。自大明湖畔超然楼亮灯视频爆火后，济南从探路“流量”到凝聚“留量”，都做出了一系列有效尝试。获取流量密码不能仅限于“抄答案”，更应关注“解题过程”。济南不仅在网红打卡地上推陈出新，更从人文关怀的角度下功夫，不断优化服务，赢得了一众好评。

为了继续在文旅融合上大做文章，此次“泉”在济南过大年系列活动中，济南利用得天独厚的区域文化资源，360度展现自身魅力，迸发出了无限活力。“冬游济南 欢乐贺年”主题活动、济南名店名厨名吃名菜打卡活动、泉城有好戏、“一城山色·登山打卡”系列活动、嗨玩冰雪季等众多活动，无疑为济南带来了更多的新春流量。过年期间，游客们可以齐聚在济南，赏泉、康养、研学、品美食、观民俗、赏花卉，也可以在趵突泉边品康熙御笔“激湍”，在千佛山顶遥望鹊华秋色，临超然楼观赏华灯初上，到大明湖畔寻找老舍先生文脉……这样的新年，才称得上“诗意”。

雄心的崛起
——打造文化“两创”新标杆，推动文化强市建设

文化“两创”，指中华优秀传统文化创造性转化、创新性发展。如今山东“文化强省”建设显著加强，济南作为省会城市，理应当好排头兵。越是历史的，就越是未来的。要让文脉绵绵若存、用之不勤，做好文化“两创”工作是义不容辞的责任。首先是创造性转化，意味着对博大精深、内涵丰厚的中华优秀传统文化进行重新审视、改造，让其在当代发挥价值，由内焕新，赋予其符合新时代的新内涵。其次是创新性发展，体现在文化新的未来发展走向上。济南致力于让优秀传统文化在突破自身内涵、完成创造性转化的基础上，延伸出新的传承、蝶变空间。

2024春节济南乡村文化旅游节以民俗文化展示体验为重点，坚持线上线下联动，精心设计引流项目，丰富消费场景，策划推出了赏民俗寻年味、看演出听大戏、观展览品书香、尝美食游美景等各类活动，在传承中华优秀传统文化的基础上，为市民游客“解锁”泉城新春新玩法。

推动中华优秀传统文化“两创”发展，是一个长期的过程。既要延续血脉风骨，使其形神兼具，又要大刀阔斧，使其焕然一新。2024年济南市政府工作报告指出，擦亮文化济南名片，聚力打造中华优秀传统文化“两创”新标杆，提升城子崖、大辛庄等考古遗址保护利用水平，加快“济南泉·城文化景观”申遗。推进非遗名城建设，办好

第八届中国非物质文化遗产博览会。同时加快文体旅融合发展，抢抓文旅消费回暖机遇，推进文体与旅游深度融合，办好国际泉水节、中华“二安”文化旅游节、泉城马拉松等品牌节会赛事，持续举办“涌动泉城·游泉打卡”“一城山色·登山打卡”系列活动，推出更多“四季泉城”网红打卡地。

借着这场“泉”在济南过大年活动的东风，这座“天下泉城”将更好地担负起新时代新的文化使命，赋能文化“两创”高质量发展，让千年文脉不断焕发生机，让千年古城在新时代熠熠生辉！

济南，“圈”出新未来

■礼　春

济南都市圈，正在换挡提速！

2024年济南市政府工作报告提出，要高水平打造济南都市圈。这已是连续第三年将“济南都市圈”写入政府工作报告，有关表述从“研究编制”到“建设”，再到“高水平打造”，济南都市圈轮廓日渐清晰，布局落子愈发有力。

与此同时，备受关注的《山东省国土空间规划（2021—2035年）》正式印发，强调“培育有全国影响力的济南都市圈”，更是“圈”出了新高度。

当前，城市竞争之下都市圈建设正迎风起势。济南都市圈前景如何？加速前行，济南都市圈应当何为？

全国有影响力，迈向更高台阶

政府工作报告是观察济南都市圈发展的重要窗口。

2022 年，济南市政府工作报告提出“增强省会辐射带动能力，研究编制现代化济南都市圈发展规划”；2023 年，相关表述转变为“建设现代化济南都市圈，编制实施济南都市圈发展规划”；到了 2024 年，进一步明确要“高水平打造济南都市圈”。

这是发展所需。国家“十四五”规划纲要提出，要“依托辐射带动能力较强的中心城市，提高 1 小时通勤圈协同发展水平，培育发展一批同城化程度高的现代化都市圈”。党的二十大报告也明确提出，要“以城市群、都市圈为依托构建大中小城市协调发展格局”。建设济南都市圈是山东省最重要的发展战略规划之一，将成为一股不可或缺的精锐力量，引领山东半岛城市群做大做强，在中国经济版图上熠

熠生辉。

这是济南之责。济南，要发挥山东半岛城市群“龙头”带动作用，不断集聚先进生产要素，向外辐射中心效能。2023年年末，两份重磅文件也都提到了济南都市圈：《山东省黄河流域国土空间规划（2021—2035年）》提出“高水平打造济南都市圈”，《山东省国土空间规划（2021—2035年）》（以下简称《空间规划》）强调“培育有全国影响力的济南都市圈”。对于这份蓝图，济南定会扛起省会的担当，展现更大作为。

这是未来所向。都市圈，正在成为中国新一轮城镇化的重点发展方向。关于培育打造济南都市圈，《济南市新型城镇化规划（2021—2035年）》从都市圈范畴、基础设施互联、产业分工、公共服务、区域协同、同城化发展等方面提出推进路线。从当前发展趋势看，济南市与周边地区同城化发展将大大加快，现代化济南都市圈将加速形成。

高水平打造，“强心、壮圈、带群、协域”

作为“圈心”，济南大动作频频。

2024年济南市政府工作报告指出，对于济南都市圈的高水平打造，首要的是“优化区域整体布局，协同编制济南都市圈空间规划”，从而为都市圈城市国土空间保护、开发、利用提供依据。

具体来讲，就要做好“强心、壮圈、带群、协域”四篇文章。

“强心”，做大做强中心城区。这是于自身而言。

“城”强则“圈”强，“圈心”的实力决定都市圈的高度。从国家区域整体的规划和济南的区位优势来看，济南居于一个举足轻重的地位。打铁还需自身硬。随着强省会建设的推进，济南的辐射带动能力也越来越强。

根据《空间规划》，培育发展济南现代化都市圈有着明确的方向和目标。积极推进中国式现代化济南实践，锚定“强新优富美高”新时代社会主义现代化强省会建设目标，重点是“省市一体推动济南新旧动能转换起步区成形起势，打造黄河流域生态保护和高质量发展引领示范区”。

在具体行动上，提升一体化水平。加快转变发展方式，提高发展质量，增强省会引领带动作用，培育有全国影响力的济南都市圈。推动绿色低碳、集约高效建设，打造全国生态保护和高质量发展先行示范区。构建“米”字形高铁网络，完善综合立体高效交通网络和现代流通体系，培育国际性综合交通枢纽城市。优化城市功能布局，协调“山泉湖河城”空间关系，塑造城市特色，建设强省会。

“壮圈”，促进都市圈一体化发展。这是于周边而言。

都市圈建立的过程，也是中心城市带动周边城镇发展的过程，如深圳都市圈的“前店后厂”、上海都市圈的“研发在沪，生产在外”。

山东要构建新旧动能转换空间格局，济南系“三核”之一。具体来说，要融合产业空间、创新空间和城市空间，形成以济南、青岛、烟台“三核”为主引擎，以济青产业发展带、沿海产业发展带“两带”为支撑的新旧动能转换空间布局，这是济南都市圈强筋壮骨的机遇。

关于济南都市圈，《空间规划》的表述是，强化济南都市圈核心带动作用，实施“强省会”战略，推动济淄、济泰同城化，辐射带动聊城、德州、滨州、东营等城市协同发展，同步提升菏泽、济宁要素支撑能力，打造黄河流域绿色低碳高质量发展引领区。

这个过程，离不开快速交通网的支撑。2024 年新年伊始，济南综合立体交通网建设火力全开，济南至宁津高速公路等 5 个项目同日启动建设，其中 4 条位于济南都市圈内，都市圈城市互联互通继续高歌猛进。“轨道上的都市圈”也不断提速，济枣高铁启动建设，济滨高铁首次成功跨越徒骇河……路网越织越密，道路越来越畅。一系列基础设施重大项目的上马，推动了济南都市圈踏上新征程。

《空间规划》与实践方向高度一致。《空间规划》提出，以济南 1 小时交通通勤圈为基础，建设济南都市圈，推动省会经济圈一体发展。

其中提到，率先推进济南、淄博、泰安同城化，构建以泰山为生态绿心、黄河为生态主轴的都市圈绿色发展内核，加快高端服务功能聚集。推动周边城市与济南全方位合作，形成都市圈外围联动圈层。统筹高速铁路、城际铁路、市域（郊）铁路和高速公路等重大交通设施建设，完善便捷可达的快速交通网络。同时还要加强都市圈生态共保和环境共治。

“带群、协域”，推动济南都市圈与周边地区协调发展。这是于全省、全国，乃至全球而言。

济南都市圈地处山东省中西部，如何辐射山东半岛城市群、与青岛都市圈协同发展，也是济南都市圈发展的一大突破口。根据《空间规划》，济南都市圈将增进国家重大战略下的广域合作，与青岛都市圈一起，充分发挥山东半岛城市群龙头作用，搭建与中原城市群、兰州—西宁城市群等沿黄城市群对接平台。

《空间规划》还提出，推动城市群都市圈协同发展，发挥山东半岛城市群龙头作用。从中可以看到，济南都市圈被置于全国和全球视野下进行谋划。未来，将加强与黄河流域各城市群协同协作，强化与京津冀、长三角、粤港澳以及东北地区沟通衔接。深度参与共建“一带一路”，积极对接区域全面经济伙伴关系协定（RCEP），加快完善中日韩地方经贸合作示范区建设，全方位提升对外开放层次和水平。

为此，济南将在开放协调联动方面持续实施一批大动作。《空间规划》明确提出，支持济南发挥黄河流域对外开放门户作用，打造国际内陆港、对外文化贸易基地，建成新亚欧大陆桥经济走廊的主要节点。推动济南综合保税区、章锦综合保税区功能升级，高标准建设国际招商产业园、中日国际医疗产业园等重大载体平台。

在这个白热化的竞争时代，济南联动“圈内城”，广交“圈外友”，将迎来“大抱团”的“整体升级”。

强省会与都市圈，指向“国家级”

当前我国已基本形成“中心城市—都市圈—城市群”的城镇化主体形态。山东也将以城市群、都市圈为载体，推进各级城镇分工协作，构建现代城镇体系。

2024年是济南实施“十四五”规划、推进强省会建设的关键一年。

在济南建设强省会的“施工图”中，明确提出到2025年，济南高质量发展核心指标走在全省首位、全国前列，在山东半岛城市群和黄河流域的核心引擎功能显著增强，在省会经济圈的辐射度、山东半岛城市群的中心度、黄河流域的影响度、国家区域发展大局的参与度显著提升。

透过不同规划可以看出，建设济南都市圈是强省会的重要路径，也是济南融入大局、抢抓机遇的必然选择。两者之间碰撞出的发展火花，将进一步燃亮济南的发展征程。

如今，济南都市圈的发展经历了发起、全面启动和实践阶段，交通、生态和产业合作等方面取得了重要成效，现已进入加速发展的阶段。

自 2021 年至今，获批复或复函的国家级都市圈已有 13 个。前有“标兵”，周围有“强兵”，济南都市圈提速发展，可谓时不我待。下一步，便是尽快拿到国家级都市圈的“入场券”，加速向国家中心城市目标迈进。

12757.4 亿，济南如何再向前？

■ 永　萍

2023 年济南经济成绩单出炉。1 月 26 日，济南市统计局发布消息，根据市级地区生产总值统一核算结果，2023 年全年我市地区生产总值为 12757.4 亿元，按不变价格计算，比上年增长 6.1%。

“潮平两岸阔，风正一帆悬。”亮眼成绩单背后，济南 GDP 数字呈现了什么特点？背后又透露出什么？未来如何向前？

稳中有进，“万亿之城”步履坚实

过去一年，“万亿之城”济南爬坡过坎、稳中有进。

从 GDP 增速上看，2023 年，济南 GDP 增速（6.1%）超全国 5.2% 的 GDP 增速，跑赢全国平均水平。

分产业看，第一产业增加值 429.5 亿元，比上年增长 4.1%；第二产业增加值 4312.0 亿元，增长 7.8%；第三产业增加值 8015.9 亿元，增长 5.2%。

细看济南交出的这张“成绩单”，其中不乏亮点：

看工业。作为传统工业大市，举全市之力实施工业强市战略，济南一直“坚定不移”。2023 年，济南规模以上工业实现增加值比上年增长 12.4%，全年始终保持两位数增长水平，实现较快增长。

看创新。济南深入实施创新驱动发展战略，强化科技创新支撑，新旧动能转换正在全面突破。从数据来看，济南装备制造业增势抢眼，实现增加值增长 30.6%，拉动全市增长 10.1 个百分点。其中，汽车制造业、计算机通信和其他电子设备制造业、通用设备制造业等行业增长较快，同比分别增长 133.3%、21.2%、19.1%。这些产业不仅提供了新的经济增长点，也标志着济南经济的转型升级。

看消费。济南加力扩内需促消费，通过举办“泉城购”等活动，

持续拉动消费，释放消费潜能，提振消费信心。2023 年，全市实现社会消费品零售总额 5199.0 亿元，比上年增长 6.6%，消费市场持续回暖，线上消费快速增长。

看人才。作为实有人口超过 1000 万的特大型城市，济南始终把人才当作第一资源，出台人才政策“双 30 条”；举办“海右人才节”，向人才致以最高礼遇；第六届中国（济南）新动能创新创业大赛引进院士团队 12 个，全市新增国家级、省级重点人才 97 人……今天的济南，人才资源总量突破 270 万人，连续两年获评“中国最佳引才城市”，成为天下英才激情创业、成就梦想的人气之城、希望之城、未来之城。

总体来看，济南 GDP 在突破 1.2 万亿元之后，2023 年稳住优势且加速前行，实现了持续向好、量质齐升，强省会建设带来强劲势头，城市发展后劲充足。

深度焕新，“千年古城”活力迸发

交出这样的经济成绩单，对于济南来说，实属不易。

济南的发展，来自科学精准的布局落子。

回望 2023，项目是济南的主基调和关键词，更是市域之内最热的“旗帜”。

济南“项目突破年”交出了合格答卷——动态谋划的“十大领域”绿色低碳高质量发展重大项目库，2023 年度计划投资 3123.4 亿元，去年 1—11 月投资完成率近 120%。开足马力，重点项目接续突破，每个项目都为这座城市带来了实打实的资金、技术、产品和人气。

济南的发展，来自产业体系迭代升级。

城无产不兴，产无城不立。今天的项目，就是明天的产业。“强省会”战略下，济南工业高质量发展势头强劲，重点打造产业链群，加快构建现代产业体系。从 2024 年济南市政府工作报告来看，2023 年济南新旧动能转换加快推进，集成电路、空天信息等六大产业共同体加速壮大，十大标志性产业链群能级提升，四大主导产业规模达到 1.6 万亿元，济南新旧动能转换起步区建设加力提速，比亚迪新能源汽车生产突破 24 万辆，爱旭太阳能电池项目成功落地，新引进高端优质项目 26 个、总投资 946 亿元……

展望济南在主导产业重大项目上的落子，加速构筑现代工业产业体系、布局未来产业集群的决心可见一斑。

济南的发展，来自城市内外兼修。

软实力，是一座城市在发展能级、硬实力水平达到一定高度之后必须走好的关键一步。翻看近年来济南的城市发展脉络，提升软实力摆在了重要位置，“以文兴城，以文塑城”成为城市发展的目标之一。

当下，一手搞经济、一手搞文旅，已成为网红省会的标配。

2023 年，济南频频登上热搜：点亮“诗与梦幻”的超然楼令无数游客心向往之；短视频平台上火出圈儿的“酸妮儿”让全国人民认识了济南高跷；“国际双年展”让人们见识了一座爱生活爱艺术的城市。全面提升软实力，济南正昂首攀越“数重山”。

当然，济南的软实力不仅仅停留在文化层面，优化营商环境也是济南提升软实力的重要一环。

近年来，济南出台《济南市优化营商环境条例》《济南市“十四五”时期优化营商环境规划》，不断擦亮“在泉城·全办成”品牌，率先实现建筑工程竣工验收“零材料”申报，上线全国首个政务服务“云大厅”并入选全国典型示范案例。连续 4 年在全省营商环境评价考核中蝉联一等，获评“中国国际化营商环境建设标杆城市”“高质量发展营商环境最佳城市”“2023 年度活力城市”等称号。在全国纳税人满意度调查中，济南位列副省级城市和省会城市第 1 名。

无论是从营商环境还是城市品质来看，内外兼修的济南正脱颖而出，焕发出全新的生机与活力。

项目深化，“圈心之城”向新而行

无论在强省会建设还是关乎济南整体发展的各类规划中，经济总量是定盘星。

2023 年发布的《山东省建设绿色低碳高质量发展先行区三年行动计划（2023—2025 年）》提出，到 2025 年，济南经济总量在全国主要城市中实现位次前移，在全省经济首位度达到 16%。

2023 年，济南无疑迈出了坚实一步。那么，新的一年，济南怎么干？

2024 年年初，济南市委经济工作会议暨 2024 年“项目深化年”工作动员大会召开。会议要求，以“项目深化年”为总牵引，纵深推进数字济南、工业强市建设，推动全市经济实现质的有效提升和量的合理增长，切实保障和改善民生，不断开创强省会建设新局面。

在项目深化方面，对绿色低碳高质量发展项目体系进行完善提升，2024 年确定重点项目 2000 个，总投资 2.66 万亿元。济南市委书记刘强明确提出，要在项目谋划、落地、建设、见效、服务等五个环节上做到“三看三深化”，既交任务又教方法，既压担子又指路子。从“突破”到“深化”的转变中，济南踏上新征程。

在数字济南和工业强市方面，2024 年更是承前启后。根据济南“十四五”规划，到 2025 年，工业增加值占 GDP 比重提高至 30%，数字经济占 GDP 比重超 50%，大数据与新一代信息技术、智能制造与高端装备两大主导支柱产业集群规模双双达到 7000 亿级，生物医药与大健康、精品钢与先进材料分别达到 3000 亿级。

另一个观察窗口是政府工作报告。

2024 年，济南市政府工作报告中提到"大力构建现代化产业体系，全面培育新质生产力"。这包含两个关键词：现代产业体系、新质生产力。

济南全面培育新质生产力，是城市实现高质量发展的客观需要。目前，济南科教资源丰富、战略性新兴产业和未来产业发展势头良好、新要素集聚速度加快，具备了全面培育新质生产力的条件和基础。

牵一发而动全身。2024 年山东省政府工作报告提出，支持济南打造未来产业先导区，济南抢占新兴产业制高点迎来"满园春风"。济南以"项目深化年"为总牵引，随着空天信息产业集群、量子信息产业集群、未来网络产业集群成功入选山东未来产业集群，济钢卫星总装测试基地、液体火箭发动机试车和制造基地等创新力十足的高质量项目加快建设，不断汇聚的新质生产力将点燃济南城市发展新引擎。

大河奔流，潮起济南；天道酬勤，力耕不欺。

2024 年是实施"十四五"规划、推进强省会建设的关键一年，济南正致力于在奏响"强省会乐章"的进程中加速实现大城崛起。

近期，济南都市圈发展规划获批，济南都市圈成为北方第五个、黄河流域第三个获批的国家级都市圈。作为圈心的济南，将面临更多机遇和发展空间。

济南必将持续交出亮眼经济答卷，站上一个又一个历史阶梯，以奔跑之姿崛起成峰！

向云端！这条万亿赛道济南开年“加速跑”

■ 弓　青

近日，济南新年首星——“济高科创号”（智星二号 A 星）发射任务取得圆满成功。据悉，“济高科创号”卫星为国内首颗星载一体化设计研发的 X 波段合成孔径雷达卫星，标志着济南空天信息产业共同体建设再进一步。

布局空天信息领域以来，济南取得了一系列重要突破，如成功发射多颗“山东元素”卫星、完成商业航天“通信、导航、遥感”三个重要领域全面布局等，为产业的快速发展奠定了坚实基础。

穹顶之上，济南之“星”璀璨无比；向“天”而行，泉城空天产业加速崛起。

随着万亿新赛道的渐次打开，空天信息产业正成为济南腾“空”而起的新引擎。

一

出门开车，北斗卫星导航系统为你提供实时精准的定位导航；打电话，通信卫星接收地面站即时提供通信服务……在万物互联的时代，空天信息技术快速融入我们的生产生活，空天信息产业正迎来前所未有的发展机遇。统计数据显示，预计 2025 年后国内空天信息产业规模将达到万亿规模。

作为战略性新兴产业的重要组成部分，空天信息产业具有科技含量高、带动效应强、发展前景广等特点，是推动经济高质量发展的重要引擎。

近年来，济南先后出台了《济南市空天信息产业发展三年行动计划（2021—2023 年）》《济南市加快卫星导航产业发展的实施意见》

等重磅文件。不仅济南成为全国首个完成商业航天卫星全面布局的城市，济南空天信息产业集群也成为山东省 15 个未来产业集群之一。

“济高科创号”卫星的成功发射，标志着济南在商业航天三大领域全面布局的优势愈发稳固。这是济南空天信息产业发展的一个重要里程碑，也是济南在空天信息领域取得的重要突破。

2024 年开年以来，济南在空天信息产业领域，动作频频、机遇不断——

1 月 11 日，陕西智星空间科技有限公司总部成功迁址济南高新区，并更名为济南智星空间科技有限公司，成为 2024 年高新区落地的首个空天信息产业项目。

1 月 20 日，作为我国第一所以“空天信息”命名的高等院校，空天信息大学二期建设工程项目开工。

2 月 1 日，山东省人民政府办公厅文件印发《山东省航空航天产业发展规划》（以下简称《发展规划》），提出将重点打造济南空天信息产业核心集聚区，高标准建设空天信息大学。

济南正凭借其独特的地理优势、产业基础和创新能力，全力推动空天产业加速跑，向着云端冲刺。

二

近年来，我国坚持将航天技术和产业发展结合，不断开辟发展新领域新赛道，塑造发展新动能新优势。多地积极布局空天信息产业，抢抓发展新机遇，抢占产业新高地。

北京明确“南箭北星”产业布局，将卫星互联网定位为经济新增长极；合肥提出将依托空天信息产业打造新的增长极，力争“十四五”

末全产业链总规模达到 1000 亿元；杭州以云栖小镇为支点，推动空天信息技术与城市大脑等技术深度融合，形成体系化的数据获取、数据处理和数据应用能力。

在空天信息产业的激烈竞争中，济南能够脱颖而出，得益于其独特的产业优势。

济南位于京沪黄金节点，地理位置优越，交通便利。这为空天产业的发展提供了便捷的物流、信息流和资金流支持，有助于企业快速响应市场需求，拓展业务领域。

同时，济南拥有完善的工业体系和雄厚的产业基础。在航空、航天、电子等领域，济南已产生、形成了一批具有竞争力的龙头企业和产业集群，为空天产业的快速发展奠定了坚实基础。

济南是全国为数不多的产、学、研各种要素一体化布局的城市，拥有众多高校、科研机构和创新平台。这些创新资源为空天产业的技术研发、成果转化和人才培养提供了有力支持，推动产业不断向高端化发展。

目前，济南已启动创建空天信息国家技术创新中心，省内首个柔性化卫星总装制造基地也已落户济南高新区，空天信息大学二期正式开工。这些项目的建设和推进，不仅提升了济南在空天信息领域的科研与人才实力，更为济南空天产业的持续发展注入了强大的动力。

三

《发展规划》明确，山东将聚焦运载火箭、卫星制造与应用、通用航空和无人机、航空航天关联制造四大产业方向，形成三核引领的发展格局。其中，济南作为其中"一核"，将打造空天信息产业核心集聚区。

聚焦打造高能级科技创新平台。《发展规划》明确将支持济南积极创建国家空天信息技术创新中心，重点开展智能卫星柔性制造、空天先进探测材料与载荷等研究和应用。加快建设中国科学院济南科创城。高水平建设齐鲁空天信息研究院、济南先进动力研究所、山东产业技术研究院等院所，打造航空航天重点研发机构群。

聚焦产业体系强链。《发展规划》明确济南在航空制造、航天装备、航空器维修及改装等产业链方面的发展目标。布局发展航空制造关键环节。《发展规划》明确提升济南中航 AG50 轻型运动类飞机制造等整机制造能力，打造济南等一批无人机产业集聚区，支持济南做精做强雷达罩、天线罩、航空特种合金等航空零部件优势制造产业。壮大发展航天装备产业。《发展规划》明确建设济南液体火箭发动机、动力系统测试平台及制造基地，推动深蓝航天液体可回收式火箭实现突破；支持济南市打造空间行波管、高精度压力传感器等核心产品生产制造链。

为了打造具有国际竞争力的空天产业集聚区，《发展规划》聚焦航空服务链、空天高端制造链、空天信息应用链等发展重点，打造航空航天领域优势产业、重点项目集聚地。在这一战略布局中，济南空天信息产业园将成为重要的载体和平台，助力山东打造具有国际竞争力的空天产业集聚区。

2024 年的济南市政府工作报告提出，2024 年济南将抢占新兴产业制高点，塑强空天信息产业核心优势，加快济钢卫星总装测试基地、液体火箭发动机试车和制造基地等项目建设，提速低轨卫星导航增强系统、遥感卫星星座组网，加快打造现代化空天信息产业体系。

逐梦空天，济南正在“加速跑”，未来可期。

济南：面向未来要流量

■李　永　许　凯

无论与自己比较，还是对比其他城市，当下的济南都当得起“流量城市”的称号。

网友和观察者们说，“济南抓住了流量密码”“济南更善于表达自己了”“千年古城开窍了”。也有人在问，网红如何“长红”？下一个超然楼在哪里?

2023 年 4 月 15 日，《经济观察报》发布专题报道《济南群星：从一颗到无数颗》，围绕新旧动能转换、济南融入国家战略，深入观察梳理济南在超算、空天信息、新能源、人才招引等方面的作为和成果。

这些面向未来抢占赛道的努力，在更为深沉地回答着“长红”之问。对于流量来说，硬实力是刚需，软实力则是改善型需求。城市需要流量，流量不仅仅是注意力经济。如果说近悦远来是如诗如画的流量，济南正在全力布局落子的未来产业则是静水流深的超级流量乃至“留量”。

空天信息产业创造传奇 济南尝到“未来”甜头

产业是经济发展的关键所在，产业高度决定了城市高度，未来产业则决定着一座城市发展的能级和空间。济南空天信息产业的异军突起正是生动的注脚。

对于空天信息产业，济南其实起步较晚，相比国内几个商业航天产业发展较好的城市，产业基础也相对薄弱。然而抢抓国家鼓励前瞻谋划布局空天产业的契机，济南奋起直追，仅用 3 年多时间，就成为空天信息产业的后起之秀。

2019 年 4 月，《山东省人民政府　中国科学院推进山东新旧动能

转换重大工程合作协议》签署。济南抢抓这一机遇，与中国科学院空天信息创新研究院紧密合作，共同打造产、学、研深度融合的空天信息产业链。

济南空天信息产业的发展，展现出令人震撼的速度和力度，创造了新时代的传奇。

2021 年 4 月 27 日，长征六号运载火箭以“一箭九星”的方式，成功将“齐鲁一号”“齐鲁四号”等卫星发射升空。2022 年 7 月 27 日，世界首颗量子微纳卫星“济南一号”搭载中国科学院力箭一号运载火箭成功发射。同年 9 月 6 日，命名为“泉城一号”的卫星发射项目以“一箭双星”方式，将微厘空间低轨卫星导航增强系统 S3/S4 试验卫星送入预定轨道……这些以“济南”“泉城”命名的卫星无不彰显着济南空天力量的迅猛发展。

2022 年，济南又成功举办空天信息产业发展高峰论坛，并率先发起成立空天信息产业联盟，显示出济南在这一领域的强大影响力。

除了天上的济南星，行波管也是济南空天信息产业结出的硕果之一。近年来，济钢防务技术有限公司等一批企业在卫星关键零部件空间行波管、低空监视服务网等方向取得重大突破，空间行波管试验线成为国内首个具备完全自主知识产权的自动化装配线，实现稳定批量生产。

济南已聚集济钢防务、中科卫星、未来导航、时代低空等一大批空天信息产业龙头企业，汇聚上下游产业链从业企业 200 余家，成为中国首个在商业航天“通信、导航、遥感”3 个重要领域全面布局的城市。

人工智能国家“双区”同建的第三城
济南发力“未来”突破口

迅猛发展的人工智能产业也是济南着力重点突破的未来产业。根据2021年发布的《济南市人工智能产业地图》，济南人工智能产业规模2020年为700亿元。

这得益于济南良好的产业生态。济南有优质的产业基础，先进制造业占比57%，数字经济占比达42%，软件信息技术服务占全省的比重达到54%；济南还有着良好的发展环境，聚焦智造济南、科创济南建设，深入实施工业强市发展战略，提出打造智能经济强市和数字先锋城市，为人工智能产业发展营造了良好的政策环境。

依托良好的产业生态，济南在2019年、2020年先后获批建设国家人工智能创新应用先导区和国家新一代人工智能创新发展试验区，成为继上海、深圳后第三个人工智能“双区”同建的城市。依托这一优势，济南市积极开展“AI泉城”赋能行动，促进人工智能与实体经济深度融合，形成了“两区两高一优一谷一岛”的产业品牌。华为、百度等人工智能头部企业纷纷落地济南。

目前，济南市人工智能产业形成了从基础支撑、核心技术到行业应用较为完整的人工智能产业链，产业链内人工智能企业300多家，含规模以上企业185家，研发出浪潮AI服务器、神思电子智能视频监控、国网智能电力巡检机器人等一批人工智能创新产品，集聚浪潮、华芯半导体、华翼微电子等一批人工智能硬件企业，以及神思电子、众阳健康、山大地纬等为代表的人工智能软件企业。《2022—2023中国人工智能计算力发展评估报告》显示，济南市在“中国AI城市排行榜”中位列第十。

争创国家未来产业先导区
济南抢占“未来”主赛道

全力建设强省会、争创国家中心城市的济南，既要赢在当下，更要努力赢在未来。对于济南来说，不仅要参与，更要站上未来产业主赛道。

中国宏观经济研究院战略政策室主任盛朝迅表示，未来产业是指由重大科技创新推动、代表未来科技和产业发展方向、对经济社会具有引领作用，当前处于萌芽期或产业化初期的产业。随着新一轮科技革命和产业革命的推进，未来产业的经济板块正在隆起，并且与战略性新兴产业、传统产业相提并论。可以说，今天的战略性新兴产业，就是昨天的“未来产业”。今天的未来产业，就是明天的战略性新兴产业。

未来产业已成为衡量国家或地区科技创新和综合实力的重要标志，也是我国建设现代化产业体系、把握未来发展主动权的重要抓手。“十四五”规划纲要提出，在类脑智能、量子信息、基因技术、未来网络、深海空天开发、氢能与储能等前沿科技和产业变革领域，组织实施未来产业孵化与加速计划，谋划布局一批未来产业。

2022 年 12 月 16 日召开的济南市委十二届二次全会通过了《中共济南市委关于深入学习宣传贯彻党的二十大精神的决议》。《决议》明确提出，发展壮大空天信息、氢能与储能等未来产业，培育壮大专精特新企业，争创国家未来产业先导区。

2023 年济南市政府报告明确提出，发力突破未来产业。除了前文提到的空天信息产业、人工智能产业，重点提到抢占量子信息产业发展先机。发挥量子保密通信“京沪干线”重要节点城市优势，支持山东量子、国迅量子芯发展壮大，拓展“量子+”应用示范，加快量子科技产业化进程。同时，聚焦元宇宙、未来通讯、智能仿生、扩展现实、基因编辑、类脑智能等领域，积极引进布局一批带动性强的产业项目，加快技术研发和应用推广，打造未来发展新引擎。建立支持未来产业发展政策体系，加强专利布局、人才储备、平台建设、场景开发，加快建设未来产业先导区。

“项目突破年”向新向高落子
济南努力掌握“未来”主动权

无论从扛起国家赋予的战略担当出发，还是顺应强省会崛起的需要，济南深知机不可失的道理，更有狠抓落实的紧迫感。

2023年1月28日，济南市2023年“项目突破年”工作动员大会印发了《济南市深化新旧动能转换推动绿色低碳高质量发展三年行动计划（2023—2025年）》，努力在十个领域“先行一步”。按照清单化、项目化思路，公布了未来三年济南十大领域第一批1301个重点项目，总投资超过2.4万亿元。

“聚力推动科技自立自强，高水平创新型城市建设”排在重点领域第一位，共有项目90个，总投资1920.83亿元。其中不乏“未来”之星，包括加强基础研究和关键核心技术攻关，开展量子科学、脑科学、合成生物学等重大原创性研究，实施高端芯片、人工智能、北斗星动能、氢进万家等科技示范工程。构建重大产业创新平台，积极创建空天信息领域国家技术创新中心。

"深化新旧动能转换，构建更具韧性的现代产业体系"排在重点领域第二位，含308个重点项目，总投资3110.49亿元。在这个领域内，"大力培育产业共同体"的推进也颇有未来感，具体内容是：2025年底前，济南将先期培育集成电路、工程机械、新能源汽车、透明质酸、生物质材料、空天信息等产业共同体。围绕构筑数字经济高地，济南将增强浪潮云洲等工业互联网平台影响力，建设"星火·链网"济南超级节点。用好国家级互联网骨干直联点，建设超算中心、行业数据中心和产业大脑。

一个个好项目，撑起未来大舞台，为实现美好蓝图铺就令人信服的坚实道路。

2022年召开的济南市第十二次党代会，锚定"勇当排头兵、建设强省会"，进一步明确了济南新的发展方位：在新发展格局中，打造国内大循环的战略节点、国内国际双循环的战略枢纽；在国家重大区域发展战略布局中，打造链接京津冀协同发展和长三角一体化发展的核心节点、引领黄河流域生态保护和高质量发展的核心增长极；在新时代社会主义现代化强省建设大局中，打造加快新旧动能转换的龙头、引领山东半岛城市群发展的龙头。

枢纽、节点、增长极、龙头，都指向"强新优富美高"新时代社会主义现代化强省会，指向国家中心城市。九层之台，起于垒土。从未来产业来看，济南的未来一定是脱胎换骨的变化，是梦想走向现实的佳话，是新时代中国故事的璀璨一页。

"你一句春不晚，我就到了济南。"面向未来要流量的济南，永远"春不晚"。

网红济南，该怎样“红”？

朱启禧

济南大动作频频，密集布局打造网红城市。

2023 年 8 月 14 日，“遇见明湖”项目在超然楼广场发布。这是济南新推出的一个文旅品牌，也是在超然楼亮灯仪式爆火之后变“流量”为“留量”的一次努力。

8 月 22 日，“登场了！泉城文艺厅”正式上线。济南朝着打造网红城市又迈出了坚实一步。

城市要有吸引力或者说要塑造网红城市，已经成为共识。网红城市，也已成为当前城市发展的一个重要特征，其所展现出的城市活力、带给城市的赋能效果，更是有目共睹。

网红济南，该怎样“红”？

一

打造网红城市，要避免"三个误区"。

其一，不要把迎合当吸引。

城市的魅力，来自吸引，而不是迎合。迎合，是不顾城市自身特色，盲目照搬其他城市的成功做法。现在，城市竞争已经进入差异化时代，比拼的是城市特色。你有我也有，是难以形成城市品牌的。

其二，不要把浅薄当网感。

网感是个中性词。要尊重网络传播规律，也要善于运用网言网语，而不是照本宣科、套话连篇。在此过程中，有些人误以为具备网感，就是底线要低、话语要俗、言辞要露骨。

真正的网感是做好语言切换，千方百计降低传播难度、增强分享动力，要会把文件语言转换成老百姓愿听爱听的语言。"与新社会群体说话，说不上去；与困难群众说话，说不下去；与青年学生说话，说不进去；与老同志说话，给顶了回去。"此种现象，当引以为戒。

其三，不要把流量当质量。

曾经有过一个时期，一些人把流量跟粗鄙画等号，一提流量必反感。后来，又走向另一个极端，以为流量就等于质量，大流量就等于高质量。

当前，舆论传播在向移动化、社交化、可视化方向发展。在尊重流量的前提下，更要追求有质量的流量。

前段时间，舆论热议，为什么鸡毛蒜皮事老是上热搜？这件事证明，公众对于流量是有质量要求的，是有鉴别能力的。粗俗、低俗、媚俗，并不是公众真正喜欢的大流量。

二

打造网红城市，要坚定“三种坚持”。

其一，坚持以深厚的城市历史文化为根。

文化是灵魂。文化的力量或者我们称之为构成综合竞争力的文化软实力，总是“润物细无声”地融入经济力量、政治力量、社会力量之中，成为经济发展的助推器、政治文明的导航灯、社会和谐的黏合剂。

济南，历史底蕴深厚。远在9000年前的新石器时代早期，已有先民在此繁衍生息。这一方土地，名士辈出，如群星璀璨，映照济南。比如，中国传统医学的杰出代表、战国时代神医扁鹊，中国古代阴阳五行学说的创始人、战国思想家邹衍，口授《今文尚书》28篇于世的汉代学者伏生，唐朝开国功臣、一代名相房玄龄和名将秦琼，宋代中华词坛“婉约派”代表李清照、“豪放派”代表辛弃疾等，都是极其珍贵的历史财富。

其二，坚持以凝聚人心、文化引领为魂。

一座城市，最重要的资源是人心。如果市民都在观望，都在等待，这样的城市是不会有大作为的。

面对新一轮的城市竞争，越来越多的市民更加具有主人翁意识，更加主动地把自己当作城市的“股东”。透过人民网的地方领导留言板可以看出济南市民的变化：以前反映的问题绝大多数是个人难题，现在关注城市发展的比重在上升。

其三，坚持以“强新优富美高”强省会建设为要。

一座城市在不同的阶段，有不同的任务。当前，济南正处于建设

“强新优富美高”新时代社会主义现代化强省会的关键期、机遇期、黄金期。这是城市发展的头等任务，也是战略主线。

强省会建设的生动局面，也势必能为打造网红济南提供源头活水。

三

2024 年，就是济南开埠 120 周年。

1904 年，济南自请开埠，被誉为中国“自开商埠第一城”。回顾这段历史，是为了铭记济南的革新精神，敢于从传统封闭走向开放、拥抱现代化。

现在的济南，年均净增户籍人口约 10 万人，实有人口突破 1000 万人。人口的大融合、不同地域的观念汇聚，势必会带来文化上的碰撞交融。

2022 年 4 月，济南市第十二次党代会报告指出：硬实力让城市强大，软实力让城市伟大。城市既要有筋骨肉，更要有精气神。

学界观点认为，中国在 2011 年城市化率达到了 51.27%，这标志着中国从千年的农耕文明跨入了工业文明的大门。至此，城市之间的竞争，已经转向以文化为代表的软实力竞争。提升济南的城市吸引力、打造网红济南，已是城市发展的应有之义。

济南有主动求变的城市基因传承，有人口融合的文化凝聚力需要，更有打赢城市软实力竞争的雄心壮志。

济南一定会成为传播美好、人人向往的“网红城市”。济南，准备好了！

“五一”成绩单，济南足够亮眼！

■ 姜富海

2024 年“五一”假期结束了，济南的成绩单也随之公布，俩字：亮眼！

先来看一组数据：济南市文旅局公布的数据显示，“五一”假日期间纳入重点监测的天下第一泉、千佛山等全市 30 家景区共接待游客 364.5 万人次，实现营业收入 1.14 亿元。

整个“五一”假期，济南各个景区都人山人海：超然楼前等待亮灯的人、去看趵突泉“三股水”的人、在千佛山坐缆车的人……这火热的场面，完全就是复制粘贴了春节假期。

携程发布的数据显示，济南入选全国“五一”假期周边游最热门城市，位列全国第 7 位，在省会城市中入境游增速排名中位列第 9。

为了迎接“五一”这个黄金窗口，济南做了万全准备，早早谋划，推出了“泉”在济南过五一系列活动，重点围绕“食、购、游、文、遗，艺、赛、庆、品、鉴”等 10 大主题，精心组织开展了百项特色活动。

细心的人会发现，其实早在清明假期时，济南这一波城市营销就已经开始了。

春节假期的济南，可谓“热辣滚烫”，有人评价说“济南打了一场漂亮仗”。无论是从数据还是从游客的体验，我们都可以说，这个“五一”假期，济南赢得依旧很漂亮。

二

在官方公布的数据之外，还有一个数据值得关注。“五一”前后，中国新闻周刊、澎湃新闻、新京报等媒体都对济南进行了密切关注，尤其是央视，5 天假期里，济南上了 5 次央视，日均一次。

其中在 5 月 2 日这一天，济南多次亮相。上午，在中央广播电视

总台推出的“五一”特别栏目《来我家乡放个假》中，央视用6分钟直播“泉世界”，向全国重磅推介了济南“烟水气”的生活方式。下午，央视《法治在线》对济南市天下第一泉风景区派出所的民警们将景区内的牌匾楹联作为定位“神器”，迅速锁定求助人位置并提供帮助的经验做法进行了报道。晚上，央视《新闻联播》对市民游客在济南大明湖畔乐享假期进行了报道。随后，央视《晚间新闻》对平阴县以玫瑰为媒推出系列特色活动的消息进行了报道。

5月3日下午，央视《新闻直播间》“文化中国行”专栏又对济南百花洲历史文化街区进行了报道。央视记者走进济南百花洲，感受济南老城老街的文化底蕴。

二

央视对济南的报道，精准反映了这座城市的面貌。比如最有“烟水气”的生活方式、最有老济南风采的百花洲，这都是最能代表济南特色的文旅资源，央视是懂济南的。

在关注央媒的同时，也不能忽视那些社交媒体的创作者。比如在小红书平台，年轻人乐此不疲地去打卡大明湖畔的“莫奈花园”，在曲水亭、百花洲头顶簪花拍照，在把子肉店里大快朵颐……年轻人对济南的偏爱也不再仅仅局限于那些传统的名胜风景区，也会选择去到有“猫猫寺”之称的四门塔风景区这样的地方进行一场“反向旅游”。

从官方媒体到一个个游客自媒体，它们呈现出了不同维度、不同视角的济南，以及一个努力的济南。

正如济南市政府在新闻发布会上所说的，“老天爷”赋予我们得

天独厚的自然景观，“老祖宗”留给泉城独一无二的文化遗产，这都是实实在在的先天优势。而先天优势与后天努力的叠加，正是济南成功的密码。

三

济南充分做好泉水文章，向全国游客展现了济南独特的格调与魅力，也充分展示了历史文化名城的文化底蕴。比如，在大明湖畔、千佛山下，游客们在诗词擂台上玩得不亦乐乎。

济南官方组织的百余项活动都是基于这种先天优势进行的文旅产品的创新，成功收获了流量。

济南推出的种种暖心举措更是加分项。比如，济南专门上线“泉”在济南微信小程序，为游客提供出行攻略，济南市文旅局组织专业导游到景区免费为游客提供讲解服务，济南旅游啄木鸟志愿者到景区帮外地游客拍照……

济南不仅让游客玩得开心，还玩得踏实。有这样一个细节。“五一”假期到来前，济南市文明办发布了《致全体济南市民的一封信》，信中写道：“在流量为王的信息化时代，真诚是最好的文案，文明是最好的代言，泉水是最浪漫的城市标签。‘泉’在济南过五一，全力以赴当好东道主，发扬主人翁精神，用自觉礼让换来一城芬芳，用热忱待客赢得八方口碑……”

事实上，向上向善的济南“老师儿”早已将此化作了行动自觉，每当假期来临，他们都会收获各样点赞。

四

回到开头那句话，这个“五一”假期，济南赢得依旧很漂亮。这张高分答卷不是凭空得来的，而是一分一分的努力换来的；不是某一方凭一己之力做到的，而是济南全市上下齐心协力书写的。公安民警、城管环卫人员、公交驾驶员、炒菜师傅……每一个岗位的每一个人，都是这张试卷的作答者。

从“泉”在济南过大年，再到“泉”在济南过五一，济南这座城市总能以“泉”为核心，编织出一个又一个令人难忘的节日记忆。

用好、用对先天优势，再加上久久为功的定力，一年四季，“泉在济南”，这个目标并不遥远。

『泉』有韵味

QUANYOUYUNWEI

天下泉城，成全天下

望　山

站在泰山上向北远眺，山峦之北、黄河之滨，是济南生长发源所在。到过济南，一定会留下终生难忘的印象！华灯初上的超然楼、静谧自然的佛慧山、古色古香的曲水亭，时尚现代的 CBD、中西交汇的老商埠、熙熙攘攘的宽厚里……总有一地一时光让你驻足、徜徉、神往。

这是一座
“慕名而来不虚此行”的城市

——这里的山，层峦叠嶂，尽显一城山色。“齐烟九点”等大大小小的山峰，像绿宝石一样装扮着泉城，俨然一幅赵孟頫笔下的《鹊华秋色图》。

——这里的泉，水涌若轮，激扬城市之魂。有天然泉水 1000 多处，“天下第一泉”趵突泉跳珠溅玉，“七十二名泉”风姿绰约，整个城市如同泡在泉水里。

——这里的湖，万涓汇流，彰显开放大气。“中国第一泉水湖”大明湖，广纳百涓，千百年来滋养着整个城市，赋予了济南人开放包容的格局。

——这里的河，串珠成链，汇聚无限活力。蜿蜒黄河穿城而过，小清河等 70 多条河流纵横交错，形成了各具特色又浑然一体的城市水系。

——这里的城，底蕴深厚，绽放时代魅力。在这里，可以领略齐长城的浑厚沧桑，感受灵岩寺“海内第一名塑”的栩栩如生，李白、杜甫、泰戈尔、老舍、季羡林、臧克家等无数大家驻足并留下名篇佳作。

——这里的人，既有李清照“帘卷西风，人比黄花瘦”的婉约，也有“生当作人杰，死亦为鬼雄”的刚烈；既有辛弃疾“众里寻他千百度，蓦然回首，那人却在，灯火阑珊处”的诗意，也有“醉里挑灯看剑，梦回吹角连营”的豪情。

这是一座
“成就事业实现梦想”的城市

——这里战略叠加、机遇无限，可以尽情大展宏图！

如今的济南，重大战略机遇交汇叠加。黄河重大国家战略明确了济南“黄河流域中心城市”的定位，济南新旧动能转换起步区成为唯一新设立的实体性新区。国务院发文明确支持山东加快建设绿色低碳高质量发展先行区。全国首个科创金融示范区落户在此。山东省委、省政府明确提出实施“强省会”战略。

一系列重大战略机遇的叠加赋能，将带动更多重大布局、重大政

策在济南落地，为成就事业、创新发展提供了无限可能。

——这里优势突出、未来可期，可以尽情创业创富！

如今的济南，正驶入高质量发展的快车道，成功跻身全国特大城市行列，综合实力稳居全国城市前 20 强。

这里有助力成就事业的十大优势：战略红利交汇叠加、交通网络四通八达、科技创新实力雄厚、数字赋能势头强劲、人才保障基础坚实、金融服务优势突出、营商环境持续优化、消费市场潜力巨大、城市品质生态宜居、人文环境厚重淳朴。

布局济南、投资济南、深耕济南，已经成为企业和精英的不二选择。

——这里充满梦想、活力迸发，可以尽情成才成长！

如今的济南，入选“2022 中国年度最佳引才城市”，天下英才会聚而来，人才资源总量突破 263.6 万人，人才吸引力指数全省第 1、

全国第 8。“十三五”期间，来济落户的本科及以上学历青年人才累计超过 55 万人，入选高校毕业生就业首选十大城市之列。

这里正积极融入国家人才战略布局，优化提升海右系列重点人才工程，深入实施高校优秀毕业生接续培养计划、百万大学生留济计划。

身在济南，创业更加安心舒心，发展更加称心顺心。

——这里环境优渥、服务优质，可以尽情策马驰骋！

如今的济南，致力于打造市场化、法治化、国际化营商环境，在国家发展改革委营商环境评价中位居全国第 9 位。

这座城市在中国纳税人满意度调查中列省会和副省级城市第 1 位，获评中国“国际化营商环境建设标杆城市”。“泉惠企”智慧平台推动惠企政策实现应享尽享、免申即享，拿地即开工、成立全国省会城市首个市级企业服务中心等创新举措得到国务院通报表扬，涉企服务“一口办理”“链上自贸”等改革成果在全国推广。全市市场主体超过 150 万户，86 家境外世界 500 强企业来济投资落户。

高效的政务服务、优良的发展环境，为越来越多的企业加力提速提供了丰厚沃土。

这是一座
“近悦远来流连忘返”的城市

济南，是一部厚重耐读的书。古往今来、春秋轮转，千百年来凡是到过济南的人、读懂济南的人。都会对这座城市留下极为深刻的印象。

济南，是一曲奔腾激昂的歌。视界的宽度、发展的速度、改革的深度、攻坚的力度、城市的温度，用不同的音阶、音色、音调演绎出来，演奏出了悦耳动听的“泉水叮咚”。

济南，是一艘正在远航的船，锁定“勇当排头兵、建设强省会”航向，向着“强新优富美高”新时代社会主义现代化强省会的目的地劈波斩浪前行。

此生，一定要来济南走一走、转一转、看一看！听泉水叮咚，观一城山色，赏齐风鲁韵，品地道美食，亲身感受这里的独特魅力，真正认识济南、读懂济南、爱上济南。

天下泉城，成全天下！

宣传工作，当领风气之先

■ 济小宣

2023 年 5 月 16 日，“济南宣传”微信公众号改版整整一年了。

回顾一年前，随着互联网的迅猛发展，信息渠道日趋多样，传播模式深刻变化，传播对象多元构成，“报纸和电视已是迟暮美人”的观点甚嚣尘上，新媒体风起云涌，我们苦苦思索：宣传思想工作向来领风气之先，在时代巨变的大潮中，“济南宣传”该何去何从？

新故相推，日生不滞。我们处在一个伟大的改革创新的时代，求新创新是宣传思想工作的必然要求。作为宣传阵地，“济南宣传”唯有接地气、说人话、出思想、有温度，才能真正让党的创新理论“飞入寻常百姓家”，才能更好地围绕中心、服务大局，才能更好地服务群众、凝聚人心。带着这样的初衷，升级版的“济南宣传”应运而生。

领风气之先，担时代使命。一年来，“济南宣传”共发布稿件 784 篇，其中 124 篇稿件单篇点击量过万，累计点击量超过 200 万。在 3 月份山东省政务类微信公众号排行榜中，“济南宣传”位列第

8 名，也是前 10 名中唯一上榜的市级宣传文化系统微信公众号。

领风气之先，首在筑阵地之根基

“群众在哪里，我们的阵地就在哪里。”当下，互联网已经成为很多人特别是年轻人获取信息的主要途径。面对无人不网、无日不网、无处不网的新形势，只有把“济南宣传”做大做强，才能更好地凝聚群众、服务群众、发动群众。

优质内容始终是媒体的核心竞争力，“内容为王”也永远不会过时。只有持续输出网友喜欢看、愿意赞的文章，大家才会关注“济南宣传”。“济南宣传”着力提升原创能力，改版一年来共推出原创稿件 155 篇，通过优质文章赢得网友关注。截至目前，“济南宣传”的用户覆盖全国近 300 个城市，粉丝量超过 10 万，平台覆盖率、社会影响力日益提升。我们也清醒地看到，视频已经成为传播的重要渠道。在做大微信公众号影响力的同时，“济南宣传”还开通视频号，以短视频的形式宣传济南。截至目前，该视频号已推送短视频 82 条，取得了良好传播效果。

我们力求把有意义的事情写得有意思。有意义体现于思想和价值，能够启迪人；有意思体现于技艺和手法，容易抓住人。上乘的宣传和作品，一定是坚持大主题、小切口，无论是议题选择，还是选题策划，都从大处着眼、小处着手，通过一个个具体生动的故事，使人想听爱听，听有所思，听有所得。比如，《济南有“二安”——公安和保安》一文，通过吸引人的故事和活泼的文风，让济南的文明之风和济南人的良好形象跃然纸上。

我们摒弃说教式宣传，把“说人话”的理念贯穿于每一篇文章中。

宣传工作，既要“宣”，更要“传”。如果整篇官话套话，满口大道理，别说网友，恐怕连自己都看不下去。说人话，就要把“想写的”变成网友“想听的”，把网友“想听的”融进“想写的”，说就说清楚，写就写透彻。像2023年2月20日至22日，济南市委书记刘强带队赴深圳市，走访企业洽谈招商合作项目，考察城市规划建设和产业发展情况。我们在官方消息稿之外，推出《关键时刻，济南市委书记带队去了趟深圳》一文，深入介绍考察的具体项目，分析济南为何前往深圳考察，把时政活动幕后故事讲出来、背后深意阐释透。

我们坚持让正能量澎湃大流量。宣传工作要坚守正确政治方向、正确舆论导向、正确价值取向，把坚持团结稳定鼓劲、正面宣传为主作为必须遵循的基本方针。但是只有正能量还不行，正能量只有成为大流量才有生命力，否则就成了“阳春白雪”，甚至是“孤芳自赏”。让正能量澎湃大流量，关键在于新闻作品要有含金量，成为大家愿意看、愿意传播、愿意点评的精品佳作。比如《“寸土”之地蕴含的大能量》一文，详细挖掘历下区如何破解发展空间瓶颈之“题”，让人在一个个事例中读懂城市发展的大手笔，给人以思想和启迪。当文章带给人有价值的东西，就能创造出含金量，产生大流量。

领风气之先，贵在发思想之先声

扎根于人民群众的思想，才是有生命力的思想。全媒体时代，人人都有麦克风，人人都是传播者，“一张报纸打天下”的时代已经过去了。适应新形势，就要打破思想的桎梏、解开观念的枷锁，构建“大宣传格局”。

“济南宣传”是一个开放的平台，它不是一个人，而是一群人。

它的作者有党政机关的工作者，有学者大咖，还有自媒体大 V、普通网友市民。凡是热爱济南、关心关注济南的人，都可以在这里分享观点和思想。像全国政协委员、作家、学者魏新为“济南宣传”撰写了《济南，来了怎么舍得走？》等多篇文章，济南城市文化学者牛国栋撰写了《老巷子里走出的“老济南”韩美林》等文章……除此之外，我们还广泛分享“观济南”“躬耕历山”“城在北纬 36 度”等自媒体的优质文章，努力把“济南宣传”打造成为能够最大程度体现 1000 万济南“老师儿”想法的平台阵地。

给人以星火者，必怀火炬。宣传工作要传播先进思想、引领风气之先，更要带头解放思想。我们探索打造“部长寄语”栏目，根据部领导讲话，不定期推出有思想、求创新、启迪人的作品。像《修身“十要”》一文，围绕党员干部如何修身撰写了十个方法，阅读量突破 10 万 +。此外，还推出《要把工作干成学问》《党员干部应具备的“十大思维”》《宣传思想工作要再创新》《宣传思想工作要接地气》《学习“十法”》等一批广为传播的精品文章。

"哪里有思想，哪里就有威力。"宣传思想文化工作属于脑力劳动、精神劳作，脑力指挥着脚力、眼力、笔力的发挥，只有善于"将脑袋打开一毫米"，创造更有思想力的精品佳作，才能更好承担起举旗帜、聚民心、育新人、兴文化、展形象的使命任务。

领风气之先，重在立时代之潮头

时代潮流，浩浩荡荡。立时代潮头，就要洞察时代问题，把握时代脉搏，顺应时代潮流。

有高度才能看得更远。有高度的宣传，要有使命感，把旗帜鲜明讲政治贯彻到宣传工作的整个流程、各个岗位、每篇报道，真正成为党的政策主张的传播者、时代风云的记录者、社会进步的推动者、公平正义的守望者。有高度的作品，要唱响时代主旋律，善于从时代的制高点上以与时俱进的眼光来审视所要报道的人和事，使采写出的新闻报道紧扣时代脉搏、紧跟时代步伐。济南就要善于立足济南强省会建设的工作大局，以小切口写好大文章。

有态度才能说得更透。铁肩担道义，妙手著文章。宣传思想工作强调"讲导向"，具有鲜明的旗帜和精神支撑作用。媒体历来被视为社会的守望者，在海量信息中把握全局，以大众利益甄选信息，正确引导社会舆论，义不容辞，责无旁贷。比如，在疫情防控期间，我们推出《团结奋斗强省会》一文，旗帜鲜明地呼吁大家齐心协力、携手抗疫；在全国大兴调查研究之风的当下，我们推出《求真唯实，让"解题之钥"浮出水面》，呼吁大家真正把脚步扎到济南的发展一线，在一线发现问题、研究对策、实现突破。

有温度才能感染人。深刻感知人民群众的柴米油盐，文章才有滋味；深入体验基层百姓的喜怒哀乐，文章才有力量。我们推出了《济南的“青春灵魂”》《济南，又一次被你打动！》《我们的城市是公园》等多篇反映群众生活、叙述温暖故事、体现人文关怀的文章，将“沾着泥土、带着露珠、冒着热气”的社会生活融入笔端、镜头，从生活中吸收营养、汲取力量，用生动鲜活的故事和细节表达出时代风貌和浓郁的烟火气息，展示人民群众的真实生活状态、精神追求。

一载相辉，奋楫共进。站在新的起点，让我们一起努力，凭丹心，施妙笔，著华章，共同讲好新时代的济南故事。

非遗文化何以沁润城市肌理?

■ 赵一帆

每年端午，大明湖畔总会聚集起一拨龙舟爱好者。2023 年 6 月 22 日，中国济南明湖龙舟文化节如约而至，来自全省的 10 支龙舟队在此展开激烈竞逐。已举办过 22 届的大明湖龙舟赛，已然成为济南端午节庆的标志性非遗民俗文化活动，“春渡明湖、夏赛龙舟、秋寻百泉、冬游泉水”已经深深刻在泉城基因中。

作为拥有 8000 余年泉水史、4600 余年文明史和 2600 余年建城史的历史文化名城，济南非遗资源灿若星河，非遗保护与传承也一直走在全国前列。近年来，济南积极传承各类优秀传统文化，非遗在济南找到了正确的“打开”方式，不断焕发时代活力，成为助力文旅产业发展的有力引擎，成为泉城济南响亮的城市名片。

百花齐放 打造展示城市魅力“文化担当”

济南皮影入选联合国教科文组织人类非物质文化遗产代表作名

录，鼓子秧歌、章丘芯子、锡雕等 13 个国家级非遗项目，山东大鼓、山东琴书、山东快书等 108 个省级非遗项目，趵突泉新春花灯会、木板大鼓、扁鹊脉学文化等 450 个市级非遗项目……这些种类繁多、内容丰富的非遗项目，在展示泉城魅力过程中成为本土文化担当，“非遗之城”济南日渐享誉全国。

全国两大非遗节会之一的中国非物质文化遗产博览会永久落户济南，每届都会吸引众多全国顶尖的非遗传承人聚集于此，推动非遗融入现代生活，“解锁”非遗传承新力量。同时，济南近些年相继承办了全国非遗曲艺周、全国非遗扶贫工坊产品展示展销等活动，有效提升了济南非遗品牌影响力，城市知名度、美誉度也不断增强。

为将深厚的文化底蕴同非遗保护传承利用相结合，济南在百花洲建立了国内首家位于中心城区的传统工艺工作站，孵化济南皮影戏、草柳藤编织、鲁绣等一批非遗项目；还汇集了老济南曲艺会馆百花洲剧场、后宰门非遗文创产业集聚区等一批济南传统文化体验基地，打造全国非物质文化遗产集中展示体验区。

在对外交流过程中，独具济南特色的国家级非遗代表——吕剧，曾先后承担文旅部、山东省、济南市表演任务，到俄罗斯、日本、韩国等 20 多个国家演出，一次又一次赢得满堂彩，被誉为“地方戏奇迹”。

这样亮眼的成绩单是济南非遗发展传承的最好证明。

2023 年“文化和自然遗产日”前后，济南市依托非遗相关场所、公共文化机构、景区景点等，结合本地实际和群众需求，广泛开展非遗展示展演、互动交流、参观体验等活动，展示非遗系统性保护成果和优秀实践案例，让广大市民畅享非遗购、探访非遗味、共赴非遗游。

“走上”云端 非遗聚焦时代拥抱活力新生

2022 年，济南当选“东亚文化之都”。这意味着这座城市迈向国际化的步伐正进一步加快，优越的地理位置为济南文化发展提供了丰厚沃土。

如今，非遗不仅成为擦亮济南“东亚文化之都”的“金名片”，同时也成为许多人认识这座城市的独特方式，而济南也在大力推动非遗走上“云端”。

定期开展线上非遗直播活动，对济南皮影、锡雕等非遗项目进行多方位展示，与一位又一位的传承人进行“云端”互动，隔屏了解各类非遗项目的“前世今生”，深切感受到济南非遗所承载着的深厚历史文化底蕴。

打造非遗“网红”，让酸甜爽口的济南酸蘸儿、金黄诱人的油旋儿、香而不腻的把子肉、独具韵味的泉城兔子王等融入百姓生活，成

为济南牵动旅游发展极具号召力的“引擎”。

2023年“文化和自然遗产日”济南市主题活动期间，“泉润非遗”数字藏品上线。通过3D建模方式，演出时在幕布后面翻飞的皮影被生动还原，泥塑兔子王可以通过数字化形式精致呈现，侯氏社火脸谱细节、纹案样式一一展示，莱芜木板年画可以将美好寓意一同随身携带……非遗数字藏品让古老非遗焕发新活力，激发传承新动能。

天桥区文化和旅游局推出非遗主题动画短片线上展播，以动画方式讲述在这片土地上诞生的非遗故事；章丘区非遗小课堂也已进行至近百期，借助线上视频教学，持续有效带领更多人学习古老非遗技艺。

济南借助互联网媒介在“云端”构筑起非遗传播空间，成为传承发展非遗的新鲜路径。时至今日，非遗上“云”，数字活化技术的应用，实现了优秀传统文化的全民共享，也让其走进当代生活、走进千家万户。

传统文化“软实力”变身城市“硬支撑”

非遗文化与旅游具有天然联系，二者融合，可以成为一种兼具娱乐与购物的生产生活形态，是自然资源的搭配，也是市场产品的绝配。

近年来，济南培育打造了一批具有示范性、影响力的非遗旅游产品，集中推出了“扁鹊故里”中医药研学之旅、“曲山艺海”民间艺术鉴赏之旅、“泉城寻味”非遗美食之旅、“齐鲁工匠”手工艺体验之旅、“黄河古韵”民俗感受之旅等5条旅游线路。按照国家A级旅游景区标准，开发建设了阿胶文化展馆、百脉泉酒文化展馆、孟姜女民俗文化博物馆等30个非遗主题展馆，举办了趵突泉花灯会、千佛山庙会等一批非遗文化旅游活动，吸引了大批游客参观体验，其中很多已经成为景区的金字招牌。

以“软文化”啃“硬骨头”，用“软实力”造“硬支撑”。

2021年以来，济南推出了鲁味斋、章丘传统葫芦雕刻、钢城区刘家葫芦烙画、历下区中国绳结艺术、起步区德兰柳编作为典型非遗助力扶贫优秀案例。济南市章丘区文祖街道、济南市济阳区仁风镇、济南市济阳区济阳街道分别被评为第一批、第二批、第三批全省“非遗助力脱贫推动乡村振兴”典型乡镇。还组织传承人开展扶贫技艺培训班，扶持章丘传统葫芦雕刻技艺、商河老豆腐等3个项目举办扶贫培训班45班次，针对贫困村、贫困人口、残障人员组织培训班，培训4000余人次，带动就业1000余人。中国结艺、德兰柳编等项目开设“非遗公益传习班”，培养学员数万人。

济南人文底蕴深厚，文化源远流长，在千年传承中积淀了独具特色的非物质文化遗产，是对现代社会最好的历史馈赠。非遗的意义不只是发展经济，更是为了推崇民族特色和区域魅力的生活美学，让文化认同和文化自信根植于心、践之于行，唤醒千年之美，让非遗与城市共生共情。

当好文化出海“排头兵”

■ 弓　青

“这是皮影的小夜灯，这是皮影的摆台，这是西游记的皮影材料包。”在 2023 年 11 月举行的第六届中国国际进口博览会上，国家级非物质文化遗产济南皮影戏首次亮相就吸引了众多观展人员的关注。济南皮影戏的传承人李娟表示，希望通过此次参展，能够借助进博会的平台将济南皮影戏传向国际。

进博会不仅是全球新技术、新产品、新服务亮相的集中地，同时也是人文交流的大舞台。皮影戏、鲁锦、鲁绣等借助进博会的舞台，向世界各地的参展人员展示了济南丰富的传统文化。

而这只是济南加快推动文化出海的一个缩影。近年来，济南大力推动文化产业发展，从“借船出海”到“造船出海”，积极探索文化“走出去”的新路径，让济南的文化“走”出去、“走”得更远。济南，正通过源源不断的创新实践，成为文化出海的“排头兵”。

让泉水故事、济南文化扬帆出海

文化出海是推动文化济南走向世界的重要途径，也是提升城市软实力和竞争力的有效手段。

济南南依泰山，北跨黄河，拥有"山泉湖河城"浑然一体的独特自然禀赋，素有"天下泉城"的美誉，是"山水圣人"中华文化枢轴上的重要节点和旅游线上的核心城市，也是中国历史文化名城和"东亚文化之都"。

济南有着深厚的文化底蕴。在这座充满历史气息的城市里，游客可以感受到泉水文化的独特魅力。近年来，济南市积极开展文化交流活动，充分发挥泉水资源优势，创新泉水旅游产品，加强对外传播力度，让更多的济南声音、泉水故事走出山东，走向世界。

以泉水文化、古城文化等为代表的城市特色文化，已经成为济南独特的文化品牌，这些深厚的文化底蕴为济南文化出海提供了源源不断的动力。

让济南故事走得更远

基于历史文化名城的深厚积淀，近年来，济南不断创新对外传播形式，健全现代传播体系，加强对外文化交流，讲好新时代济南故事，全面提升城市知名度、美誉度。

作为"东亚文化之都"，济南充分利用这一国际交流与合作的平台，建立东亚文化研究智库、"东亚文化之都"城市新媒体联盟、亚洲剧院艺术交流联盟等多个常态化国际文旅交流平台，先后在荷兰、日本、韩国、德国等国家建立了10个“济南海外文旅交流驿站”，持续扩大品牌效应。借助2022“东亚文化之都”济南年，济南开展了一系列会议、论坛、展览、演出、赛事、节庆、美食等内容丰富、精彩纷呈的国际交流合作活动，提升了济南文化的国际认同感。

同时，全省首个区域性国际传播中心——济南国际传播中心成立。作为济南对外传播整体格局中的重要组成部分，济南国际传播中心成立后积极构建起“全球传播矩阵”，立足济南深厚的历史文化底蕴创新外宣内容，建立海外社交媒体账号集群等国际传播渠道，深耕国际友城资源，搭建起济南与世界沟通的桥梁。

2023年7月，“泉迎四海”国际传播联谊会成立暨“Blooming Jinan”（蓬勃向上的济南）系列品牌发布活动成功举办。济南、海南、重庆、贵州、湖北、太原等10省市国际传播中心联合成立“泉迎四海”国际传播联谊会，抱团打造国际传播事业发展共同体。

越来越多的济南故事正通过这些对外传播平台，走向世界各地。

答好“文化出海”的经济命题

文化出海是一道文化命题，也是一道经济命题。济南在努力做好文化国际传播这一命题的同时，也在不断探索文化产业创新升级的经济命题。

2023年10月，济南成功入选了新一批的国家对外文化贸易基地。这一荣誉标志着济南作为中国文化交流和贸易的重要枢纽，将在对外文化建设中发挥更加重要的作用。

近年来，依托国家对外文化贸易基地、国家文化出口基地及各类博览与交易会等平台建设的推进，济南“文化出海”模式有了更多的表现形式，对外文化贸易得到快速发展。2022 年，济南规模以上文化企业就已达 531 家，营业收入达到 1079.9 亿元。

济南利用山东自贸试验区济南片区国家文化出口基地建设契机，搭建从中国文化 IP 研发到产品标准化、品牌孵化、供应链支撑、海外市场推广为一体的全服务链条，基地已入驻商家 100 家，建设海外文化贸易中心 14 个，吸引黄河流域 567 家中小文化企业开展线上合作，服务 2000 家文化企业成功“出海”。

目前，济南国家对外文化贸易基地已在西班牙、英国、美国等国家建立了 14 个海外文化贸易中心及海外仓，与 67 家海外知名企业建立了合作关系。基地与雅诗兰黛集团共同开发的“梅兰芳纪念馆彩妆”

远销 48 个国家。与意大利 CM 集团共同打造的敦煌系列文创产品，进入了海外 67 个专卖店。

济南在全国首创文化企业“出海”全链条服务模式，成为面向世界讲好“黄河文化故事”和“中国文化故事”的重要窗口。可以看到，围绕积极服务和融入黄河流域生态保护和高质量发展重大国家战略，济南正加快构建黄河流域中小文化企业“出海”创新生态。

文化出海的浪潮中，“济南号”正乘风破浪，嵌入全球价值链，越来越多的文化产品正从济南走向全球，由此获得发展先机的济南文化产业正在蝶变。

再现“济南名士多”人文胜景

■ 于洪良

伟大的唐代诗人杜甫有过这样的诗句——“海右此亭古，济南名士多”，这已经成为专属济南的人文界定。

一

古往今来，济南名士灿若星辰，影响深远。而今，“海右”是济南的独特专属，“名士多”则成为济南的时代标签。一句“海右此亭古，济南名士多”的吟咏传唱至今，余音绕梁，历久弥新。

2023 年 11 月 9 日，“韩美林艺术展”在济南市美术馆开展。这是韩美林自 1955 年考入中央美术学院后，第一次回到家乡举办展览。他说：“我到哪里都说自己是齐鲁海右人，很多人不知道海右是哪里，我就会告诉他是济南。”这位 87 岁高龄的艺术家通过展览表达着对济南的依恋与深情，为家乡父老献上了一道水墨丹青的文化盛宴，为

故乡济南的文化传承和城市软实力提升尽了自己的一份力量。

11月22日，2023年中国科学院和中国工程院院士增选结果正式揭晓，济南籍姑娘颜宁当选中国科学院院士，和颜宁一样出生于济南章丘的高绍荣也成功增选为中科院院士。据了解，两人的老家直线距离不超过一公里。

目前，颜宁担任深圳医学科学院院长、深圳湾实验室主任、清华大学讲席教授。高绍荣现任同济大学生命科学与技术学院院长，系教育部长江学者特聘教授、国家杰出青年科学基金获得者。

两院院士是我国在科学技术和工程科技方面设立的最高荣誉称号，他们是国家的财富，更是家乡的荣光。因此，每次增选院士都备受各界关注，各地纷纷“数点院士论桑梓”。两位院士，同出济南，书写了“济南名士多”的新时代佳话。

万物有所生，而独知守其根。济南是史前文化龙山文化的发祥地、大舜文化的重要发源地、儒家文化和齐鲁文化的汇集地。神医扁鹊、唐朝名相房玄龄、唐朝开国大将秦琼、宋代女词人李清照、南宋词人辛弃疾、现代著名语言文字学家季羡林等济南“名士”不胜枚举、数不胜数。千百年来的厚重历史积淀了济南淳厚多姿的人文之美，也塑造了济南人通达旷放的品格。承继着厚重的文化积淀，一代代济南“名士”在稷下学宫的温厚世风中纷至沓来，在人文底蕴中重拾被岁月洗礼的精神力量。

城孕育了人，人滋养了城。人与城相互滋养，相互成就，早已血脉相连、精神相通，这便是“缘何名士多”之间的济南答案。

二

人才为兴邦之本，人才乃成事之基。“名士文化”不仅绵延在济南的历史长河中，更传承在当下的高质量发展实践中。

在 2023 年 6 月的济南首届海右人才节开幕式上，一首原创歌曲《梦响海右》被唱响。歌中唱道：“厚德载齐鲁，舜德泽九州。承千年泉韵，钟灵毓秀。眼光决定方向，我们在路上。用初心铸造勋章，是我的荣光。”这首歌不仅仅是一首简单的艺术作品，更是拥有 2600 多年建城史的济南，以城市之名，唱给世界各地人才的“求贤歌”“知音歌”和“青春歌”，对八方人才虚位以待，厚礼以敬。

天下泉城，成全天下。

得人才者得天下，人才集聚城市兴。这个发展之道在济南城市的主政者们心目中有千钧重。2022 年，济南市人才净流入 15.8 万人，人才总量突破 263 万人，获评“2022 中国年度最佳引才城市”，入选“外国专家眼中最具吸引力的中国城市”。为了进一步引才聚才，济南正加快构建“天下泉城，人来无忧”全生命周期的人才服务体系。

有什么样的人，就有什么样的城！更值得称道的是，济南还“好人辈出”，近年来，有 4 人被评为全国道德模范，15 人荣获全国道德模范提名奖，52 人被评为全省道德模范，58 人荣获全省道德模范提名奖，621 人被评为全市道德模范，138 人荣登“中国好人榜”，743

人荣登“山东好人榜”，1358 人荣登“济南好人榜”。

走在当下的济南大街小巷，让人感觉到处处韵味十足，细微中见魅力，发展的底气沛然。正如央视主持人李小萌所言：“在济南徜徉逗留，就好像回到了母亲的怀抱一样，那么地放松和舒服。”

三

硬实力让城市强大，软实力让城市伟大。济南的硬实力更是可圈可点，甚为亮眼。2020 年济南成功晋级“GDP 万亿城市”，2021 年晋级全国第 18 位，2022 年 GDP 增至 12027.5 亿元，高于全国平均增速。

如今的济南，软硬实力互动并进。这座千年古城既有筋骨肉，又有精气神，未来可期！

2023 年 11 月，济南市印发《济南市哲学社会科学、文化艺术和体育高层次人才分类认定办法（试行）》，旨在树立人才评价新风向，聚力提升城市软实力。此前相继出台了提升城市软实力的实施意见和人才政策“双 30 条”，在持续推动城市软实力提升方面成效初显。对人才，济南铆足了劲儿，使出了浑身解数。

“济济多士，乃成大业；人才蔚起，国运方兴。”

精心谋划“天下泉城，人来无忧”一系列先手棋，让“求贤若渴”“爱才心切”的济南高位开局，超前布局，抢占先机。

在时代更迭之间，济南“名士”的鲜明底色从未改变。不论是曾经的文人骚客，还是当今的技术人才，他们隔着千年的时光，串起一个个时代亮点，在新征程上，再现“海右此亭古，济南名士多”的人文胜景！

泉水叮咚三千年

■ 张锡杰

“泉”的象形文字，最早见于商代甲骨文，距今已有3000多年的历史，是目前已经被释读的1600余个甲骨文单字之一。在金文和篆书的字体中，“泉”字字形与甲骨文相似，仅笔画稍作增减，其形如水滴从泉眼中流出。

提起泉，相信每一个济南人首先想到的就是趵突泉，趵突泉位居济南七十二名泉之冠。清乾隆皇帝南巡时因趵突泉水泡茶味醇甘美，曾册封趵突泉为“天下第一泉”。这也是最早见于古代文献的济南名泉。

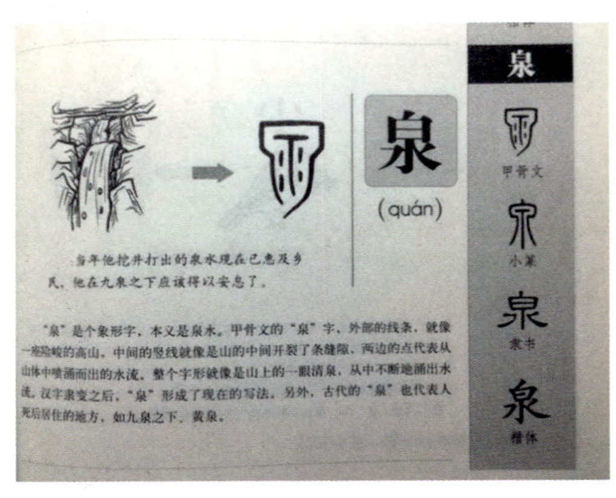

趵突泉，最早并没

有被正式命名，因趵突泉是古泺水的源头，所以历史上经常以“泺”代指趵突泉。而“泺”字最早见于甲骨文，在一段记述商纣王的军队征伐东夷的龟甲上，出现了一个“濼”字。1915 年，著名甲骨文学者罗振玉发现了甲骨文中的“泺”字，这也是在 10 万余片甲骨文中可以见到的唯一“泺”字。

《说文解字》中注：“泺，齐鲁闲水也。”而且在历代文字中，“泺”仅有水名一个基本义，专指泺水。在《左传 · 桓公十八年》中载，“公会齐侯于泺”。此处的“泺”就是泺水，也就是现在的济南。而在与《左传》并称为“春秋三传”的《穀梁传》《公羊传》中，“泺”的语义同样指“泺水”。

北魏地理学家郦道元在《水经注》中写道：“（泺）水出历城县故城西南，泉源上奋，水涌若轮。”后因泉上建有祭祀娥皇、女英的娥英庙，也俗称为“娥英水”。

元代《齐乘》曰：小清河之在历城者即古泺水。按：今山东济南府历城县小清河源出县西。

由此可见，济南的泉历史距今已有3000多年，济南以“泉城”享誉世界，黑虎泉、五龙潭、珍珠泉、百脉泉、墨泉等900余处名泉星罗棋布，点缀泉城。泉城路、泺源大街、泺口浮桥、东泺河等地皆以“泉”为名。古往今来，岁月流转，无数诗词大家曾经书写过济南的名泉，记录着属于泉城的独特韵味。

虽历经千年，济南的“泉”文化却一脉相承，深深刻进济南的城市文脉中，塑造着济南人的文化性格。济南人对泉的热爱带着一种天人合一、上善若水的大智慧。临泉品茗，在青涩与回甘中享受生活的温润；荷塘漫步，在淡泊与宁静中聆听着虫鸣鸟叫。泉脉相连，家家户户济南人共饮一泉水；情愫相通，世世代代济南人共建一座城。

如今，泉水依旧叮咚，满城再次春色，济南在新时代、新征程上，把握泉水特色，将城市的发展向前推进。

发展“泉”经济，推进文旅融合，助力文化“两创”，建成山东手造（济南）展示体验中心，发展泉水文创产品，发展网红经济，让“泉水”成为拉动消费，助力经济增长的新动力。

擦亮“泉”品牌，成立济南国际传播中心，建成“泉城发布厅”，以“泉”为名，推进对外宣传，提升城市影响力和美誉度。

保护“泉”生态，2023年3月1日起施行《济南市名泉保护条例》，全面加强泉水保护，以“泉”水保护提升城市生态质量，着力建设生态宜居的幸福泉城。

创新“泉”科技，济南着力建设数字泉城，通过数字科技赋能泉水保护、政务服务、城市治理，让千年古泉散发时代感，让千年古城具备“云”上科技感。

泉水叮咚，时间从细细的泉眼中流过，三千年，仿佛刹那间，石板桥在风雨摩挲中变得光滑，城墙在人间烟火里走向斑驳。

厚重的历史承载着济南人的记忆，广阔的发展前景昭示着泉城的未来可期。如今，在济南，过去与现在交集，时光好似凝结在琥珀中，古城韵味与新城崛起同频共振，亭台楼阁与摩天大厦遥相呼应，新经济与老济南携手同行。在古今碰撞中，我们用流淌千年的泉水浸泡今年的第一粒明前春茶，用流传千年的文字书写城市发展的新篇章，同样也用当下最新的科技手段展示千年的古泉遗韵，发出强省会建设的先声。在这里，泉水永恒奔涌，济南人带着对过去的眷恋和对未来的畅想迎接新时代的到来。

济南好汉

■ 惠铭生　董　婧

一

说起山东，相信很多人第一个想到的就是“好汉”二字。

“路见不平一声吼，该出手时就出手。”《水浒传》中，梁山好汉侠肝义胆、忠义英勇，让“山东好汉”成了山东人的名片之一。那首传唱大江南北的《好汉歌》，也成了“山东好汉”的专属BGM（背景音乐）。

都说一方水土养一方人，好山好水滋养出好儿女。源远流长的齐鲁文化孕育了“天下兴亡，匹夫有责”的家国情怀，滋养了舍生取义的仁者境界、至大至刚的浩然正气、舍我其谁的担当意识。齐鲁大地不仅仅是礼仪之邦，还是一个好汉辈出的地方，孙武、秦琼、戚继光，一串串耳熟能详的名字，如雷贯耳，都是个顶个的“山东好汉”。

地处齐鲁交接之地的济南，得齐鲁文化之精髓。山泉湖河涵养了这座城市“泉源上奋”的进取精神和“上善若水”的宽厚胸襟，形成了泉城鲜明的城市特质，那就是绵延千年的济南“英雄气”。

千百年来，每临国家危亡和民族危难的关键时刻，济南这座城总能名士涌现、英雄辈出：唐初名将秦琼忠肝义胆、义气千秋，忠义威名震慑古今；南宋抗金英雄辛弃疾金戈铁马气吞万里如虎，豪迈气概力透纸背；还有“无多惭，此心非为官”为民鞠躬尽瘁的元代名臣张养浩，慷慨就义、铮铮铁骨的明末忠臣铁铉……无数青史留名的英雄将领，他们绝对称得上是“济南好汉”。

在波澜壮阔的革命历史中，“四五”烈士、洛口九烈士面对屠刀昂起头颅，用鲜血染红旗帜指引方向；卧牛寨十五壮士以身护民，弹尽粮绝跳崖取义，以视死如归的英雄壮举惊天地泣鬼神；济南战役、

莱芜战役中，成千上万名革命英雄抛头颅、洒热血，永远定格成鲜艳旗帜上的五角星，在济南城上空迎风猎猎飘扬。

天地英雄气，千秋尚凛然。这些历史上的济南英雄，串起醒目的英雄图谱，他们可歌可泣的英勇壮举彪炳史册、照亮时空，他们是当之无愧的“济南好汉”。

二

时光流淌，岁月不居，济南的“英雄气”早已融入了济南人的血液，“路见不平一声吼”的济南“老师儿”随处可见。

从二十年以身为盾、在生死一线负重前行的排爆英雄张保国，到智斗持刀歹徒、守护乘客安全的公交驾驶员董丹；从献身使命勇敢担当、用生命镌刻和平丰碑的维和烈士杨树朋，再到危难时刻义无反顾爬窗救人的“超人”许亮……面对新时代新考验，平凡岗位上的他们做出了不平凡的英雄壮举，在生死关头选择人间大爱，这是英雄精神的接力传承，是社会主义核心价值体系的生动诠释，他们是当今时代的“济南好汉”。

世界上没有从天而降的英雄，只有挺身而出的凡人。“济南好汉”用实际行动传承了古道热肠、急公好义的传统美德，展现出见义勇为、敢于担当的时代精神，济南的“英雄气”再度被闪亮标注。

三

济南的美好，不仅在于潺潺清泉水，更来源于拳拳赤子心。其实，济南人的善行义举霸屏热搜还真不是啥新鲜事。

仅在最近几个月，就有多件助人救人事件冲上热搜。2023 年 5 月初，一辆轿车在行驶中失控侧翻，危急时刻，一位公交驾驶员和几名热心乘客合力抬车救人；2023 年 5 月中旬，一名 3 岁幼童手指受伤断裂，的哥连闯 6 个红灯，一路“狂飙”送医；6 月初，母女三人在孟家水库不慎落水，多位热心市民冲进水中接力营救；不久前，一块铁皮掉落在高速路上，过路的“鲁 A 大哥”立即下车将其拉到路边，平整铺好后才离开……

一个个善举温暖了整座城，也将仗义、担当精神辐射到了全国各地。在刷屏的网友留言中，“这就是济南，这就是济南人”“绝对济南正能量”“一座温暖的城市，英雄值得尊重”“有爱大济南”被频频提及，济南人的好口碑渐渐形成。

沿着时间的脉络回望，这样的“好汉”还有很多：在俄罗斯击退歹徒的两位济南大哥；跳大明湖勇救落水女子不留名的七旬老大爷；“你只管踩油门，剩下的交给我们”的济南交警；“自己曾经吃过苦，想为有需要的人撑把伞”，推出爱心“A 套餐”的面包店老板……如此一个又一个凡人善举，恰恰验证了“好人之城”的基因与传承——仁义、勇敢、担当、奉献，早已深深镌刻进每个济南人的骨子里。

每一位“好汉”都是一颗闪亮的星，千万颗星，点亮星空。在济南这片面积超过 1 万平方公里、人口超过 1000 万的沃土上，“济南好汉”是医生、警察、教师、农民，是父亲、儿子、母亲、女儿、妻子、丈夫……他们以凡人之力在危难困苦时刻挺身而出、力挽狂澜，彰显着市民的精气神，也成就着济南让人点赞的软实力。

“新时代是需要英雄并一定能够产生英雄的时代。”这句话是习近平总书记对新时代的寄语。

“济南好汉”传承的就是一种朴素的“好人精神”，更是对山东好汉、济南精神的不断传承。这既是强大而宝贵的推动社会和谐的正能量，也是我们每个人都可以学、可以为的举手之劳。

当更多人将善举的种子埋进城市土壤里，经春风化雨、生根发芽，盛开文明之花，“济南好人多”的城市品牌在新征程上将更加熠熠生辉。相信未来，济南的好人好事会让更多的人竖起大拇指，把“济南好汉”的美德体现得淋漓尽致。

超然楼记

魏代富

文言版

粤夫地映昊天之辰[1]，皦（jiǎo）矣虚危[2]；文缵（zuǎn）百代之宗[3]，涣乎奎宿（xiù）[4]。宋之东坡，筑台超然[5]；元之李泂（jiǒng），藉（jiè）名斯楼[6]。气雄有北[7]，蔚蔚大观；壮压岱岳，郁郁寡俦。于是群贤毕至，睿哲咸遒。小山远眺，听水调于莲舟[8]；留仙僦（jiù）居，对荒庭之闲鸥[9]。惜乎或罹兵燹（xiǎn），或遭回禄[10]，毁圮屡臻，兴废无由。今之所见，著雍困敦之岁[11]，于旧址重建者也。

斯楼似不必登，何也？斯楼之周寰，足以厌饫（yù）其目也。若夫临斯楼也，朝露润日，晨辉沐荷，蜻蛉戏水，锦鳞跳波[12]。曾堤柳肆，镜明湖而婉约；秦祠[13]竹坞，耀丹墀而婀娜。暨乎金乌翮（hé）敛，银兔足跃，霓虹耀而萤光逐，熏风柔而蝉声歇，月色仿佛以弹琴，水纹徙倚若奏歌。于是丽女祈祈[14]，髦士峨峨[15]。切磋淇奥，绰兮君子[16]；掩翳（yì）洛水，赧然辅靥（yè）[17]。乘兴而来，尽兴而归，是不必登楼者也。

斯楼又不得不登，何也？斯楼之周寰，足以厌饫其目，不足以陶铸其心也。若夫登斯楼也，极目骋怀，洗心澄（dèng）尘，观鹊华之烟雨，悟刹那于古今。循松乔以问道，诵老庄之遗文。仲尼发浮海之叹[18]，平子写归田之吟[19]。寿夭不贰[20]，俯仰无痕[21]，泰山岂异于秋毫，殇子何羡乎大椿[22]。千头木奴，稼轩有期[23]；百亩青苔，道士何存[24]？尺璧寸阴[25]，括万点愁肠，临兹一点即超然；九州八殥（yín）[26]，总三分秋月，观之二分在水心[27]。惟登斯楼，方知所求性而非兴，所得神而非身也。

白话版

大地对应着天上的星辰，虚危二星非常明亮。文章有着百代的传承，奎宿散发着光芒。宋代的苏东坡，曾在济南筑超然台；元代的李泂，取“超然”二字命名他修建的楼。这座楼的气势足以在北方称雄，有着盛大的景象；风采足以将泰山压下去，无与伦比。它吸引了很多贤能的人来到这里。元代的张可久曾在大明湖泛舟听曲，远眺此楼；清代的蒲松龄曾租住在此，在荒芜的庭院欣赏闲散的鸥鸟。可惜的是，因为战争或火灾的原因，此楼被毁坏了多次，也被重建了多次，就像人生的大起大落是一种常态一样，此楼的毁坏和重建也是一种常态。现在看到的超然楼，是 2008 年在原址上重建的。

来到楼前，似乎不一定需要登上它，为什么呢？因为超然楼周围

已经能满足你对景色的需求。当你来到这座楼前，可以看见晶莹的露水仿佛湿润了太阳，一株株荷花沐浴在清晨的阳光之中，蜻蜓用尾巴点着湖水，鱼儿不时地跃出水面。曾堤两侧委婉而含蓄的杨柳，把大明湖当作镜子在梳妆；秦公祠旁身姿婀娜的竹子，绿荫洒落在红色的台阶上。等到太阳落下，月亮升起，明湖周围闪烁着霓虹，萤火虫以为是自己的同伴在追逐霓虹，温柔的暖风让蝉停止了鸣叫，月光朦胧像是在弹琴，水纹一圈圈漾起像是在唱歌。无论白天还是晚上，都有众多美女、贤士来玩。男的在水边交流技艺，一派君子之风；女的用袖子遮着脸庞，妩媚动人，一片娇羞之态。每个人都是乘兴而来，尽兴而归，是不一定必须登上这座楼的。

但是这座楼又是必须要登上去的，为什么呢？因为超然楼周围的景色虽然能满足欣赏的需要，却并不能满足陶冶性情的需要。只有登上超然楼，才能望向远方，敞开胸怀，涤净心灵，眺望鹊山、华山的烟雨朦胧，感悟古今之须臾。沿着赤松子、王子乔的足迹求仙访道，读着老子、庄子留下来的著作去感悟，你慢慢会体会到孔子为什么发出“道不行，乘桴浮于海”的感叹、张衡为什么会写《归田赋》。你会慢慢体会到寿命长短没有区别，人在世间所经历的终究不会留下痕迹，高大的泰山和细小的秋毫没有区别，早逝的人也并不需要去羡慕八千岁的椿树。辛弃疾在人生失意之后，曾期望归隐田园，种下千棵橘子树；百亩的庭院中已经布满了青苔，当年的道士又在何处呢？在短促的时间内，人生就会产生无数的忧愁，但只要登上此楼，忧愁立刻消散；广袤的天下，如果将秋月划分为三份的话，水心亭的秋月将独占两份。只有登上超然楼，才会真正明白人生追求的是陶冶性情，而不是只满足兴致；也只有登上超然楼，才会使自己的精神愉悦，而不是只身体愉悦。

注释

[1]《帝王世纪》：“天有十二次，日月之所躔也。地有十二分，王侯之所国也。”

[2]《汉书·地理志下》：“齐地，虚、危之分野也。”

[3]李峤《攀龙台碑》：“笔削所裁，群贤无措言之地；宪章所缀，百代成不刊之式。斯乃孔宣父之所以正人伦也。”《说文·糸部》：“缵，继也。”

[4]《初学记·卷二一》引《孝经援神契》：“奎主文章。”

[5]苏轼《超然台记》：“予弟子由，适在济南，闻而赋之，且名其台曰‘超然’，以见余之无所往而不乐者，盖游于物之外也。”

[6]明崇祯《历城县志》：“超然楼，水面亭后，元学士李泂建。”

李洞，字溉之。

［7］《诗经·巷伯》：“投畀有北。”

［8］张可久，号小山。张可久《百字令·湖上和李溉之》：“谁隔荷花，听水调、兰棹采莲船去。”

［9］蒲松龄，字留仙。蒲松龄《夏客稷门僦居湖楼》：“半亩荒庭水四周，旅人终日对闲鸥。”

［10］《左传·昭公十八年》：“郊人助祝史，除于国北，禳火于玄冥、回禄。”杜预注：“回禄，火神。”

［11］2008年为戊子年，戊为著雍，子为困敦。

［12］曾堤，曾巩所修。

［13］秦琼祠堂。

［14］《诗经·玄鸟》“来假祈祈”郑玄注：“祈祈，众多也。”

［15］《诗经·棫朴》：“奉璋峨峨，髦士攸宜。”毛传：“峨峨，盛壮也。髦，俊也。”

［16］《诗经·淇奥》：“瞻彼淇奥，绿竹猗猗。有匪君子，如切如磋，如琢如磨。”

［17］曹植《洛神赋》：“翳修袖以延伫。”又曰：“明眸善睐，靥辅承权。”

［18］《论语·公冶长》：“子曰：‘道不行，乘桴浮于海。’”

［19］张衡，字平子，作有《归田赋》。

［20］宋黄裳曰：“贫贱不忧，寿夭不贰。”（《演山先生文集·卷五》）

［21］王羲之《兰亭集序》：“向之所欣，俯仰之间，已为陈迹。”

［22］《庄子·齐物论》：“天下莫大于秋豪之末，而太山为小；莫寿于殇子，而彭祖为夭。天地与我并生，而万物与我为一。”此为

押韵故，取《逍遥游》“大椿”以替换“彭祖”。

［23］辛弃疾《水调歌头·舟次扬州和人韵》：“倦游欲去江上，手种橘千头。”

［24］刘禹锡《再游玄都观》：“百亩庭中半是苔，桃花净尽菜花开。种桃道士归何处，前度刘郎今又来。”

［25］《淮南子·原道训》：“故圣人不贵尺之璧而重寸之阴，时间得而易失也。”本指时光短促，应该珍惜，此处只用时光短促之义。

［26］《淮南子·地形训》：“九州之外，乃有八殥。”高诱注：“殥，犹远也。”

［27］萨都剌《寄奎章学士济南李溉之》：“天下三分秋月色，二分多在水心亭。”

济南有“二安”——公安和保安

■ 魏　新

济南古有“二安”，李易安和辛幼安，一女一男，占了宋词半壁江山。今有“二安”，有女有男，为济南增光添彩、加瓦搬砖。

最早火的，是趵突泉的保安。2022 年我去录节目，听说那里有名“扫地僧”，开始我以为是保洁人员，听人介绍，才知道是一名保安。他对趵突泉历史文化、各种典故，包括公园里的碑刻都如数家珍。我问他为什么趵突泉旁边会写“洞天福地”，他开始解释趵突泉和吕祖庙的关系。我又问他，为什么趵突泉楹联上写的是“云雾润蒸华不注，波涛声震大明湖”，赵孟頫的原碑则是“波澜声震大明湖”。他又耐心地解释，让我第一次有了一种“高山流水遇保安”的感觉。

2023 年，济南黑虎泉的一名保安又火了，他用带着“鲁味”的普通话和英语为游客进行播报：“Ladies and gentlemen，welcome to the Black Tiger Spring.”（女士们、先生们，欢迎来到黑虎泉。）一个个热搜让他和黑虎泉成了济南旅游新的“打卡地标”。

本以为，济南的保安不会再出新花样了，没想到花开季节，植物园保安又“开”出了新花：“各位老师请出来了，不论你是南来的北往的，哈尔滨香港的，赏花的闲逛的，拍照的留念的，不进花田是好样的，牡丹花美你也美，在外照相你比花美，进入花田你没花美，请文明赏花！”

济南的保安，有混考古界的，有混外交圈的，还有曲艺新秀，充分体现了这座城市既具备历史古韵，也有国际范儿，还是曾经的“曲山艺海”。

我原以为，保安都这么卷，在安保和文旅的融合上，济南不会再出什么新花样，没想到这个假期，公安又在各个平台刷屏。超然楼的警察小哥哥、趵突泉的辅警小姐姐，不光颜值赢来一片赞叹，改编的古诗词也让人称赞：“常记明湖日暮，沉醉泉城风物，兴尽晚回舟，我们给你保护。”

词虽然记得还不熟，但这份诚意的确能让人留步。更关键的是，

不管是公安还是保安，主要负责的都是人们的安全，在安全的基础上，又有这样的文化感，实属难得。有这样的公安和保安，再加上“二安”的文化底蕴，来济南的人一定越来越多，济南，想不挤都难。人们对一座城市的印象，多来自在这座城市生活的人，陌生的游客来到一座城市，打交道最多的就是出租车司机、酒店服务员以及景点的服务人员。过去说，“景点美不美，全靠导游一张嘴”，济南的景点，不光有导游，还有“二安”在，又多了一张亮丽的城市新名片。

“二安”，连起来读，就是“俺”，山东人一直以“俺”自称，俺山东就是如此朴实无华，俺山东就是这般“疯狂内卷”。就像俺山东的泰山，都说泰山安则天下安，济南的保安和公安让济南安，更让所有来济南的朋友安！

泉城，有三重气度

■西　田

如人一般，每座城市都有自己的“脾气性格”。

也如人一般，每座城市的“脾气性格”不是一以概之的，而是有层次的、多维度的。

作为一位济南“老师儿”，我也常常试图把自己的家乡拟人化。

这座城市时而豪放，时而婉约，似是“醉里挑灯看剑”的沙场英雄，宛如“柔肠一寸愁千缕”的深闺淑女，既有历史文化名城的传统，又有开放包容的国际范儿……

城如其人，这座城市的气质当是古往今来一代代济南人的气质集合和精神沉淀。

概括来说，这座城透着一股豪迈劲儿，流露着一层人情味儿，行事间又场面儿十足。

这，或许就是济南的三重气度。

豪迈劲儿

作为山东省会，济南颇具“山东大汉”的气概。

来看看济南的“面相”——

南倚泰山，北跨黄河，威武雄壮的气势扑面而来。

在城内，以泉闻名的城市并没有水的阴柔。“泺水发源天下无，平地涌出白玉壶。谷虚久恐元气泄，岁旱不愁东海枯。云雾润蒸华不注，波涛声震大明湖。时来泉上濯尘土，冰雪满怀清兴孤。”赵孟頫的一首《趵突泉》将泉水的豪迈气质展现得酣畅淋漓。

来看看济南的人——

秦琼，凌烟阁二十四功臣之一，冲阵斩将，英勇无敌，又有为朋友两肋插刀的仗义，更化作门神守万民安康；

辛弃疾，文能挥笔填词，武能上马杀敌，被称为“词中之龙”，“金戈铁马，气吞万里如虎”写的又怎不是他自己的气度；

李清照，有“千古第一才女”之称，虽以婉约闻名，亦留下“生当作人杰，死亦为鬼雄”的豪情……

“海右此亭古，济南名士多”可谓名不虚传。这些济南儿女的气概不也正是这座城市的性格。

来看看济南的红色基因——

济南是全国最早建立共产党早期组织的六个城市之一，是一座有着深厚革命历史文化和精神的红色之城。王尽美、邓恩铭正是从济南赴上海参加中共一大，并将红色火种带回齐鲁大地。

青山埋忠骨，英烈照后人。1948 年 9 月 16 日至 24 日，经过八昼夜的浴血奋战，济南迎来解放。曾经的四里山因为众多英烈长眠于此而成为英雄山。

古往今来，这座城市从不缺少“英雄气”。

人情味儿

“山东大汉”不止豪迈粗犷，还有一股浓浓的人情味儿。

疫情防控期间，甜品店老板为防疫人员送去蛋糕，市民将一粒粒药品包好系在家里窗前设置“共享药箱”，还有各行各业的人们化作“大白”守护万家灯火……点点星火终于汇聚成温暖的火苗，暖了人心，退了疫情。

在这里，有化身城市温情的流动驿站的“浪漫出租车”，有护送伤病者就医的一次次“狂飙”，有义无反顾跳入湖中勇救落水者的身影，有贴着 AED（自动体外除颤器）标识写着“如需急救，请直接拦停”

的私家车，也有常年义务清理泉池的七旬老人……

一点点看似平凡的小事，正是这座城市角角落落里的人情味儿。

在这里，政策也会带着温度。

2022年，济南印发《关于建设零工公寓的实施意见》，第一阶段先行建设5000间零工公寓，根据需要逐年增加建设数量，力争全市建成零工公寓1万间以上，满足零工基本住宿需求。聚焦“零工”这一群体，济南的做法可谓人情味儿十足。

不仅如此，济南连续两年以城市之名为大学毕业生举办高规格“集体毕业典礼”。2022年，市委书记刘强更是在“青春在济南 共赢新发展”2022届济南大学生毕业典礼活动上向年轻学子发出真挚邀约：“请大家再一次选择济南，我们会和大家一起成长，一起奋斗，一起共享未来。”

留下人才，不仅是一句口号。济南实打实地发布人才政策“双30条”，聚焦人才所急所需，真金白银地推出服务“金卡”、住房保障、子女入学、配偶随迁安置、医疗保健、交通出行、出入境服务、编制保障等服务措施，切实解决人才的后顾之忧。

进了济南门，就是济南人。一座城市的热情总能激起人们留下来的欲望。

场面儿

济南还是一座开放包容的城市，对待朋友总是场面儿十足。

开放包容的基因，济南自古有之。作为中国近代史上第一个主动自开商埠的内陆城市，这座城市一跃成为中国重要的商业贸易名城。

来往多了，朋友也多了。济南是座爱交朋友的城市。

2022 年 11 月，第五届中国国际进口博览会举行，济南代表团诚意满满，提前三天抵达上海，马不停蹄地拜访企业、考察招商、洽谈合作，让济南走入众多行业翘楚企业的“朋友圈”。进博会期间，济南市 17 个重点项目实现签约，合同外资额 6.84 亿美元。

2023 年，市委书记刘强两度南下，赴深圳、上海走访考察，不仅与“老朋友”碰撞新思路，还向“好朋友”介绍起“新朋友”——在深圳走访比亚迪期间，刘强向对方推荐车企向智能化迈进所需要的高新技术企业。这一“好友推荐”也迅速得到积极回应。

场面儿“交友”，合作随之而来。

既要走出去，还要请进来。2023 年，第十七届中国电子政务论坛、第三届儒商大会、2023 济南科创金融论坛等活动先后在济南举行。来自全国各地乃至世界各国的杰出代表、顶级学者做客泉城，碰撞“思想火花”，掀起“头脑风暴”。

作为东道主，济南将活动办得井井有条，全力做好服务保障工作，让参与者以最佳状态投入讨论交流之中。同时，近水楼台先得月，一边扩展“朋友圈”，一边求真务实谈合作谋发展。

如此写来，济南的气质“画像”愈发清晰，这座城市与 1000 万济南“老师儿”一样，豪情仗义又温情暖心，“朋友”交往更是实实在在、场面儿十足！

老巷子里走出的“老济南”韩美林

■ 牛国栋

2023 年 11 月，韩美林先生回济南，成为许多济南人谈论的热门话题。这也是他阔别家乡多年后再次回到老家。他一直以自己是济南人而自豪，他这次来时又说道：“我到哪里都说自己是齐鲁海右人。很多人不知道海右是哪里，我就会告诉他是济南。”这让我联想起韩先生在济南度过的年少时光。

年少时的韩美林生活在省府前街一带，今天的省政府大院明清时曾是山东承宣布政司衙署，掌管全省民政、田赋与户籍。布政司正门外南北走向的街叫布政司大街，即如今的省府前街。旧时布政司大街偏北段路西原有半截胡同，胡同里有座山陕会馆，也有人称之为山西会馆。会馆始建于清乾隆三十九年（1774），到光绪二年（1876）才大体完成，属跨世纪工程。这座建筑坐北朝南，有八字形影壁、重檐门楼，门前有对狮。进门是双层戏楼，戏楼的天花板中有一方孔，台面角上有一活盖，专供神功戏中众神们“上天入地”时使用。戏楼东侧有花园，后面是神殿，里面供奉着关公。关羽出生在河东郡解县（今属山西运城），清朝时加封关羽为护国神。再进去是大厅，上方为高大的罩棚。此外还有复室、穿堂、宝藏库等附属建筑。馆内石雕、砖雕、木雕精细美观，在济南各会馆中独树一帜。古时一般民用建筑禁止使用重檐龙纹花脊和鸥吻套兽等装饰，而这组建筑却广泛使用，无疑沾了关羽的光，老家的人为了供奉他，出点格也很正常。1905 年，这里还放映过一场无声电影，这件在当时尚属稀奇的事轰动了济南府，“往观者人山人海，率皆喝彩”。

20 世纪 20 年代，山陕会馆改为由慈善团体救济会开办的私立正宗小学（1949 年后改为省府前街小学）。这里不收学费，还发些铅笔等文具，课余时间动员学生上街募捐，以助学校经费不足。在街对面皇亲巷出生、长大的韩美林家境贫寒，生活窘困，便被母亲送到这里读书。但这所小学的师资水平超乎想象，受校方邀请到这里执教或访问过的老师有李元庆、赵元任、陈叔亮、秦鸿云等，都是后来中国文艺界的脊梁。韩美林在这里上学时出演过话剧《爱的教育》，辅导老师就是秦鸿云。后来韩美林参加工作进了济南话剧团，也得益于秦老师当年的启发与帮助。

旧时省府前街中段路西的玉环泉不在人行道上，而是在向西凹进去四五米的地方，是两口直径一米半的相连泉井，有青石铺就的井台，井台边铁链连着绳子和水桶，街上居民都到这里打水，其中当然也包括韩美林家。挨着马路牙子有一道青砖垒砌的影壁，上嵌刻有“玉环泉”三字的石板，据说为金代遗物。夏季水盛时，泉水会溢出井口，顺着石板流向路边。

玉环泉对着街东的巷子呈“L”形走向，后来叫玉环泉街，但古时此街称曲巷，后称东西走向的巷子为皇亲巷，相连的南北走向的小

韩美林于大明湖重温从前记忆

街称尚书府街。其实，皇亲巷里找不到皇亲，只有司马府的一个后门，而正门开在今泉城路。1936 年，韩美林出生在这条巷子里的三间瓦房内，他的著作《天书》向人们讲述了他小时候在这条街上的经历和故事："据老人讲，也不知哪一朝的皇帝偷娶了司马家的一个小姐，因为不是明媒正娶，所以从后门接的亲……反正我们小孩听大人讲的事都犯糊涂，所以我也就糊涂着写，大家也只能糊涂着听了。"

韩先生说得实在，那只是个传说。司马府是清康熙年间兵部侍郎孙光祀的府邸，兵部侍郎别称少司马，司马府名副其实。明崇祯十三年（1640）刊行的《历城县志》便有"刘皇亲巷，布政司街东"的记载。可见，司马府比这条巷子的名称至少晚了一个朝代，况且司马府家姓孙不姓刘，所以，韩先生小时候听不明白也就对了。

司马府后门旁原有一个观音堂，是个佛道杂处的小庙，供奉着观音、关公和土地爷。1917 年，山东省易俗新剧社在观音堂内创办，该社系私立公助，省教育厅每月资助四五百元，学员免费食宿，其编排的《西门豹》《胭脂》《闯王进京》《渔夫恨》《风波亭》等京剧新剧目常在城内大舞台、鹊华居、富贵大戏院演出，颇受老戏迷好评。早年，观音殿里还有一个私塾，韩美林五岁时曾在这里读书识字。放学后他常在庙里玩，有一天，他凑到土地爷塑像的大玻璃罩子上，想看看究竟有些啥，忽然发现土地爷屁股后面藏有《四体千字文》《六书分类》《说文古籀补》等书籍以及印章、刻刀、印床等。他便从此爱上了篆刻与书法，他刻的图章还常作为礼物赠送给同学。他住的巷子口上原有家老中药铺名叫同济堂，药架上摆着些兽骨和龟甲，药店称其为"龙骨"，是用来出售的中药材，还挺昂贵。他进入药店后看到这些骨头和龟甲上有似文似画的图案，那时他还不知道这就是赫赫有名的甲骨文。庙里那几本书和这些骨头与龟甲影响了韩美林一生的追求，他便比着书上的字写，照着骨头上的字画，于是有了属于他的“天书”，也打开了他以后通往艺术之路的大门。

这次回故乡，87 岁高龄的他兴致勃勃地乘画舫游护城河，逛百花洲，观美术馆，造访“千年大修”后的府学文庙，也去了他的故里省府前街。只是他儿时生活过的院子、老庙、老药铺和整条玉环泉街都已不存，化作了时尚化商业街区。他读小学时的那个山陕会馆也早已拆除，刻有《重修山陕会馆碑记》的三通石碑孤立于街边。令他欣慰的是，玉环泉还在，泉水仍汩汩流淌。他在泉边站立良久，深情地说：“就是这眼泉水把我从小养到大。”

季羡林的济南岁月：一半烟火，一半书香

■ 牛国栋

季羡林（1911—2009），字希逋，又字齐奘，山东临清人，青少年时期在济南读书、工作和生活，著名文学家、语言学家、教育家、翻译家，曾任中国科学院哲学社会科学部委员、北京大学副校长、中国社会科学院南亚研究所所长等职。出版有《季羡林文集》，共24卷。

季羡林来到济南时，这座有着两道城墙的千年古城正在悄然变革。民国初年，继胶济铁路开通后，津浦铁路也全线贯通，济南成为两条铁路干线的交叉点，加之小清河黄台码头与胶济铁路黄台站和津浦铁路泺口站都有对接，济南作为华北铁路及水陆交通枢纽的作用日益显现。自开商埠后，济南的工商、金融、文化、教育乃至居民生活和社会风尚等都在发生深刻变化，新式教育、新式学堂更是如雨后春笋般蓬勃兴起。

1917 年，6 岁的季羡林和父亲骑着毛驴，从大运河之滨的清平县官庄（后划归聊城临清），走了两天来到济南南关柴火市，进了佛山街 40 号的一座两进四合院，这便是季羡林叔父的家。

季羡林来此并非走亲戚，而是被家境贫寒的父亲过继给叔父成为祧子。叔父没受过正规教育，但绝顶聪明，自学识字，读过不少经史子集，能诗善书，还会刻图章。他立志将季羡林培养成有用之才，以“光大门楣”。

年少不识愁滋味

刚来没几天，季羡林就被叔父送到曹家巷读了几个月私塾。第二年，他又被送到了“洋学堂”，即省立第一师范学校附属小学第一部（今黑虎泉西路小学）。从这时起，季羡林开启了他在济南长达 13 年的读书岁月。

季羡林的小学和初中，一向“主课不主，副课不副”。他年幼从偏僻乡村来到省城，对看到的一切都充满新鲜感，尤其济南浓浓的烟火气息和繁闹景象令他兴趣盎然，乐此不疲。

他对在一师附小上课的印象很模糊，但对上学的路记忆犹新。学校所在的升官街在老城南门里西侧，是条青石板路，紧邻城墙下的南城根街，他喜欢推着铁环去上学。直到晚年，他“耳中仿佛还能听到铁圈在青石板路上滚动的声音”。

途经正觉寺街东头，一个叫新桥的地方有家小铺，专门售卖又咸又香的五香长果仁（花生米）。他曾用婶母给的早餐钱买了半斤，再分成若干小包，带到学校里兜售给同学们，遂被抢购一空，他为此沾沾自喜，调侃自己是被埋没的做生意的天才。

9 岁时，他转入南圩子墙内三合街上的新育小学（今山东实验小学），让他记忆深刻的是其人生“第一位老师”，也是他唯一能记住姓氏的小学班主任李老师。初春的一天，李老师带着全班同学在校园小池塘边种菜，同学们自己挖地，自己种下扁豆、芸豆、辣椒、茄子等，大家“蹦蹦跳跳，快乐得像一群初入春江的小鸭”，成为他“一生三万多天中最快乐的一天”。

小学时他便博览群书，回到家，背着叔父，钻进被窝里，用手电照着偷看《彭公案》《济公传》《七侠五义》《说唐》《封神榜》等被叔父列为禁书的“闲书”。他还喜欢到校门外不远处的马市，看马驴骡交易者将手指伸进袖筒里讨价还价；他爬到校园大柳树上张望校外屠宰场捆猪；他到南圩子墙外空场子上逛九月九庙会，溜进各个大小席棚，将说书、唱戏和耍猴等各种表演看个遍……这些记忆无不彰显着他的年少无忌和对生活的敏锐观察。

他的老家在鲁西北平原，一马平川，小时候他没见过一座山，到了济南才知山的模样。他与同学们开心地畅游南山开元寺，观秋棠池（即甘露泉，也称滴露泉），当他爬到大佛头山顶俯瞰时，感觉千佛山在自己的胳膊肘下，开心得不得了。

12 岁时，他考入私立正谊中学。校园北面紧邻大明湖，他时常跑到湖边芦苇及荷花丛中，用绑在苇子上的缝衣针制成的钓钩引诱趴在荷叶上的蛤蟆上钩，或者用苇秆深入湖水中让湖虾顺着秆子向上爬。他将捉到的蛤蟆和湖虾再放生湖中，不为占有与口福，只为戏耍，以打发课余的时光。

15 岁时，他在正谊读了半年高中后，便考入位于北园白鹤庄刚刚组建的山东大学附设高中。初中时在大明湖只顾钓蛤蟆、捉湖虾，而到了山大附中，校园外“荷香四溢，柳影在地，草色凄迷，碧波潋滟”的江北水乡美景令他陶醉。

1928 年济南发生“五三惨案”，山大附中停办，季羡林被迫辍学一年。他创作了反映“五三惨案”发生后日本兵在济南恶行的《文明人的公理》以及《医学士》《观剧》等短篇小说，发表于天津《盖世报》等报刊上。

1929 年，18 岁的他转入杆石桥西的省立高中（今济南一中）。这一年，他的人生阅历不断丰富，才情与学业得以同步提升。他娶了妻，成了家。

学堂幸遇大先生

“对的时间，遇到对的人，做了对的事。”季羡林天资聪慧，会读书，巧用功，绝非死记硬背。

季羡林最早学英语，是从新育小学开始的。由于他背了不少单词，报考正谊中学时便可翻译些考官命题的句子，自然也给他的入学考试加了分。正谊的英文老师郑又桥对他帮助很大。那时季羡林写英文作文时自然是“中国式的英文”，郑老师批阅时一字不改，而是根据作文原意另写一篇，是地道的英文。这对季羡林触动很大，“简直可以说是一把开门的钥匙”。

他读正谊的三年时间，叔父还送他到尚实英文学社补习英语。这家位于按察司街南口的培训机构，由广东人冯鹏展创办。冯先生白天在几个中学兼任英文教员，晚上则在自家前院招补习生，授课相当卖力。季羡林每天从南关穿越老城走到大明湖畔的正谊，下午放学后走回南关家吃晚饭，然后再走回城里到尚实，晚上九点以后再返回家。如此历时三年，他并没有感到压力而是倍感充实。他的英文成绩之所以在正谊居全班之首，同尚实补习密不可分。这对于他后来考入清华，更是大有裨益。他在山大附中时，还选修了德文课程，为他后来入清华专修德文及留学德国做了很好的铺垫。

1924 年 4 月 22 日，印度诗人泰戈尔在诗人徐志摩、作家王统照等人陪同下来到济南，在大明湖畔的省议会大厅举行演讲。在正谊读初中的季羡林和他小学“最早的同学”、后成为作家和文艺评论家的李长之，著名诗人臧克家都在现场目睹了泰戈尔的风采。泰戈尔用英语演讲，徐志摩做现场主译，时为齐鲁大学学生、后成为藏学家的于道泉做辅译。从此之后，季羡林迷上泰戈尔的诗，还模仿其风格写过一些诗作，因此同学们还称他为诗人。至于他后来学习梵文、研究东方学，不知是否与此次经历有关。

季羡林的古文底子得益于叔父季嗣诚、正谊中学国文教员徐金台、山大附中国文教员王崑玉等人。徐金台没有在正课上教过季羡林，而是每天下午放学后在校内开办课外补习班，季羡林报名去听徐金台讲解《左传》《史记》等古籍。也是在这一时期，叔父亲自选编辅导教材，用小楷手抄了厚厚一大本，取名《课侄选文》，并亲自讲给季羡林听。季羡林对叔父宣讲的理学文章虽不喜欢，但他理解叔父对他的一片苦心与期望。

对季羡林影响最大的还有几位“大先生”。正谊中学校长、清末举人鞠思敏，毕业于山东优级师范学堂历史系，曾任山东省教育司司长、山东高等师范学校（后为省立第一师范学校）校长等职，他不仅创办正谊中学，还在北园开办了七所民众学校。

季羡林在正谊时，鞠思敏没有讲过课，但他考入山大附中后，鞠思敏也应聘为该校教员，教伦理学，课本用的是蔡元培的《中国伦理学史》。季羡林认为其“讲课慢条斯理，但是句句真诚动听。他这样一个人本身简直就是伦理的化身”。

时任山大校长兼山东教育厅厅长王寿彭，系清末状元，尤以书法著名。山大附中高一第一学期期末考试结束后，王寿彭提出要表彰每班甲等第一名，奖品是王寿彭手书扇面和对联，结果全年级六个班中季羡林是达到和超过“状元公”要求的平均成绩 95 分的唯一一人，平均分高达 97 分，从而荣获其墨宝。当时王寿彭年逾花甲，但其墨宝题款时竟然称十五岁的季羡林为老弟。季羡林自然受宠若惊，也得到了莫大鼓励。这个看似偶然的事情改变了季羡林后来的学习态度，使他从儿时的自卑转变为后来的自信，从被动读书到主动学习，在高中三年的六次考试中，他居然拿到六个甲等第一名。

转入省立高中后，季羡林的第一位国文老师是知名作家胡也频。季羡林曾回忆说，胡也频“不但不讲《古文观止》，好像连新文学作品也不大讲。每次上课，他都在黑板上大书‘什么是现代文艺’几个大字，然后滔滔不绝地讲了起来，直讲得眉飞色舞，浓重的南方口音更加难懂了。我们这一群年轻的大孩子听得简直像着了迷"（《忆念胡也频先生》）。胡老师还把夫人、作家丁玲从上海接到济南的徐家花园寓所，同学们大都成了丁玲的"追星族"。

接替胡也频教鞭的也是位知名作家，即北大英文系毕业的董秋芳，译有《争自由的波浪》一书，鲁迅为之作序。董老师讲课认真，批改学生作文一丝不苟，布置作文时却从不出具体题目，而是在黑板上写"随便写来"四个字。他看似漫不经心，实则让学生们充分发挥想象力。季羡林有篇写父亲去世后他回老家奔丧的作文，董老师在上面眉批："一处节奏""又一处节奏"，这样的点评使季羡林有了写作上的心

得与感悟。季羡林之所以到了90多岁高龄时还“舞笔弄墨”，他说要感谢以董先生为代表的“恩师大德”。

1930年，19岁的季羡林高中毕业，同时考取清华大学和北京大学，最终选择就读清华大学西洋文学系，专修德文。在清华期间，他与同在清华读书的李长之一起返回济南，李长之家做东，宴请正在齐鲁大学教书的老舍，季羡林作陪，这是季羡林与老舍初次相识，后来成为朋友。

1934年，23岁的季羡林清华毕业后，应省立高中校长宋还吾之邀，季羡林回母校教了一年书。宋还吾北大中文系毕业，参加过五四运动和北伐战争，他看到季羡林在清华期间学习成绩优异，还发表过不少文章，便安排季羡林教国文。

1935年，清华大学与德国学术交换处达成协议，双方交换研究生。得到消息后，季羡林报了名，因在清华时学习成绩优异，又专修德语，他顺利获准。而家庭经济窘困、亲老子幼，使其国际旅费及置装费又成了大问题。宋校长亲自带着季羡林去求助时任省教育厅厅长的何思源，希望能得到点资助，最终虽然无果，但宋校长对季羡林再三勉励，并设宴送行，还期望季羡林学成回国后继续回来工作，季羡林自然心存感激。

怀旧最忆是故乡

济南虽非季羡林出生地，但他从6岁来济，至19岁离开，大学毕业后又在济南工作一年，前后在济南生活了整整14年，又在济南娶妻生子，他一直将济南当作自己的故乡。

1982年，他在《我和济南》一文中写道：“说句夸大点的话，济南的每一寸土地都会有我的足迹。”在他晚年的自传和很多回忆文章里，他描摹着济南的山山水水、纵横巷陌、花草树木、风土人情，尤其他的家人与亲友、他的小学与中学、他的老师与同学……这些都成为他数百万字的散文创作中最为鲜活与灵动的部分，也最能引起济南人的共鸣。

晚年，他最爱吃家乡人带去北京的油旋儿，他评价其为“软酥香”。他最喜欢的宠物是老家临清的白色波斯猫和山大校友送的小乌龟。他最喜欢的花，除了君子兰，便是荷花。他喜欢坐在北大朗润园他家楼前的荷塘边赏荷，映日荷花冰清玉洁，田田荷叶香远益清。这荷花正是季羡林多年前投到池塘里的莲子长出的，被季羡林在北大的邻居、历史学家周一良命名为“季荷”。

季羡林的散文《清塘荷韵》是专写荷花的。当年他在济南读书时，无论是正谊地处的大明湖，还是山大附中所在的北园，无不是“荷塘遍布，荷香十里”，晚年最爱怀旧的季羡林是绝不会忘记的。

济南的乡愁

■ 徐明卉

济南是黄河下游的历史名城，因泉水众多被称为“泉城”。济南历史悠久，是史前文化龙山文化的发祥地，有新石器时代的遗址城子崖，有先于秦长城的齐长城，有被誉为“海内第一名塑”的灵岩寺宋代彩塑罗汉。

济南自古就是繁华之地，工商业发达。行走在济南，既能看到小桥流水的风韵景致，又能感受到方言土语别样的温馨；既能品尝到风味独特的小吃，还能聆听到韵味悠长的吕剧、山东大鼓……走在老街小巷里，浓浓的乡愁萦绕在心头，不肯散去。

一

乡愁是什么？在济南，乡愁是传承千年的精神。

自春秋起至明清，济南涌现了一大批著名的历史人物。这些历史名人身上有忠厚质朴、坚韧不拔、忠诚爱国、勇敢顽强的民族精神，是济南这片热土宝贵的精神财富。

在济南，有个百多户人家的四风闸村，一片平川，风光秀丽，这里就是辛弃疾故里。一生坚守初心、尽忠报国、追求卓越、标新立异的辛弃疾给济南留下了不朽的文化力量。

荡气回肠的词章千古流传，他的爱国精神更为后世赞扬。面对金兵侵犯，辛弃疾将个人生死置之度外，一生坚决主张抗金。在《美芹十论》《九议》等奏疏中，他具体分析了当时的政治军事形势，对夸大金兵力量、鼓吹妥协投降的人，进行了有力的驳斥。他创作了大量词作，抒发自己的爱国情怀，倾诉壮志难酬的悲愤，吟咏祖国大好河山的壮美。他的词作艺术风格多样，热情洋溢，慷慨悲壮，笔力雄健，达到了宋词的高峰。

这样的历史名人何止一个两个，许多名字在中国历史上都是响当当的。李清照、张养浩、李开先、鲍照……他们为中国历史做出

的贡献被后人传颂。

“诗圣”杜甫游历济南，在大明湖湖心小岛接受朋友宴请时即席赋《陪李北海宴历下亭》一诗：“东藩驻皂盖，北渚凌清河。海右此亭古，济南名士多。云山已发兴，玉佩仍当歌。修竹不受署，交流空涌波。蕴真惬所遇，落日将如何。贵贱俱物役，从公难重过。”其中“海右此亭古，济南名士多”为后世广为流传，历下亭也成为济南一道亮丽的风景和城市名片。

二

乡愁是什么？在济南，乡愁是印在记忆深处的音律。

在济南兴盛了数百年的吕剧、山东快书、山东大鼓、皮影戏等至今仍活跃在民间，这些地方戏曲和传统曲艺历史悠久，深受老百姓的喜爱，部分已被列入国家级非物质文化遗产名录。朴实的济南人将他们的情感倾注于从古至今的乐章中，演绎着传承千年的历史文化故事。

历史文化遗产印证着过去，影响着当下和未来。保护传承地方戏曲和传统曲艺成为济南文化部门的重要任务。济南在这方面做了大量工作，抢救性保护和挖掘了大量流传在民间的地方戏曲和传统曲艺剧目、曲目。同时想方设法将传统曲艺与时尚文化结合起来，做到了有人管、有人唱、有人听、有人学。

济南一直强调“两个文明一起抓”，开辟了不少开展地方戏曲和传统曲艺活动的场所。在大观园茶楼、大明湖畔的大明居茶馆等处，都有地方戏曲和传统曲艺演出；百花剧院、历下剧场精心打造吕剧演出，培养了一批吕剧迷和吕剧票友；济南电视台前几年制作了大型纪录片《曲山艺海》，详细记录了济南地方戏曲和传统曲艺的发展历程和历史轨迹。纪录片播出后，引起了热烈反响。

开展地方戏曲和传统曲艺演出和传播活动得到宣传文化部门的大力支持，不但丰富了百姓的业余生活，更是让济南民间戏曲艺术得到了传承发展。

三

乡愁是什么？在济南，乡愁是留在舌尖上的味道。

丰富的物产使得济南自古就是一片繁华之地，伴随而来的是名吃荟萃，给人的舌尖留下难忘的味道。丰富的食材为济南人搭建了大展身手的舞台，开辟了展露厨艺的天地。

别具一格的济南名吃享誉全国，名声在外。那些平常的鱼米果蔬，经过济南人的手，就会变成令人垂涎的美食，比如草包包子、把子肉、油旋儿、甜沫、坛子肉……这都是不可多得的美食。要想知道济南的小吃到底有多美味，只有身临其境、亲口品尝，才能有切身体会。

四

乡愁是什么？在济南，乡愁是那些别具特色的古老建筑。

有学者说，一个地方最能够保持原始风貌和特色的不外乎居住的房屋、流传的作品、饮食文化三个方面。在济南，古代建筑的保护受到前所未有的重视。

这些散布于城市各个角落的老建筑，是济南发展史的重要见证。名声远播的朱家峪就是其中的代表之一。春雨绵绵的日子，撑着一把伞，走在朱家峪的石板路上，听得到雨滴打在雨伞上的声音“嘭嘭嘭”，脚下是鞋子踏在石板路上的声音“哒哒哒”，一只手伸出雨伞外，凉丝丝的雨滴落到手心里，惬意极了。

在清朝时，许多人从这里出发闯关东，把一生交给了关外那片黑土地。电视剧《闯关东》细致地描写了山东人闯关东不平凡的历程，也让以前名不见经传的朱家峪一下子火了起来。如今，这里成为知名的旅游景点，许多东北人到这里来追寻前辈的足迹。灰墙青瓦、老屋伸出长长的屋檐、推拉式的老窗户，都在静静诉说着历史，让人无限怀想。

济南人对老建筑的保护从来都是毫不含糊的，不但要保留老建筑，更要保护好老建筑。在王府池子一代的老建筑保护区，保存了大量明清民居。走在王府池子胡同里，沿路翠柳依依，流水潺潺。走近看，你会发现居民院子大门边挂着一块牌子，写着“济南老建筑，欢迎参观”。进到院子，你会看到老屋门前就是一眼泉水，砌着一方水池，一位大嫂在泉水边洗菜……那景象就好像回到了许多年前，恍如隔世，让人心生无限感慨。出王府池子继续往南走，就是鼎鼎有名的芙蓉街了。巷子很窄，两边都是保存完好的老建筑，有书局、饭庄、药铺、绸缎庄、茶叶庄……在这里，你能找到老字号曾经的影子，瑞蚨祥、宏仁堂、燕喜堂……这里是老济南的缩影，是老济南的“根”。在济南，真的可以“记得住历史、留得住乡愁”。

无论是荡船在涟漪泛泛的护城河，还是步行在大明湖畔的花间小路；无论是在美味飘香的餐馆品尝，还是在茶馆里听老调老味的传统戏曲，我们都会深切地感受到这里弥漫的淡淡的乡愁的味道。它留住了旅人的脚步，更留下了旅人的思索。济南的乡愁，挥之不去……

AB 面都是济南范儿

张智辉

自济南城市宣传口号征集活动开展以来，作为应征者的我在翻江倒海的构思中，被“济南”二字折腾得五脊六兽、“苦”不堪言。

这是一座怎样的城市啊？9000 年人类活动史、4600 年文明史、2600 年建城史，一座中古老城，十几个门类产业聚集，百家景点星罗棋布，千泉分布有名有姓，万首诗文洋洋洒洒，名胜古迹众多，大学院校林立，古今名贤灿若群星。舜城、泉城、书城、诗城，一句话十几字道之，纵有马良神笔，何其难也！

她秀外慧中，既有历史沧桑感，又有现代时尚感，复古风、工业风并存，“济南景色异他郡”，实在找不到恰当的汉字，故用 AB 面述之。

济南是一座既古老又年轻的城市。济南的历史绵延而完整，丰富了河济文明的内涵。抬头见“舜”，舜耕、舜井、舜祠。秦、汉、宋，县、郡、府，在朝代的更迭中走向前台。东更道、西更道、王府池子二郎庙，芙蓉街、西奎文、曲水亭街后宰门…… 每一个名字都有故事。鞭指巷陈家大院走出状元郎——陈冕。济南名士多，有张养浩、李攀龙等“土著”，也有李白、杜甫、苏轼、王维等“过客”。中医鼻祖扁鹊悬壶济世，曹操在此为相。大唐名相房玄龄与济南有缘，元好问“有心长作济南人”。家喻户晓的“二安”，几乎每一个济南人都会吟诵他们的诗词，“知否，知否？”

在日新月异的变化中，她又呈现出光彩夺目的“年轻态”。“洛杉济”三件套一出场便惊艳世人，“金谷棒”吸引着慕名而来的游客，中央 CBD“山泉湖河城”五大超高层直插云霄，不断“长高”的济南乘着网红的快车“狂飙”，展示着速度和激情。在明府城、上新街、老商埠、洪楼感受古韵新风，不近前端详就认不出她年轻时的俏模样。

济南是一座既“快”又“慢”的城市。言其快，2022 年 GDP 增速 3.1%，首破 1.2 万亿。成功运行世界首个电磁橇，磁悬浮速度突破 1000 公里每小时。“济南 1 号”“泉城 1 号”成功发射，济

南成为首个完成商业航天、通信、导航、遥感卫星全面布局的城市；数字经济城市排名跃居全国第六；宽带下载速率跃居全国第四；高速、高铁一日何止千里；汽车双巨头齐聚济南；成为量子“先行者”城市、“中国激光第三极”。国际医学中心、药谷、自贸区、新旧动能转换发展势头迅猛。一不留神，就有晃眼的感觉。

这个“卫星上天”的城市还可以慢下来，让你享受另一种想要的生活。你可以去黑虎泉打水、曲水亭泡茶，去百花洲寻觅曾巩、李攀龙和胡适的足迹，端详这古香古色的四合院和大门上名家题写的对联——“泉清可洗目，水净自成怀”。再去五龙潭看“二哥”秦琼，凭吊这位为朋友两肋插刀的义士。不绕道——再去大明湖吧，这个占有济南七分灵气、十分繁华的所在，浓缩了济南的精华，夜幕降临，可以在超然楼前静等璀璨一刻，欣赏京剧、非遗快闪，余兴未尽，还可以赏“明湖八景”，探寻“七桥风月”和“曾堤萦水”的故事，亦可在白雪楼前冥想甚至发呆，很闲适很治愈。如有闲暇，可以去九如山小木屋聆听飞瀑，也可以去龙洞探险，“风乎舞雩”，自由放飞心灵。

济南又是一座“刚”与“柔”兼备的城市。剑胆琴心，侠骨柔情。被誉为“城神”的铁铉铁骨铮铮，视死如归，在威逼下嚼着自己的耳朵大骂逆贼。“终童”请缨报国，为国赴难。在反帝反封建的洪流中，王尽美、邓恩铭站在斗争的前沿，成为中共山东支部的创始人，邓恩铭被杀害时只有30岁。许世友曾在这里下达攻城的命令，解放阁就是当年攻城的突破口。你凝视着台基上密密麻麻的烈士英名，肃穆感油然而生，感叹一个有英雄气的民族才会有复兴的希望。位于长清区的大峰山革命根据地是抗日战争、解放战争的坚强战斗堡垒，熔铸了“信仰如山，一心为民，不怕牺牲，勇往直前”的精神，被誉为“泰西的延安”。

“金戈铁马”的豪放与“绿肥红瘦”的婉约在这里交汇，一个有温度的城市，四季如歌，暖流涌动。前几年，经过艰难的DNA比对等，济南找到了43名无名烈士和4名有名烈士。那日，全城肃穆含泪，在交警的护卫下，47名烈士“归队”英雄山陵园。时光荏苒，共和国和人民没有忘记给予这些英雄以荣耀和慰藉，活动的组织者说：“只要我们记着，他们就活着。”6年前，“小巷总理”陈叶翠的离世让整个城市笼罩在悲痛中。读着揪心的新闻，素不相识的人竟也泪流满面。这一幕，温馨感人：各区设置环卫工人歇息点，给这些最底层的城市建设者以温暖和光亮，建设美美与共的温暖之城，尽在济南。政府的善举、百姓的善良，深藏在理念和骨子里。

济南又是一座“雅”与“俗”共赏的城市。有诗和远方，安放有趣的灵魂；有人间烟火气，抚慰凡人心。在秋柳诗社品读诗意济南，在藕神祠里感受溪亭日暮，在南丰祠回味那段“决桥闭门”的老城往事。“曲山艺海”名冠天下，晨光茶舍好戏连台。在济南新晋艺术地标——“579百工集”感受“文艺范”，机车、国风、亚文化、自然主题，以及古风演奏、宋风主题集市、竹艺美陈、古代投壶，令人目不暇接，尽可找到内心的热爱。“我心里一直都在暗暗设想，天堂应该是图书馆的模样”，在“山东最美书店”——阡陌书店重拾阅读美好，吐纳时尚之心，记起蜻蜓和萤火虫的模样，书城、书店成为这座城市最美的审美底色和诗意剪影。一年一度的“大河之畔、声动泉城”名家名篇诗文咏诵会一票难求，谢幕时观众难舍最后一眼。扈书乘老师讲《论语》、“侯门三秀”、图书馆和文庙的公开课、周三读书会……春风化雨，润物无声，让这座氤氲着鹊华秋色的城市又多了浓浓的书卷气、文化味，多了雅兴、雅致、雅量。

在这里，不仅闻弦歌而知雅意，亦可嗅得到泥土的芳香。看首批国家级非遗商河鼓子秧歌，逛后备厢集市，吃芙蓉街小吃。在济南，肥瘦相间的把子肉是大米干饭的忠实伴侣，油旋魔术般里三层外三层，五香甜沫可以让你找到“粥”酣胜酒的气魄；济阳曲堤黄瓜、商河“将够本”火烧、章丘黄家烤肉、一人多高的章丘大葱，都会搅动你的味蕾、触动你的心怀。

这就是济南——一座来了就不想走的城市。

“荷”谐“玫”好的济南，集松柏精神、云水风度于一身，有底气而不豪横，有底蕴而不张扬。说到底，这是一种原乡精神、一种经典美学标志、一种城市style（风格）、一种几千年沉淀升华的人文情怀，用老济南话说就叫“济南范儿”！

守住古城的“根”与“魂”

■ 望　山

一座城市之所以被称为古城，一定有其深厚的历史文化底蕴。

这个底蕴，可以从流传至今的文学作品中感受，可以从地下出土的文物来窥知，也可以从保存完好的地上建筑来呈现。

一座千年古城
就是一本史书

济南这部“史书”十分厚重耐读。

这里有 8000 年泉水史、4600 年文明史、2600 年建城史，是中华史前文化龙山文化的发祥地。

古往今来，世事变迁。千百年来，凡是到过济南、读懂济南的人，都会对这座城市留下极为深刻的印象。

意大利著名旅行家马可·波罗到访过济南，他在游记中写道：“这个地方四周都是花园，围绕着美丽的丛林和丰茂的果园，真是居住的胜地。"由此，我们可以得知，700 多年前的济南到处都有美丽的花园，是个人人向往的宜居之地。

印度著名诗人泰戈尔到访过济南。在这里，泰戈尔留下了让无数人心向往之的诗句："我怀念满城的泉池，它们在光芒下大声地说着光芒。"哪些泉池让泰戈尔怀念？我们今天可以追寻泰戈尔的脚步，去感受泉水荡漾反射中的耀眼阳光。

中国文学巨匠老舍先生在济南生活期间写下了一篇美文《济南的秋天》。他写道："济南的秋天是诗境的。……上帝把夏天的艺术赐给瑞士，把春天的赐给西湖，秋和冬的全赐给了济南。"诗境是什么样？老舍先生请读者想。"设若你幻想不出——许多人是不会幻想的——请到济南来看看吧。"

而在另一篇美文《济南的冬天》中，老舍先生写道：“请闭上眼睛想：一个老城，有山有水，全在天底下晒着阳光，暖和安适地睡着，只等春风来把它们唤醒，这是不是个理想的境界？”想知道美文中的济南什么样？可以循着老舍先生的笔触到济南来看一看、品一品、赏一赏。

名人名士对济南的这些印象，存在于自然风光、民俗风情、特色建筑之中。经过千百年的时光冲刷，那些人和事已经湮没于历史长河之中，或许城市的肌理、历史的脉络也模糊不清，但那些建筑依然存在，那些风光依然旖旎。

一处老建筑
就是一段不可磨灭的历史记忆

保护好老建筑，就是守护城市独有的历史文化风貌，努力钩沉人文痕迹，沉淀独特时光记忆。这是一代代人的职责使命，也是优秀历史文化传承的重要保障。

2023 年，济南市公布了第四批历史建筑名单。根据《历史文化名城名镇名村保护条例》《山东省历史文化名城名镇名村保护条例》《济南市历史文化名城保护条例》有关规定，确定西更道街 20 号传统民居等 30 处建筑为济南市第四批历史建筑。

这也是 2018 年公布首批历史建筑以来，济南市历史建筑名录的又一次扩大。这些历史建筑最老的已超过 400 岁，许多建筑已超过 100 岁，最年轻的也超过了 60 岁，各具特色的它们堪称济南历史的“活化石”。

历史的车轮一直向前，如果没有活化的历史文脉存在，城市建得再新再好也是缺乏生命力的。可以说，老有老的味道，新有新的风采。

每座城市既要有高大上的现代化新城，也要有能记住乡愁、留住乡愁的老城；既要有与时代接轨的摩天大厦，也要有特色独具的古老街巷；既要有宽阔笔直的柏油路，也要有曲径通幽的石板路；既要有清新扑面的城市风貌，也要有古色古香的历史肌理。

打一桶泉水，煮一壶清茶，循着流淌的泉道，在阡陌小巷中徜徉；听一段山东快书，与曾到此一游的文人墨客来一场“时空对话”……如果在济南选出一片最有老济南特色的街区，济南古城明府城片区首屈一指。

正是对古建筑的有效保护和集中呈现，让老济南跨越时空来到了你我面前。

保护老建筑
全世界范围的共识

对于历史建筑的保护，在全世界范围内具有广泛的共识。

法国巴黎在保护原有风貌建筑的同时也不断开辟新区，让古典、浪漫的城市焕发出无限生机和活力。政府规定，要拆除、重建旧城区的任何建筑物必须经市政府专门机构审查、批准，并设定严格的审批程序。如确因安全、抗震等原因需要拆除重建的，重建后建筑物临街的两个立面必须与原建筑物完全相同，也就是说要完全达到旧模旧样的效果。

罗马的历史建筑保存是“整旧如旧”，也就是说现在人看到的是一个加固却不会刷新、重建，保持原有特色的意大利城市。新建筑不会“压”过老建筑，城市会留出足够的时间和空间给古老历史。历史遗迹自然地展现在正常生态之中，周围的建筑要努力与之和谐并存。

英国在英格兰和威尔士设立了500个保护区，不仅保护古建筑本身，而且对其周围环境也加以保护。如果古建筑被高楼和高速路所环抱，就会失去它应有的韵味。所以，我们常常看到英国的古建筑仍然是城市的主角。

华沙老城是世界文化遗产。作为在“二战”中被夷为平地的城市，今天的华沙老城是在1945—1966年间重建复原的。尽管波兰人严格按原状重修了所有的建筑，但在特别强调文化遗产“原真性”的世遗名录中，重建项目是极少数的存在。它是按14—18世纪的样貌复原，并且尽可能使用原有的材料、旧时的技术重建的“新”古城。这足见尊重历史的极端重要性。

老建筑保护
也要创造性转化、创新性传承

超然楼亮灯为什么爆红？

因为找到了“打开”古城的新方式。

老建筑再好，也需要注入新的活力、找到新的视角、获得新的体验，这需要做好“创造性转化、创新性传承”文章。

近年来，济南对3处历史文化街区、1处传统风貌区、200余处省市级优秀历史建筑以及对13项国家级、500余项省市级非物质文化遗产，坚持空间全覆盖、延伸时间轴式的保护。既保护单体建筑，也保护街巷街区；既保护古代建筑，也保护近代建筑；既保护物质文化遗产，也保护非物质文化遗产，让城市留住记忆，让人们记住乡愁。

如今，济南已经找到了一条文化“双创”成功之路——在尊重文化遗产真实性和完整性的前提下进行再梳理再阐发，注重运用数字化手段实施优化提升，健全泉城文化资源库，丰富更具体验感的数字化文化应用场景，让历史文化资源在新时代焕发新生、绽放光彩。

再好的酒也怕巷子深，再好的资源也怕无人识，再好的历史 IP 也需要一把新钥匙打开。比如，大明湖、趵突泉已经深入人心，但美景只可观不可玩怎么办？大明湖雪糕、趵突泉雪糕被创造性开发出来，深受市民、游客喜爱。

文化原来可以这样玩！文化将来就要这样玩！

“文旅商”融合发展新路径正在探索中。紧跟游客消费需求，持续推进特色项目建设，打造沉浸式消费新体验，让来济南的游客在休闲、游览和消费过程中感受浓厚的文化氛围。比如，沉浸式剧场、文创店、主题院落、非遗工坊……一个个新兴业态在古城片区内落地生根，让人们看到了古城的新貌。

如果有时间有兴趣，市民游客可以依托历史街巷、泉道水系，沿着两条精品旅游线路感受古色古香的老济南：芙蓉街—文庙南广场—东花墙子街—辘轳把子街—曲水亭街，后宰门街—辘轳把子街—东花墙子街—茶巷—贡院墙根街—省府东街—双忠祠街—西城根街。精品旅游线路串联了 24 处历史遗存和传统院落，将街区与周边文保建筑、文化遗存、风景名胜串珠成链，真正实现循着古人的脚步尽享古城之美。

对历史文化的传承，是一篇需要用创造性思维大书特书的文章。守住古城的“根”和“魂”，让泉城、泉水真正成为世界 IP！

一位济南籍国相的为政箴言

■ 张继平

济南名士多，此话绝非虚泛之语。在距今700多年前的元代，济南城北、小清河南畔的一个村庄（此庄后称云庄、五柳庄、张公坟，今天桥区北园街道柳云小区）里，一户张姓人家就出了一位名震后世的政治家、文学家、大名士，他叫张养浩，字希孟。

张养浩年少便有文名，被山东按察使焦遂举荐为东平学正（县学学官），后又做过公务繁重的京官，还长期担任县尹、监察御史、翰林直学士、礼部尚书、参议中书省事等要职。归隐济南8年后，朝廷"七聘不出"。天历二年（1329）正月，他"闻西土民饥殍流亡"，遂做出复出的决定。同年七月在陕西赈灾任上，张养浩由于劳累过度溘然长逝，享年60岁。

张养浩一生，不仅勤于政务、谙熟诗文，而且善于总结理政经验。他的《牧民忠告》《风宪忠告》和《庙堂忠告》三文，就是他对自己担任县尹、监察御史、参议中书省事时的从政经验总结，所谓"尝著书三卷，一曰《庙堂忠告》，二曰《风宪忠告》，三曰《牧民忠告》，皆言居官之道”（《续弘简录元史类编》卷二十四）。明人张纶在《林泉随笔》中评价说：“张文忠公《三事忠告》，诚有位者之良规。观其在守令则有守令之式，居台宪则有台宪之箴，为宰相则有宰相之谟。醇深明粹，真有德者之言也。”

先说《牧民忠告》，《牧民忠告》一般认为是张养浩担任堂邑（古县名，今为聊城市所辖）县尹时所著。“牧民”，指治理民众的官员，一般多指县官，旧时历城县衙的大堂即名之为“爱牧堂”。《牧民忠告》凡十纲、七十二子目，内容包括从上任到离职的十个方面，分别为拜命、上任、听讼、御下、宣化、慎狱、救荒、事长、受代、闲居。

作为“牧民”之官，张养浩认为，为官者首先要有公廉之心和爱民之心，不听信小人谗言。他特别强调“禁家人侵渔”，指出“居官所以不能清白者，大率皆由家人喜奢好侈”，提出杜绝官员家属腐败这一观点，对当今社会反腐倡廉仍有积极的借鉴意义。张养浩说到做到，在任县尹的三年里，大力“利兴弊革，扶植善良，禁戢凶暴”（张起岩《张公神道碑铭》），把堂邑县治理得政通人和、井然有序。看到自己治下的堂邑县一派花天锦地的景象，酒后的张养浩也按捺不住喜悦的心情，写道：“小雨林梢生暮寒，野亭朋酒暂盘桓。弄花始见春风巧，作牧方知政事难。吉网罗钳非我志，尧年舜日尽民欢。他时考绩甘书下，自有知音后世看。”张养浩的初心不是为了加官进爵，而是追求“尧年舜日尽民欢”的太平盛世之象。

《风宪忠告》系张养浩任监察御史时所作。“风宪”指古代纠劾官员、整饬吏治的御史。《风宪忠告》是张养浩担纲监察工作的心得体会和为官原则。全文分为自律、示教、询访、按行、审录、

荐举、纠弹、奏对、临难、全节十部分。由于在各任上治绩卓著，至大元年（1308），38岁的张养浩被朝廷任命为监察御史。面对元朝政局日渐恶化的颓势，张养浩写了万言书《时政书》进谏皇帝，从十个方面对当朝弊端以及台纲式微现象进行了剖析，并提出了改革对策。《风宪忠告》从加强自我修养入手，指出要想举荐贤才，首先要有“至公之心”。在监察御史任上，张养浩以“举贤良，纠奸慝，察奇邪”为己任，对于推动元朝监察制度的完善起到了积极作用。尤其是他对监察官员“一心正，两眼明足矣”的要求，在今天看来仍有极强的观照意义。

《牧民忠告》开篇讲“省己”“戒贪”，《风宪忠告》首章说“自律”“严法”，而作为礼部尚书兼参议中书省事，张养浩则从更高的高度，提出了作为一朝宰相应有的追求和要求，总结起来也是十个方面：修身、用贤、重民（民生为重）、远虑、调燮（燮理阴阳）、任怨、分谤（体察下情、勇于担当）、应变、献纳（进谏忠言）、退休（急流勇退）。

“穷则独善其身，达则兼济天下”，这是历代知识分子的处世之道，即张养浩所言“博施兼善，士君子通愿也”。

至治元年（1321）六月，恰逢荷花盛开季节，张养浩辞去宰相之职返回家乡济南。俗话说，无官一身轻。在济南的旧时京城同乡官员和文人墨客欢聚一堂，接连为张养浩举行了十几天的欢迎宴会，张养浩备受感动，写了到济后的第一首散曲《寨儿令·辞参议还家，连次乡会十余日，故赋此》，对欢宴情景和济南风光进行了描述。曲云：“离省堂（官衙厅堂），到家乡，正荷花烂开云锦香。游玩秋光，朋友相将，日日大筵张。汇波楼醉墨淋浪，历下亭金缕悠扬。大明湖摇画舫，华不注倒壶觞。这几场，忙杀柘枝娘（舞娘）。”归隐回家，受到旧朋好友游宴款待，加之良辰美景，唤起了作者的审美意趣，进而超越耳目感官享受，对清水芙蓉、汇波楼、华山等自然生命之精神心领神会，反映了张养浩退休“归真”的人生态度。

张养浩居济南云庄八年间，朝廷多次征召他入朝为官，都被他婉言拒绝。回到本文开头，当他听到陕西“不雨，大饥，民相食”“民之流离者十已七八”的消息时，他毅然决然地踏上了西行赈灾之路。途中，他留下了那首传诵千古的词篇《山坡羊·潼关怀古》。“兴，百姓苦；亡，百姓苦”的名句，一传就是数百年。可以说，它正是张养浩《三事忠告》中所述“爱民如子”名节和心迹的再现。

而今，漫步于云锦湖畔，站在张养浩墓前，你会感觉到，张养浩的一片丹心一直跳动在煌煌史书里。

从河说起

■ 于　娜

最近，一部“济南制造”的黄河流域文物活化系列短视频《从河说起》持续登上各大平台热播榜，上线10天即取得了不俗的播放成绩，全网点击量破亿次，实时热度榜连续登上腾讯视频、优酷视频历史类纪录片前三，并且入选学习强国全国平台“视野”板块，不足5小时获10万+点击量，

《从河说起》在优酷视频免费历史纪录片实时热度榜第1名

这波强势文化输出又一次引来各地网友为之惊叹：大济南，到底还有多少惊喜是我们不知道的？

一部短视频吸引了全网观众对济南、对山东的文化向往，千年的文化源泉在指缝间流淌。那么，这部兼具文化味、技术流、艺术范的优质短视频是如何制作的呢？接下来，我们就先从“河”说起吧。

文物大市，让载体研发成为趋势

济南市是黄河流经的最后一个省会城市，地处黄河生态走廊与京沪经济动脉、黄河文化纽带与“山水圣人”中华文化枢轴交会点位置，具备引领黄河流域经济社会发展和对外开放的突出优势，在黄河文化时代价值的挖掘上，是可以做到从“河”说起的。

立足点既已准确，切入点又是什么呢？毕竟从“河”可说的内容太多了，生态治理、人文故事、诗书艺画、美食非遗……我们的选择是：文物。

山东是文物资源大省，文物资源分布广、级别高，总量位居全国前列，而济南是史前文化龙山文化的发祥地，在 1986 年就已被国务院公布为国家历史文化名城。考古发掘证明，早在八九千年之前的新石器时代早期，这里就已经有人类活动的踪迹。济南市现有全国重点文物保护单位 30 处、省级文物保护单位 161 处、市级文物保护单位 244 处，国有馆藏文物 20 余万件，是名副其实的文物大市。其中，大辛庄遗址、焦家遗址等 8 项考古发现被评为“全国十大考古新发现”，数量之多仅次于古都西安。可以说，文物是济南一张不可忽视的城市名片。以文物角度切入黄河文化，是我们得天独厚的载体优势。在目前的节目研发市场，载体研发正在成为趋势：海南卫视《全球国货

之光》依托的是自贸政策与各国大使资源；江西卫视《闪亮的坐标》依托的是地域红色革命题材；大热的《守护解放西》以长沙公安的地方执法实录为载体。因此，在济南、在山东讲文物，《从河说起》“家底”很厚。

以传播倒推创作，“让大象学会跳街舞”

掌握了文物资源，并不一定就抓住了流量密码。平铺直叙讲述文物故事的模式注定火不起来，创新才是一切文化节目的生命线。《从河说起》在策划之初，就坚定了两个方向：一是不仅要通过镜头展现山东省沿黄河九城市博物馆珍贵的馆藏文物，更要深入挖掘黄河文化蕴含的时代价值；二是要做好文化类节目的年轻化表达，用最适合当下传播的年轻态语言，把厚重的黄河文化以更时尚、更多元的形式传递给观众，既做好文化所系，又做好时代所向。

对于传统电视人来说，这几年在新媒体的几番冲击下，已经开始有意识转型升级融媒发展。其实电视遇到的问题不是品质问题，而是传播问题，电视开机率低，触达不到C端观众（个体观众）；创作团队遇到的瓶颈也不仅是形态创新问题，更是产品规格问题，定时定点的电视栏目适合形成"约会效应"后欣赏，难以满足即时性收看。所以《从河说起》在确定定位时，就基本放弃了传统的电视传播，也颠覆了以往以时长和体量定预算的方式，而是提倡创意为先、传播优先、精练为先。因此第一季只有10集，每集只有5分钟，看上去时长短了，工作量是不是也会变小？相反，大家都知道一个道理：文章越短越难写。短视频要想出圈"炸"圈，更考验创作团队的功力。在《从河说起》的形式创新中，不断出现新技术和数字化的运用，以"大象也要学会跳街舞"的干劲，守正创新，把新媒体和新技术运用好，让文物"活"起来。

让文物"活"起来，让文创"火"起来

《从河说起》在济南广播电视台的节目序列中是一个"异类"，在山东的电视荧屏上也是屈指可数的深耕文物题材的系列短视频，所以身边可借鉴、可交流的同伴不多。通过不断地学习与反复研究，结合项目组自身的实际情况——资金少、人手少、经验少的现实困境，在文物"活化"的方式上，《从河说起》将技术赋能作为解决方案，大量采用了数字绘景、定格动画、裸眼3D等当下最流行的特效技术，用"艺术+技术"的方式复原了很多古代的生活场景。比如，用时下年轻人喜欢的乐队、说唱形式来展现汉代的街头"百戏"，用裸眼

3D 展现文物破“屏”而出的生动感，用非遗皮影画的方式来展示大运河的开凿，用国风手绘展示历史上经典的“仓颉造字”。这些精美的画面离不开团队的创意碰撞。很多时候，创作顺序都是编导先手绘出分镜头，再由画师进行绘制。第一季一共绘制了 700 多幅图，编导组自己的手绘草图就有 1000 多张。

近几年，越来越多的文化节目 IP 已经不止于追求流量，更关注流量之后的商业变现和产业价值。浙江卫视的世遗揭秘互动节目《万里走单骑》将世遗与文旅、文创结合，打造出酒鬼世遗定制酒；湖南卫视《明星大侦探》强势拉动了本地剧本杀营地建设项目；河南卫视《中国节日》开发了“唐小妹”“河大卫”系列文创产品……未来，一切行业都会是社交化再造和社群化营销的产物。

《从河说起》仅仅制作播出了第一季，在传统文化的创造性转化和创新性发展上，还有大量可以做深、做实、做优、做精的功课，后续除了继续制作第二季、第三季，还将推出同名读本、电子书，以及“大好河山”系列文化研学项目，行走的黄河文化思政课、联名文创产品、展馆沉浸式演出等衍生项目，从文化升级实现共鸣升级、消费升级，最终实现以一公分的宽度谋一公里的深度。

谣言止于智者，更止于真相

许洪铭

公安部召开了一次新闻发布会，确定 2024 年是打击整治网络谣言专项行动年。关于谣言，我们常说“谣言起于谋者，兴于愚者，止于智者”。而在新媒体不断创新发展、感性认识大于理性思考的后真相时代，谣言却不能仅限“止于智者”。

后真相，指在新闻事件中，人们的态度和情绪重于事件本身的真相。在这个过程中，基于情绪化的意见表达与喜怒哀乐的偏好思维，使得信息传播的内容发生了质的变化，真相面临着下沉和失落的窘境，尤其是在高速率、泛在网络、万物互联的新媒体语境下，铺天盖地的信息夹杂着扑朔迷离的谣言滚滚袭来。

一

谣言为何屡禁不止？

开放性平台中有一大批亟待发表意见的用户入驻。随着新媒体技术的高速发展，低门槛的网络已经成为人们日常沟通、发表意见的重要平台。基于网民快速生产的内容和网络互动性、即时性的模式，纷繁复杂且高速流动的信息海洋为谣言的诞生播下了不受控制的种子。

我们常说“造谣一张嘴，辟谣跑断腿”，实则是基于当下互联网络匿名性的特征，使得谣言的源头往往无法被有效追踪。当我们找到谣言的源头进行辟谣的时候，谣言已经在网络上大肆传播、人尽皆知。

谣言议题有广泛性与偏向性特点。谣言的议题内容十分广泛，包括健康养生、疾病、金钱、人身安全、政策法规、公共秩序等社会生活的方方面面。同时，谣言议题内容还具有偏向性的特点。据中山大学数据传播实验室发布的《微信年度谣言分析报告》显示，生命安全、食品安全等安全类谣言始终是用户普遍关注的议题。也就是说，一则信息越贴近群众实际生活，谣言越容易被人们接受，传播扩散的可能性也就越大。

造谣成本低且大部分谣言无法被有效追踪。新媒体技术的突破式发展使得人人拥有“麦克风”。“疑似地震云”“电热毯含辐射”“常戴口罩会患肺结节”等谣言，无论是关于重大突发事件还是人们日常关注的健康养生小议题，在匿名化的网络中快速传播，使得后期追踪辟谣也难上加难。曾轰动一时的“杭州女子取快递被造谣出轨快递小哥”的信息在网络上持续发酵了相当长一段时间，直到一年后造谣者才受到法律惩罚，造谣风波才得以平息。

二

此外，我们还需要看到，基于人工智能技术，网络谣言也呈现出生产更加智能化、深度伪造技术愈发以假乱真、沉浸式体验加重用户“摸不着边际”等特点。通过深度训练和学习的人工智能，能够模拟新闻和社交媒体制作风格来制作虚假信息，而平台过滤机制很难捕捉筛查，谣言如蛛网一般结在网络上，粘连着用户，束缚住真相。这些谣言不断瓦解着公众认知，搅乱了正常的社会秩序。

乱象之下，重要的新闻事实被解构，媒体公信力如塔西佗陷阱，困囿于泥淖而不能自拔。此时此刻，如何自救成为燃眉之急。

多方协同共建“真相空间”，打造全过程价值引导。这就需要主流媒体积极设置议程，在谣言萌发、爆发、传播的过程中，实现从“内容引导”到“生态指引”的转变。利用专业权威和优势，协同联动政府和关键意见领袖，与用户建立起强信任链接，为其提供正确、有效信息，压缩谣言生存空间，消除噪音，让真相跑过谣言。

同时，受限于人工智能技术的算法分发机制，用户接触到的信息大部分为自己喜闻乐见的内容，低俗、戏谑、娱乐等内容不断将用户包裹进“信息茧房”，使用户长期沉浸其中而难以培养批判、独立思考、辨别是非的能力。用户容易被煽动信谣传谣，这需要平台建立多元分发机制，以优质内容的引流来对抗“唯流量至上”的“无脑信息”，实现价值引导。

用技术反制技术，扩充“智者”队伍。一方面，可以借助人工智能技术对谣言的传播模式和内容特征进行精准识别把关，可以挖掘其发布信源、话题标签、推广策略等，拆解谣言生成模式并形成记忆算法，在日后信息过滤、筛查中可以运用模型进行快速定位相似的可疑内容，对谣言进行鉴别和认定，将其扼杀在摇篮中。

另一方面，各大平台积极上线辟谣小程序，全面扩充“智者”队伍，如中国互联网联合辟谣平台、微信辟谣助手、今日头条辟谣专区等，以辟谣信息实时上传、可搜索式辟谣专区建设来实现对谣言的精准监控与打击。

集聚合力加强法治建设，提高造谣成本。2023 年，中央网信办发布《关于加强“自媒体”管理的通知》。同年，全国公安机关重拳打击编造虚假警情、疫情、险情、灾情等违法犯罪活动，侦办网络谣言类案件 4800 余起，依法查处造谣传谣人员 6300 余名，依法关停违法违规账号 3.4 万余个。当下，加大对造谣者的惩处力度最重要的就是以法律规范提高造谣成本，依靠强制性举措营造风清气正的网络舆论环境。

互联网不是法外之地，谣言也并不是茶余饭后的谈资。用户需要对自己的网络言论负责，对于发布的文字、图片、视频等信息内容“三省吾身”，不断拓宽自己的网络视野，强化批判思维，提升媒介素养能力，以理性的思维方式、真知灼见的思考，建设性地参与社会公共事务。

身处后真相时代，我们更需要拨云见日，发现层层叠叠谣言背后的真相。当智者多了，谣言自会止于智者；而当真相获得容易了，那谣言自会止于真相。

在新媒体技术不断变迁向前的时代，我们所能做的是要坚守住事实的真相，在媒体、政府、平台等多方综合、协同治理的模式下，为网络谣言的有效、高效、长效治理集智献力。

“互换特产”玩的是心跳还是心动

■张　笑

2023年，山东人又火了。

原来，内蒙古的一名网友在与山东网友“互换特产”后，收到了满满一箱的食物，有淄博烧烤、日照绿茶、香酥煎饼……充满特色的地域美食，也将山东人的厚道与真诚传向各方。网友们直呼：“果然是好客山东！没想到在呼伦贝尔吃上了淄博烧烤！”

“互换特产”活动在各大社交媒体上爆火，成为陌生人之间线上社交互动的新模式、新风潮。活动规则很简单，陌生网友先是通过网络进行约定，然后邮寄给对方自己的家乡特产。这样，每个人都能收到来自各地的礼物，品味不同地区的特色美食。

在交通便利、网购发达的当下，“互换特产”为何能让人“深深种草”？

“互换特产”：充满驿寄梅花、鱼传尺素的浪漫色彩

“互换特产”是以本地人视角“打开城市”的妙招，是陌生人对一方水土一方人的初印象。在地大物博、物产丰饶的中国，不同地方的不同特产琳琅满目，各类美食令人应接不暇，外地人难免会存在一些信息差，买到受当地人青睐的特产也并非易事。“互换特产”通过各地特产的流动与交换实现了互通有无，打开了陌生人认识家乡、品味家乡的新窗口，直接或间接地宣传展示了本土特色、文化民俗和精神风貌，所带来的广告效应对推进当地的乡村振兴、文旅复苏、文化交流等都有积极意义。

奇妙的食盒就像友谊信使，让素未谋面的网友之间相谈甚欢，颇具古人驿寄梅花、鱼传尺素的浪漫色彩。“互换特产”并非明码标价的市场交易，而是你来我往、投桃报李的社会交换。为陌生人装点心意、展现巧思的过程，打开盲盒、感受惊喜的体验，比之自购别有一番滋味。陌生人之间温暖和善意的互动，使双方被关注、被信任、被认同的心理获得了极大满足。

开盲盒：箱子里装的是馅饼还是陷阱

互换特产，换的是信任和真诚，但不是每一次互换特产的经历都很愉快。不少网友精心准备一番却没有换来友谊的小船，甚至成了待割的“韭菜”。

网红“胡老师”用自己收集的非遗作品去换网友当地的非遗作品，诚意满满寄出了价值逾千元的香薰炉，却收到网友寥寥两张宣纸；还

有网友寄出去几百元特产，却收到对方两包纸巾；更有甚者遭遇空手套白狼，寄出特产后被对方取关拉黑……“不按套路出牌”坏了“互换特产”的规矩，让恶意和套路满满的诈骗乘虚而入，给参与的网友造成了一定损失。

更为重要的是，这种无赖玩法还在一定程度上影响了一众网友打开心扉、积极社交的欲望，当代人对于弱关系社交的期待并未得到相应的温情补充。回报和期望不一致所带来的失落和差距，再加上存在隐私暴露的风险，更加强化了互联网时代下社交疏离，甚至会加剧公众对社会和陌生人的不信任感。

行稳致远：用真心和法律守护陌路诚意

“互换特产”固然浪漫，但由于这种网络交流模式刚刚兴起不久，各种规范运行监管体系尚不完善，更多依靠口头约定与个人的道德约束，用户隐蔽性较强，存在信任太少的窘境。因此，更需要在“特产交换圈”内部形成潜移默化的规则，用真心和法律守护难得的陌路诚意。

“真诚才是必杀技。”“互换特产”本着诚挚交流的出发点，以特产换取真心，以信任博得认可，陌生人之间难得的默契在你来我往之间悄然建立。在同网友进行“特产互换”时，要遵守彼此之间的约定，用真诚准备心意十足、也“新”意十足的特色产品，确保食品符合安全标准，同时做好个人信息保护，选择可靠平台进行交换，向远在山川之外的陌生人寄出特产包裹的同时，传递一份善意和温情，完成一次“不失礼貌”的愉悦体验。

用好法律武器避坑。要勇敢拿起法律武器制止“互换特产”活动中的耍赖行为。如果对方未按约定的时间同步邮寄特产，且不能给出合理解释，及时联系快递客服拦截己方快递；如果对方收到特产后根本未回寄，或邮寄的特产明显低于约定的价格范围，可通过投诉举报、诉讼等方式要求对方承担进一步履约、赔偿、退回特产等责任。同时，相关部门的监管以及平台自发的约束也不能缺位。

“互换特产”换的不仅是个人名片，也是家乡品牌。分享特产、推介家乡、寻求认同、传递温暖，“互换特产”的意义早就超过了物品本身的价值。在更加享受“人与网”互动的“Z世代”①青年人群中，“互换特产”所带来的正向价值和美妙体验更需要推广和复制，让特产包裹承载的善意和温情良性循环起来，沟通起网络的两端，打开陌生人交往互动的新方式。

---

① Z世代：网络流行语，指1995年至2009年出生的一代人。

追完“反腐大片”，
我们怎么理解“永远在路上”？

■ 惠铭生　董　婧

2024年1月，习近平总书记在二十届中央纪委三次全会上强调：“我们对反腐败斗争的新情况新动向要有清醒认识，对腐败问题产生的土壤和条件要有清醒认识，以永远在路上的坚韧和执着，精准发力、持续发力，坚决打赢反腐败斗争攻坚战持久战。”他指出，新征程反腐败斗争必须在铲除腐败问题产生的土壤和条件上持续发力、纵深推进。

与此同时，一部反映反腐败斗争的电视专题片——《持续发力　纵深推进》一经播出，就迅速掀起了“追剧”热潮。12个案例、170余人受访，“把车压得上不了地库斜坡”的22箱赃款、“成箱成箱的各种年份茅台酒”……每一个都可以直接上热搜的贪腐细节，引爆网友热议。

高喊“最恨踢假球”的李铁，当了教练就主动向俱乐部推销假球，行贿 300 万“上位”国足主教练。

陈戌源当选足协主席前一晚，就收了 60 万“拜码头”钱，任职期间收受多家俱乐部钱财，累计达数千万元。

大家为什么都在追这部反腐大片？它展现了落马官员怎样的心态？我们究竟该如何咂摸其中的深意？事实上，从《永远吹冲锋号》《零容忍》，到《正风反腐就在身边》《打铁还需自身硬》，这几年“反腐大片”每次播出，都会引发社会高度关注。尤其是在中央纪委全会召开之际，这样的片子总能引起人们很多思考。

案例是最好的教科书，也是最好的清醒剂。“大老虎”现身说法、亲口忏悔，巨大的贪腐金额与花样百出的运作手法，让人触目惊心。每一集都有鲜明的主题、最新的案例、多视角的剖析，这样一种“自揭家丑”的批评与自我批评，展现了我们党直面病灶、刮骨疗毒的勇气，彰显了全面从严治党向纵深推进、党的自我革命持续发力的坚定决心。而很多人之所以像追热播大剧一样，“等着看”“追着看”，也反映出群众对全面从严治党成效的认可，更饱含着公众对“永远在路上”的深切期待。

“反腐大片”是一堂生动的警示教育课。党的十八大以来，以习近平同志为核心的党中央惩治贪腐毫不手软，正风肃纪久久为功，各级纪检监察机关强力反腐、刚性执纪，印证了“全面从严治党永远在路上，党的自我革命永远在路上”绝不是空话。腐败是危害党的生命力和战斗力的最大毒瘤，反腐败是最彻底的自我革命。无论是“老虎”，还是“苍蝇”，只要是腐败行为，就必须“零容忍”。十年磨一剑，“反腐败斗争取得压倒性胜利并全面巩固，但形势依然严峻复杂”，从专题片披露的腐败案件细节中便可见一斑。

有的人打麻将只赢不输，麻将桌成了利益“输”送通道，作为

防火者，自己内心的“总防火阀”却出了问题；有的人和行贿者“密切交往”近40年，“兄弟”情谊变成赤裸裸的权钱交易；有的人脱离地方实际，举债1500亿元发展经济，只为给自己“捞政绩”；有的地方三任公安厅厅长大肆敛财，成了前“腐”后继的始作俑者、推波助澜者、兴风作浪者……鲜活的案例，无疑是让党员干部触动最直接、最有代入感的警示教育。“反腐大片”深挖腐败行为背后的思想蜕变过程，目的就是给那些潜在的蠢蠢欲动者、思想动摇者、心存侥幸者当头棒喝，警钟长鸣。

“反腐大片”也是一味最好的清醒剂。“人生都是现场直播，没有办法重来”“从小就痛恨贪官，到最后自己成了贪官”“防火者腐败，无异于纵火”“我是非常后悔的，还是要踏踏实实，也要走正路”……落马官员们在镜头前深刻反省、“金句”频出，虽悔之晚矣，却能让很多“边缘人”以之为鉴。

当前，腐败形式多样，花样不断翻新。传统腐败和新型腐败交织，贪腐行为更加隐蔽复杂。专题片第一集中有一句解说词，也让人印象深刻：“一些已经解决的问题有可能死灰复燃，一些新的问题还在不断出现。”

反腐败不仅仅是反对腐败干部，更重要的是深刻反思、清除滋生腐败的温床和土壤。个人对权力失去敬畏之心、制度对个人失去约束和监督功能，是腐败产生的两大重要原因。吉林省政协原副主席张晓霈“一个人能否廉洁自律最大的危险是自己，最难战胜的也是自己”的反省，国家能源投资集团原党组成员、副总经理李东“人的欲望闸门一旦打开，里头妖魔鬼怪控制不了”的觉悟，应急管理部消防救援局原党委委员、副局长张福生“说白了还是自己意志不坚定”的忏悔，无不促人清醒。

干部手中的权力是党和人民赋予的，是用来为人民服务的。如何把好用权“方向盘”，系好廉洁“安全带”，让“不敢腐”“不能腐”真正变为“不想腐”，值得所有党员干部深思。

在2024年的中央纪委全会上，习近平总书记把“坚持一体推进不敢腐、不能腐、不想腐”明确为新征程反腐败斗争的总要求。不敢腐、不能腐、不想腐一体推进，不想腐是根本。唯有筑牢思想根基，才能以高度的思想自觉引领行动自觉。

从集中开展党内教育，到加强廉洁文化建设，再到加强理想信念教育，近年来，济南全面盘点本地可承载廉洁文化教育的文物古迹、名人故居、清官廉吏、文艺作品、非遗技艺等资源，精心梳理和深入挖掘中华优秀传统文化中的廉洁元素，做大做强红色文化、泉水文化、黄河文化、名士文化、家风文化等“泉城清风”五大特色品牌，推动廉洁文化建设走深走实。

为此，济南举办了“泉城清风——济南市博物馆馆藏廉洁文化主题文物展”，推出了“泉城清风——济南历史人物廉洁文化展”，打造了“儒风素语”“黄河廉韵”为主题的廉洁文化主题地铁、“泉城清风”清廉公交专线、“廉润泉城”廉洁书屋、融合泉水文化和廉洁文化的网红打卡地等诸多沉浸式廉洁文化空间，厚植廉洁文化理念，不断淬炼自我革命锐利思想武器。

全面从严治党永远在路上，党的自我革命永远在路上。正如习近平总书记强调的，反腐败绝对不能回头、不能松懈、不能慈悲，必须永远吹冲锋号。

官媒“出圈”，别样输出“政能量”

王　静

近段时间，“向云端”“谁再胡说八道就给他一电炮”等BGM频繁出现在各大抖音官方媒体账号，迅速抓住了人们的眼球。本以为这是爱好者剪辑的“土味”视频，没想到竟然出自官方央媒。“‘00后’剪辑，‘90后’审核，‘80后’向‘70后’解释”，当“00后”管理起了官方账号，官媒集体变身为“整活”小能手。

前段时间闭幕的杭州亚运会，同样有年轻人花式“整活”，多首BGM持续出圈，网友直呼“没有一首BGM是白放的”。游泳馆里，千人合唱《千年等一回》“燃爆”全场；马龙出场时，现场播放《对你爱不完》；而中国台北对阵中国香港时，现场响起的《我的中国心》令人热泪盈眶；国足赛场响起的《最炫民族风》则让亚运会秒变演唱会。

二

在几年前，人们绝对难以想象这些“洗脑音乐”会与正经严肃的官方账号相结合。罗平警方将《铃芽之旅》与禁毒视频结合，成为网友口中的禁毒王者，交警版《宝贝在干吗》让更多的人了解到了酒驾的危害，博物馆版《宝贝在干吗》则让各种文物被大家所了解……这些官媒达到“出圈”的效果，带来了许多积极的效应。

加强链接群众。面对家长式说教，年轻人一般会带有抵触心理，而官方的“整活”作为一种主流媒体的潮流表达，善用新平台，会用新话语，在内容中融入潮流、网络热点，受到了大家的喜爱。当主流媒体放下姿态，迎上个性潮流，官媒与年轻人就会在这种互动中建立有趣、有效的交流方式，宣传效果就会拉满，实现年轻人与官媒的双向奔赴。

塑造传播效果。通俗易懂的语言模式加上喜感十足的配乐，这种风格有趣而不失威严，能抓住用户的眼球、引发共鸣，也能够更好地将相关知识和文化传播出去。只有强化互联网思维，创新内容形式，贴近大众关注的热点，运用大众最喜爱的表达，才能在内容繁杂、种类多样的信息海洋中挖掘出“流量密码”。

打破刻板印象。“之前感觉高不可攀，现在感觉就在身边。”各大官媒账号以更加趣味化、情感化、娱乐化的方式拉近了与大众的距离，颠覆了人们对以往官方宣传内容“不苟言笑”的严肃印象，获得了更多的认可和点赞，提升了官方账号的传播力、引导力、影响力和公信力。

二

“年轻人上岗，更懂年轻人。”“00 后”是有勇气、有朝气、有创造力的一代，他们以不同的方式展现着青春的风采，如今在舆论宣传工作中也大放异彩，而这，与他们生活的环境息息相关。

国家大力支持。为深入贯彻落实《中长期青年发展规划（2016—2025 年）》，中央宣传部、中央文明办等 17 部门联合印发《关于开展青年发展型城市建设试点的意见》，让城市对青年发展更友好，切实提升青年的获得感，以促进青年对城市发展更有为。

舆论环境宽容。数字化时代，人人都可以发声。“00 后”成长于互联网飞速发展的时代，国家的“清朗行动”也提供了相对净化的网络环境，让年轻人能发声、善发声、敢发声，不拘泥于传统，在舆论宣传领域不断创新和突破。比如，在以“评论区段子手”著称的“深

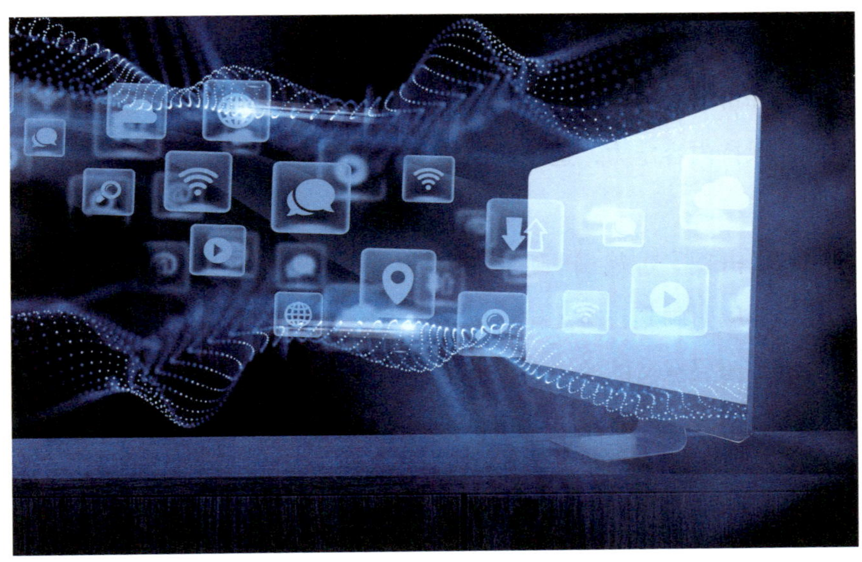

圳卫健委”公众号上，我们经常能看到小编在评论区与网友们精彩互动。这种环境让政务新媒体与群众建立了直接联系，用幽默化的情态表达为群众输送正确、有价值的信息。

文化自信增强。“00后”生长于祖国繁荣昌盛之时，物质的满足与高等教育的普及促使他们形成了高度的文化自信，前有“中国军工”的《给他一电炮》，后有“航天科工”的《向云端》，年轻媒体人“花式整活”，硬核喊话，彰显了新时代青年的志气、骨气、底气，更是他们爱国情怀的真实流露。

三

官方媒体肩负着弘扬主旋律、传播正能量的使命，在注重流量“出圈”的同时，也要着力破除唯流量论，不要为了追随热点而忘记初心。

内容为王，从流量至上向内容至上回归。高质量才能获得大流量，内容创作不能只搞“流量思维”，而是要突出精品引领，在“守正”中不断“创新”。在全媒体时代，浩如烟海的信息影响着大众的判断力和价值观，此时更需要官方媒体担当起新时代舆论工作的责任使命，保持内容定力，追求内容魅力，壮大主流思想舆论，扩大优质内容产能。

给“出圈”划范围，避免过度娱乐化。官方账号是官方的窗口，政务媒体应明确其自身定位，以政务为核心开展宣传，将注意力投入到对事件深层意义的挖掘和传递上，采用新颖、接地气的宣传方式，让话语表达兼顾严肃性与活泼性。

要提高政府公信力，更好地引导受众，坚持大局意识，有效净化舆论环境和文化生态，弘扬主旋律，传播正能量。在一些严肃议题上，媒体依然要坚守专业性和客观性，提供有深度和权威性的信息，避免对受众进行过分引导以及过度追求“眼球效应”所带来的泛娱乐化现象出现。在当下各类媒体紧跟热点、寻求破圈的趋势下，官媒更应该保持定力，保持娱乐与严肃的平衡点，成为具有强大影响力的媒体品牌。

主动求变，创新宣传语言讲法。宣传，简单来说就是讲故事。怎么把故事讲好，不仅要思考讲的方法，还要创新讲的渠道，重点思考如何以新应新、以变应变，用全新的语言系统营造舆论气场，满足群众的文化需求。

官方账号适度“皮一下”，花式融梗、卡点音乐等只是表现形式，核心是扎实的内容，回归的还是主责主业。在全媒体时代，必将会有更多的年轻声音呼唤正能量，并以多种多样的媒体形式，打上“潮”的标签，向全世界讲好精彩的中国故事。

文化“破圈”，找对“打开方式”是关键

■追　风

“原来短视频不止是一种娱乐方式”“在这里看到了中国社会和民族文化的鲜活缩影”……近期，央视频推出的《中国短视频大会》，口碑、热度持续上升。短视频创作者们也积极将“创新梦”融入中国梦，把对未来发展的美好期待与热切憧憬融于作品创作当中，构筑出讲述中国故事的全新视角。

近年来，文化类节目迭代升级，涌现出大批优秀作品。从呈现原创内容的《中国汉字听写大会》《汉字英雄》，到创新节目形态的《朗读者》《国家宝藏》，再到科技赋能、多维发力的《典籍里的中国》《中国短视频大会》，这些品质口碑皆优的节目对中华优秀传统文化进行了全新表达，推动了中华优秀传统文化的创造性转化和创新性发展，成为当之无愧的业界顶流。

在受众需求多元化、媒体深度融合发展的当下，文化类节目如何

找到新的“打开方式”、如何更加深入探寻文化肌理、如何更深刻地讲述中国故事，始终是值得探索的命题。

创 意

如今的文化类节目可谓百花齐放，访谈、朗诵、竞技、情景剧、真人秀、文艺表演、户外旅行等形式被广泛应用到节目中，诗词、古籍、文物、中医、美食、圣贤名士、历史故事、人文地理等内容也越来越丰富、专业。

最近，随着《中国短视频大会》系列赛道内容的陆续发出，更多短视频创意作品火爆全网。节目中，“这是 TA 的故事”创作者用生活感十足的镜头语言讲述中年夫妻爱情故事，引发网友对“父母爱情有多少种样子”的热烈讨论；“红胡子定格艺术”的创作者将毛毡制作艺术与定格动画相结合，引导观众走入别具一格的美食“视界”；“用具体食材表达抽象人生旅途”的创作者通过微观拍摄将“人间月”与“故乡情”“故乡味”紧密勾连，创新表达八方游子思乡情……

受互联网行业“降本增效”的影响和推动，短视频行业已经从粗放式的野蛮生长转向专业化的深耕细作，文化类节目也呈现“垂直深耕”的特点。越来越多的优秀文化类节目以更专业的内容创意和更丰富的形式创新，证明了深度探入中华文化肌理、深刻讲述中国故事依然大有可为。

比如，央视系列短视频《如果国宝会说话》，每集以五分钟时长介绍一个国宝背后所蕴含的往事，在轻松的“对话”中拉近了沉淀上千年的文物与受众的心理距离，实现了传统文化的“软着陆”；将古诗词与现代音乐相融合的节目《经典咏流传》的演唱片段《知否知否》，

更是获得超100万的点赞；聚焦古诗词的文化类节目《中国诗词大会》曾被称为“电视界的一股清流”，不仅唤醒了观众的诗心，更重燃了观众对中国传统文化的热爱，引发了“现象级”的全民热评，触发了舆论对“诗心与诗教”的深层思考。

随着题材向垂直细分领域拓展，把阳春白雪的文化类节目做成普通受众喜闻乐见的爆款产品，是节目创作者不断面临的挑战。各大主流媒体也紧紧抓住行业发展机遇，进入更专业、更深入、更有趣的内容探索阶段，在媒体融合发展的过程中，释放出更强的传播力、引导力、影响力和公信力。

“破　圈”

中华民族五千多年的历史文化博大精深，既拥有语言文字、文化典籍、文学艺术等有形物质文化，又兼容哲学宗教、道德伦理以及民族气质在内的无形精神文化。可以说，中华优秀传统文化为文化类节目“破圈”提供了丰富的底蕴支撑，为新时代文艺工作者提供了巨大的素材宝库。

“文化精髓胜过万语千言。”这也就不难理解，文化类节目“破圈”的背后，既是时代的机遇，更是文化的自信。《典籍里的中国》就很有代表性，其依托丰厚的中华优秀文化典籍讲好中国故事，通过创新的舞台演绎形式，把可视化的生动影像呈现给大众，让书写在典籍里的文字鲜活立体起来，多元化展现了典籍中所蕴含的中国文化和中国精神。

值得注意的是，随着年轻受众对文化类节目的时尚化追求日益强烈，越来越多的文化类节目开始把音乐、舞台剧、纪录片等流行元素与文化内容相融合，从而赋予这类节目“高而不冷”的标签属性。

比如以《唐宫夜宴》《洛神水赋》等为代表的新兴传统文化类节目，充分利用智能影像的技术优势，赋予传统文化全新的荧屏意境和奇妙的审美体验，有力触发了中华美学精神的艺术再现和文化基因的审美阐释，成为受众尤其是年轻一代喜爱的“新国潮”。再如，《中国短视频大会》中，“百万特效师”的创作者把3D技术化为锻造城市名片的新方法，用充满科技感的短视频，向世界展现中国作为“亚运主场”的亮丽风采和新一线城市的强劲发展动能。

这些硬核输出的基础，就是坚实的文化自信。而反过来，类似优秀节目又将中国故事融入艺术创作和当代生活方式中，开辟了中华优秀传统文化创造性转化和创新性发展的新路径。其成功之处在于，能够从历史长河中不断找到新的宝藏，并达到精神上的共振，不仅激活旺盛的文化需求、唤醒家国情怀，也更坚定了全社会文化自信自强的信念。

亲民化

党的十八大以来，以习近平同志为核心的党中央大力倡导弘扬中华优秀传统文化，为原创文化类节目的发展提供了政策引导，文化类节目随之进入发展的繁荣期。

为了避免内容同质化，让受众与文化的距离更加“亲近”，国内文化类节目早已不再扎堆于诗词、朗诵里，而是打起了差异化牌——

老牌文化类节目在维持原有品质基础上推陈出新。比如，《经典咏流传·正青春》在延续了“和诗以歌”的原创模式上全新升级，不仅唱响多首具有青春意涵的经典诗词，联动多个专业院团让专业性和艺术性得以突显，在传播上，也大小屏联动，通过“致敬经典 共唱青春”等合唱互动展现全民风采，在共鸣中实现“以美育人、以文化人”的目的，从而产生新知识、新情感和新格调。

一批文化类节目新品也因更接地气让人耳目一新。比如，以“人生三分之一的时间用于好好生活”为节目理念的《你好生活》，通过音乐、美食和美景，联系亲情、友情和青春，更有思想的火花、人生的感悟、励志的动能。最新一季的节目以办村晚为主线，主持人及嘉宾前往各地乡镇寻找创作灵感，发掘隐藏在乡野间的优秀作品及艺术人才，感受农村质朴天然的文艺氛围与热火朝天的文艺创作热情，为受众打开了解新农村的一个新视角。聊天真人秀节目《圆桌派》则开启全新的“谈论＋互动”节目模式，以平等的姿态和意识讲述当代人的现实困境，以名家观点碰撞持续输出前瞻观点和深刻见解，创造了网络时代的新型知识传播形式。

还有一批关注度高的老话题，以更加富有烟火气的味道呈现出来，延展了文化类节目的更多表达形式。以文化品格传承节目《我们的师父》为例，4位年轻艺人组成“拜师团”，走访不同领域的大师，与前辈们共同生活，开展人生课外辅导，从而树立积极向上的人生观。节目将文化传承与时下最流行的观察类节目相结合，开辟了一个全新的综艺新题材——师徒关系。

文化表达的目的，是把文化知识以喜闻乐见的形式呈现给受众。可以看到，这些文化类节目均以独到的切入口为受众呈现了文化综艺在诗词、阅读、古籍以外的更多可能，其优秀的价值理念和叙事题材也进一步丰富了中国故事的文本内容。而“亲民化”“文化+”的特点，则不断拓宽着文化类节目的受众范围，延展了文化类节目的边界，让文化真正“活了起来”。

竞　争

在文化产业大发展的背景下，文化类节目同样面临市场竞争加剧的现状。如何找准对的“打开方式”，探索出一条差异化突围、贴合受众喜好的文化类节目创新路径就显得尤为重要。

守正创新是让传统文化焕发新活力的有效途径。近年来，围绕“国潮”打造的文娱节目不断涌现，已成趋势，但应当避免套着历史文化外衣的“乱解读”现象，要更加注重深挖传统文化的内涵，做到文化底蕴高于节目形式。

优质内容是传递积极态度、促进整个行业正向发展的基础。当前，网络用户结构的全民化使网络社会对文化类节目具有高质量、多样化的需求。由此，文化类节目必将迎来内容形态逐渐丰富、产品日益创新的生态格局，同时也将迎来内容建设、内容治理等新挑战。而无论如何，“一个故事好过一打道理”的内容创作法则始终适用，那就是充分利用开发稀缺独有的优质文化资源，深挖文化内涵，让节目更具高级感、沉浸感、代入感。

重视受众需求是提升节目品牌影响力、实现节目“长红”的关键。文化类节目应当结合自身定位，更加关注适配受众群体的需求变化，更加关注青少年、中老年等受众群体的多元需求，挖掘各年龄层的受众价值和潜在发展空间，提升内容价值、创新内容产品、拓展运营模式，进一步提高节目的连接性、互动性、精准性和受众黏性。

文化类节目的形态创新离不开科技的助力。文化类节目的选题越来越专业，对节目形态提出了更高要求。近年来，VR（虚拟现实）、XR（扩展现实）、裸眼 3D、全息扫描等数字媒体技术在节目中的大量运用，让典籍、文物等文化载体变得可视、可听甚至可感、可触。而更多可能性的诞生、更新颖的场景营造模式、更好的受众体验，仍需要技术革新进步的持续赋能。从积极的角度看，数字技术的进步和媒体融合的环境将为文化类节目创新开辟新的发展空间。

媒体融合传播是放大节目传播力和社会影响力的重要手段。近年来，新媒体行业迅猛发展，通过借助新媒体渠道碎片化、事件化、社交化的传播方式，更多样的文化类节目信息在网络社群中扩散、延宕，让那些直抵人心的文化内容获得更广泛的受众面。因此，现代语境下传统文化的有效传播，除了要有优秀的节目制作，还需要发挥多媒体的传播优势。

面对未来挑战，谁能一路披荆斩棘、乘风破浪，从占据一时“风口”变成把握长久的“风向”？一句话，内容创意是软实力，产品技术是硬实力，二者的结合才是文化类节目的核心竞争力。

“读屏”时代，我们为什么还爱纸质阅读？

■ 林江丽

读书之乐乐无穷，春夏秋冬乐其中。

无论是学习提升，抑或是丰富精神文化生活，又或是休闲消遣，读书自古便是最佳选择之一。

科技的快速发展对阅读产生了巨大的影响，多样化媒介让阅读方式有了更多选择，也带来了不同的阅读体验。

“读屏”时代，对于纸质阅读，我们为什么还有着更多坚持和热爱？

纸质阅读，仍是读书的首选

从电脑网络在线阅读，到电子阅读器阅读、PAD（平板电脑）阅读、手机阅读，甚至听书、视频讲书……随着技术快速迭代升级，承载内容的媒介也愈发丰富，塑造出不同的阅读方式。

自1999年起至今，中国新闻出版研究院持续组织实施全国国民阅读调查，从其公布的数据能够更好地感受到阅读的变化。

2023年最新发布的第二十次全国国民阅读调查结果显示，2022年我国成年国民各媒介综合阅读为81.8%，图书阅读率为59.8%，数字化阅读方式的接触率为80.1%，手机移动阅读成为数字化阅读方式的主要形式。而第十次全国国民阅读调查显示，2012年我国成年国民各种媒介综合阅读率为76.3%，图书阅读率为54.9%，数字化阅读方式的接触率为40.3%。

通过数据对比能看出，十年间，我国成年国民各媒介综合阅读率持续稳定增长，图书阅读率和数字化阅读方式的接触率都在增长，只不过后者增幅要更大。

不可否认，在互联网“读屏”时代，因为便捷、容载量大等特点，数字化阅读已成为人们获取信息的重要方式之一。

多元化阅读方式在稀释着不同阅读方式的占比，但并不意味着纸质阅读的消失。

纸质阅读，依旧是人们读书的第一选择

第二十次全国国民阅读调查结果显示，在成年国民倾向的阅读方式中，“拿一本纸质图书阅读”占比最高，为45.5%，也就是近半数的人在选择阅读时还是更青睐纸质阅读。2022年我国成年国民人均纸质图书阅读量为4.78本，高于2021年的4.76本；人均电子书阅读量为3.33本，高于2021年的3.30本。

一场场图书盛会，也用有力的数据证明着纸质阅读的魅力。

2023年，在济南举行的第三十一届全国图书交易博览会上，约亲友结伴选书、淘书，"成摞成摞"买书，行李箱、小拖车齐上阵，收银台前人潮涌动……这一幕幕火爆场面，不仅释放着泉城人的爱书热情，也展现着人们对于纸质阅读的青睐。

为期5天的交易博览会，吸引了全国各地1700多家出版印刷发行单位参展，共展出各类出版物76万余种，总交易额达8.6亿元，吸引读者80余万人次，各项数据再创新高。

在2023年年初举办的第三十五届北京图书订货会分会场暨首届济南书市上，现场零售约37.3万册(套)，销售交易额共计约6000万元，吸引读者10余万人次，实现了经济效益和社会效益双丰收。

图书盛宴点燃着全民阅读热情，背后更隐藏着市民对于以纸质阅读为代表的精神文化的"求知若渴"。

捧起一本纸质书，有着太多美好

数字化阅读方式如此便捷，为什么我们还爱着纸质阅读?

选择纸质阅读，并不是故步自封的守旧情怀，而是因为其中有太多美好的感受让人难以割舍。

纸质阅读有着独特的气场，可以说是自带氛围感和体验感。无论是午后斜阳中的品茗赏读，还是静夜青灯下的掩卷长思，即使在"读屏"时代，"捧起一本纸质书"依旧是公认体验感最好的阅读，将阅读仪式感拉满，更容易让读书人进入沉浸式阅读中。

纸质阅读带来的互动，隐藏在选书、看书、藏书等不同的场景中。尤其当我们捧起一本书，或是一页页翻开仔细研读，或是浏览式快速翻阅——书本的重量压在手上，油墨纸张形成的书香弥漫，读书人的视觉、嗅觉、触觉、听觉等感官都被充分激发，形成更为深沉的阅读交互感。

和无形的数字相比，拥有实体的纸质图书更容易让人对阅读有确定感，也更容易“信服”内容，“白纸黑字”“签字画押”也是这种确定感的展现。在阅读情感中，纸质阅读还能更好地满足个性化需求。因厚度、材质、字体、开本甚至保存时间等元素不同，纸质图书呈现着不同的形态，尤其是现代装帧设计让一些优质图书自身就成为艺术的展现，为内容赋能增值。无论是多年前夹在书中的一片树叶，还是曾经在书上的写写画画，还有各种精美的书签，都与阅读中的记忆一起赋予这本书对于读书人的独一性。而电子阅读中，这些承载着阅读情感的元素都消失不见，成为千篇一律的冰冷数字展现。

书籍是人类进步的阶梯。对于个人来说，读书可以博览古今、汲取智慧、开阔视野、学习技能、积累经验，对于认知能力和文化涵养的提升有着重要作用。与屏幕的不稳定闪现状态相比，印刷成形的纸

质版图书，在精阅读、深阅读和长阅读方面具有无可替代的作用，也更能让人沉下心阅读。

在阅读过程中，电子屏容易带来视觉疲劳。国家印发的《综合防控儿童青少年近视实施方案》明确提出控制电子产品使用，学校使用电子产品开展教学时长原则上不超过教学总时长的30%，原则上采用纸质作业。这也不难理解，对于接触各种电子产品成长起来的“数字原住民”，自小也需要浸润在纸质阅读中。

不难看出，纸质阅读在促进阅读中有着数字阅读无法替代的独特作用。这，也是我们选择纸质阅读的原因。

在济南，无法不爱阅读

纸质阅读，对于我们，还有着刻入骨子里的基因。

中国古代四大发明中，就有两个与纸密不可分，那就是造纸术和印刷术。

济南自古就是书城，阅读的承继和氛围尤为浓厚。

这是一座“有传承”的“爱阅之城”。从伏生冒死壁藏《尚书》，教之齐鲁，传之后世，到宋代李清照和赵明诚“赌书泼茶”；从明清时期济南成为山东最大的图书市场，再到中国第一个公共图书馆——济南藉书园。作为国家历史文化名城，“海右此亭古，济南名士多”的泉城爱书，更乐书。

这是一座“可沉浸”的“爱阅之城”。以图书馆为主体，以图书馆分馆、农家书屋、社区书屋、城市书房、新华书店等阅读设施为载体的“五位一体”模式形成合力，推动了济南全民阅读迈向深入。截至2022年，济南已累计建成图书馆、图书馆分馆、图书流动站394个，建设社区图书馆室800个、农家书屋4482个，再加上如今已建成的45家泉城书房等多样化阅读空间，济南的阅读体系更为便捷、畅通。阅读的触角延伸到了城市的每一个角落，用一座城打造的完善阅读空间为读书人提供了更多美好的沉浸阅读体验。

这是一座“可参与”的阅读之城。济南连续举办13届“书香泉城”全民阅读节，创新推出“泉民荐读”“泉民悦读”“泉民共读”“泉民夜读”“泉民典读”“泉民畅读”六大行动，推动各种有关系列活动贯穿全年，引领社会阅读风尚，还不断拓展阅读的外延，举办更多融合性、沉浸式、立体化的阅读推广活动让书香满泉城，吸引更多人参与其中，在交流中尽享阅读带来的充实和快乐。坚实的文化产业基础更为阅读提供着无形的支撑，驻济的大型出版机构已达到15家，济南出版产业集群被评为“山东省十强产业雁阵形集群”。可以说，只要你愿意，随时都可以在这座城以书会友、以书论道。

阅读，在这座城已逐渐成为公众的文化习惯和生活方式。央视财经频道2022—2023年度《中国美好生活大调查》显示，36个大中城市中，最爱看书的五个城市是济南、宁波、厦门、大连和拉萨，济南排第一。而济南人业余休闲时间阅读学习比例为27.73%，高出全国平均水平4个百分点。

在济南，爱读书、读好书、善读书的浓厚氛围沁润全城，在沉淀中承载文化传承，凝聚着这座城市的情怀，推进城市软实力稳步提升，让这座城有着强劲的精神张力和澎湃的发展活力。

自是书香恒久远，唯有书香最醉人。

无论何时，开卷读书，都是最好时。浸润着泉城书香，期待与你一起捧起书本、沉醉其中。

『泉』域风采

QUANYUFENGCAI

历下亭 古今情

亓 峰

在济南有一座不甚高大华美的亭子，却有无数仁人志士先后“打卡”，亭内走过了郦道元、杜甫、蒲松龄等数不尽的文人墨客。1300年来，这座以“历下”而名的亭，组的都是高端局，而它披地名之誉、享千载风华的开端，源于与“诗圣”杜甫的一场邂逅……

一

大唐天宝四年（745）夏，诗人杜甫到临邑（今德州临邑县）看望时任主簿的弟弟杜颖，顺道游历济南，恰逢北海郡（今山东青州）太守李邕也在济南。

李邕是当时的书法大家，行书冠绝天下，并以品行刚正、直言进谏闻名。这一年，李邕已是67岁，誉满天下，而33岁的杜甫还是一介布衣。

尽管两人年龄、辈分、地位相差甚远，却已是故交。早年，两人在东都洛阳相识，李邕爱杜甫之才，对他颇为欣赏。此番济南相逢，可谓“他乡遇故知”，分外亲切。

这一晚，时任齐州司马的李之芳在历下亭宴饮宾客。席间，觥筹交错，把酒言欢，心情甚好的杜甫挥毫赋诗，便有了《陪李北海宴历下亭》：

东藩驻皂盖，北渚凌青荷。
海右此亭古，济南名士多。
云山已发兴，玉佩仍当歌。
修竹不受暑，交流空涌波。
蕴真惬所遇，落日将如何。
贵贱俱物役，从公难重过。

这首五言六韵的排律，描述了历下亭的位置，夸赞了李邕的威仪，称赞宴会的客人皆为济南名士，还诞生了这句传唱千年的城市 slogan（口号）“海右此亭古，济南名士多”。

杜甫最后一句“贵贱俱物役，从公难重过”，意思是人生在世，不论贵贱，皆被各类事物所驱使，以后或许再难有如今这般随您游赏宴饮的美好时光了吧。诗人的些许感慨，仅两年之后竟一语成谶。

天宝六年（747），李邕被当时的宰相李林甫杖杀，亭中欢宴成为千古绝唱。

永泰二年（766），刚刚经历过安史之乱的杜甫已是 54 岁的老人。忆往昔，他挥笔写下组诗《八哀诗》，其中一首是写给早已过世的李邕的，“伊昔临淄亭，酒酣托末契”（天宝年间齐州曾改名临淄，因此临淄亭即历下亭）。午夜梦回时分，诗人一定常常忆起历下亭中宴饮的那晚，欢聚畅谈，开怀畅饮，何等洒脱。如今，时移世易，一切已成过眼云烟。

历下亭，深深烙印进了诗人的生命里，并幻化成一块强力的文化磁石，吸引着天下饱学之士纷至沓来。

二

今天，乘游船在水波荡漾中至大明湖东南隅小岛，岛中央的历下亭八柱矗立，斗拱承托，八角重檐，与周边的湖光水色融为一体，颇有韵味。

可事实上，这并不是当年李杜宴饮的历下亭。千年时光中，历下亭的位置随它的命运几经浮沉变迁。

根据北魏郦道元《水经注》记载，后人推断历下亭或为老城西北的“客亭”，是官府为迎接宾客所建的馆舍，具体位置应该是在今天的五龙潭附近。到天宝年间杜甫来济，至少已有300多年历史，难怪诗圣要说“海右此亭古”了。

到了唐末，历下亭逐渐废圮。后又历经宋、金、元、明、清朝代更迭，历下亭几兴几废，直到清康熙三十二年（1693），山东盐运使李兴祖购买乡绅艾氏地产于大明湖重建历下亭，也就是现在我们看到的历下亭了。它的规模比过去宏大，坐北朝南，颜额“古历亭”。

竣工后，又在亭西建轩宇三间，亭西大明湖水域天光水色一片蔚蓝，故名“蔚蓝轩”。北面五间为“名士轩”，匾额为1911年清末书法家朱庆元所书，抱柱楹联则是文学家郭沫若所题写。轩内西壁嵌有李邕、杜甫以及众多济南名士的石刻画像，供世人瞻仰膜拜。

清乾隆十三年（1748），乾隆皇帝游历济南，作游历下亭诗三首。亭中矗立一通乾隆皇帝撰并书的御碑，亭前横卧石碑上所刻“历下亭”三字，也出自乾隆之手。

三

一座亭，因其独特的文化脉络和审美，成为中国文人最钟爱的建筑，承载着丰富的文化和精神内涵。它所构建出的物质空间形态，往往成为促成集体回忆与社会认同的重要形式。正是由于记忆的存在，各地的亭才因其当地所特有的物质结构与社会文化的演变，最终表现出独特的风貌与形象。

从李白“春风拂槛露华浓”“沉香亭北倚阑干”的雍容美好，到柳永“无言谁会凭栏意”的忧郁惆怅，再到岳飞的“怒发冲冠凭栏处”

的悲壮。亭，似乎成了一种文学意象和建筑实体的结合，承载了我国千年以来文人名士们的各种情感寄托。

历下亭之于济南，正如醉翁亭之于滁州、爱晚亭之于长沙，水天一色，湖心一亭，物我交融，不仅有造型之美，更有文化意境之美。

“诗圣”杜甫一句神来之笔，开启了历代文人对海右古亭的遐想与追慕。历经千年，历下亭的位置几经变迁，可是它的名字，以及承载着当年李杜宴饮的高亢篇章，跨越唐宋山川，照过明清日月，直到今天仍长盛不衰！

重现昔日“芳华”，百年商埠再“上新”

张晓莉

一座老商埠，半部济南近代史。历经风云的老商埠记录了济南近代商业文明，见证了泉城百年历史沉浮。穿越悠悠时光，百年商埠正以其独有的方式重现昔日“芳华”。

保留文保建筑，打造时尚潮流聚集地

以“复兴与超越”为开发理念，2017 年全新亮相的融汇老商埠在一定程度上复兴了百年前商埠区的历史风貌和繁荣景象，是一条兼具文化传承、旅游观光、商业功能的百年商埠风情商街。

2023 年 2 月，济南市城投集团对商埠区城市更新一期项目进行了全面推介，并获取两家银行现场签约授信 120 亿元，老商埠区域再迎发展新机遇。根据规划，商埠区文保、历史建筑都将予以保留更新，重点引进特色酒店、民宿、文化创意展示、休闲体验等业态，打造商埠区特色风貌带。

具体而言，济南宾馆客房楼保留，周边区域打造复合型活力街区；始建于1904年的中山公园，将通过“透绿建绿”与“建筑提升”等手段恢复应有功能，同时皇宫照相馆、经三路历史建筑群等文保、历史建筑都将予以保留；经四小纬二项目包含小广寒电影院、德国诊所旧址、英美烟草公司旧址、建德里等，东片区依托文保建筑打造文化展示街区，西片区在保留现有格局的基础上，打造传统精品合院，充分彰显历史文化核心价值；万紫巷引进文创、民俗产业，变身时尚潮流聚集地。

多次浪漫“出圈”，展现商埠旺盛生命力

玫瑰瀑布、爱心斑马线、夹心胡同、巨型玫瑰熊、丘比特爱心墙……近两年，老商埠已成为年轻人心目中不可取代的网红打卡地。

“你可以永远相信济南经三路的浪漫”“恋爱主题商业街区‘现身’济南”“济南经三路太会了”……围绕老商埠的话题频繁登上热搜同城榜，老商埠正以焕然一新的姿态展现出旺盛的生命力，成为成功“出圈”的典型。

年轻人用一张张照片、一段段视频记录自己与老城的时光，而老城新风景通过他们传播给了更多对济南有新期待的人们，越来越多人通过老商埠认识了济南，爱上了属于济南的浪漫。人气火爆的背后，是城市品质和文化软实力的提升，一个更加开放、包容、时尚、浪漫的济南正跃然眼前。

提升科技赋能，扩大商埠品牌影响力

老商埠是除了主打泉水和老街巷的古城区之外，最能体现老济南历史文化的地方。以百年老商埠为代表的商埠文化，激励着一代又一代济南人敢为人先、开拓创新。

为加快商埠区历史建筑活化利用，2023 年济南市市中区启动百年商埠数字孪生工程，探索文保、历史建筑产权置换及归拢，推进文、旅、产、居有机融合，着力提升历史街区文化品质。

此外，市中区已推出“济南商埠老建筑红色文博研学之旅”研学品牌，其设计线路囊括了百年商埠老建筑、多种类型的博物馆以及百年老字号等载体和文化脉络。在此基础上，市中区正积极开发文创产品，拓展研学体验线路，启动实施“胶济 1899 时光列车”文旅项目，不断扩大商埠文化品牌影响力。

岁月流转，日新月异，老商埠的传奇从未停止。这里的历史文化有古有今，这里的商业氛围海纳百川。走在商业转型前沿的老商埠，已找到了发展的独特路径。

“理响满槐”的“圈粉”密码

■ 刘　鹏

“银辉讲堂”在黑板报前开讲啦!

“郝书记的板报办得好啊，言简意赅，大气美观，内容丰富，既能传递党的二十大精神，又是我们这条街上亮丽的文化风景。”说起板报，老党员薛德源赞不绝口。

在槐荫区营市街街道营市东街社区，郝祥云被称为“板报爷爷”，20年来他不计报酬，精心耕耘，通过黑板报向社区居民群众宣传党的政策。如今，在街道党工委的支持下，黑板报前的“银辉讲堂”已经成为广受周边居民群众欢迎的理论宣讲阵地。

不只在黑板报前，还在机关、社区、企业、学校里，群众在哪里，“理响满槐”理论宣讲就走到哪里。

品牌 IP 营势“破圈”

“让党的创新理论响彻槐荫大地！”

2022 年 6 月，在迎接党的二十大胜利召开之际，槐荫区创立“理响满槐”理论宣讲品牌。

一年来，“习润槐荫”“匠心聚能”“青听理想”“美美予槐”“思涌校园”“初心致远”等十余支区级宣讲队伍、两百余名宣讲员，紧跟时代节拍，深入基层一线，传播党的声音。

理论创新每前进一步，理论武装就要跟进一步。“党的二十大科学谋划了未来一个时期党和国家事业发展的目标任务和大政方针，擘画了以中国式现代化全面推进中华民族伟大复兴的宏伟蓝图。”党的二十大胜利闭幕后，“习润槐荫”宣讲队成员、区委党校讲师崔晓艳深入各单位，第一时间将党的二十大精神送到基层。“崔老师的宣讲就像及时雨，帮助我们更加准确地把握了党的二十大报告提出的重要论断。”机关干部冯启震表示。

“学习雷锋，始于足下。在平平凡凡、点点滴滴的生活小事中奉献生命的余热，这就是刘跃诠释的雷锋精神。”“思涌校园”宣讲队成员、西堡小学教师王珂来到美里新居新时代文明实践站，以宣讲推动新时代美德健康生活，动情讲述全国优秀教师刘跃的故事，深深地打动了社区党员群众。

“回首自己走来的路，对美好的向往和对梦想的追求成就了现在的我。”在“五支队伍进校园”宣讲现场，“青听理想”宣讲队成员、励志女孩丁姣用积极向上、幽默风趣的语言讲述自己的人生经历和感悟，台下的少先队员们时而为丁姣姐姐的不幸遭遇而难过，时而为丁姣姐姐实现梦想而喝彩。

一场场理论宣讲传递着时代新声，一次次真情互动汇聚起奋进力量。

破“固化思维”、立“品牌定位”、强“穿透引导”，“理响满槐”以“破”为径，以品牌化创新理论为指导，构建全领域、广覆盖的大宣讲格局，探索出了基层理论宣讲实践的新路径。

宣讲新场景沉海“出圈”

“酒香也怕巷子深。”

在网络信息膨胀式发展的时代，如何将宣讲阵地下沉到群众身边、拉近与群众的距离和感情、去争夺群众思想的蓝海，是基层宣讲破题“出圈”的关键点。

冲破宣讲的固有场景，需要去挖掘新的场景。2023 年 5 月 24 日，青年公园街道“小院茶馆”里坐满了前来听宣讲的群众，街道特聘宣讲员、山东教育电视台融合创新发展中心副主任何蕾为大家分享红色家风故事，倡导大家将爱家和爱国统一起来，把实现家庭梦融入民族梦之中。“小院茶馆”不仅仅是理论学习的主阵地，更是讲好百姓故事的主战

场。街道党工委副书记赵法同表示，我们通过新颖生动的形式，吸引更多群众走进来，让小院真正成为团结教育引导群众的精神家园。

受众在哪里，宣讲就送到哪里。录制宣讲视频、“云”宣讲展播、手机视频宣讲报告会……槐荫区百姓宣讲视频点击观看总量达到45万人次。无论群众身在何处，只要有网络，就能随时收看收听到“理响满槐”的宣讲。通过“线上+线下”宣讲形式，让党的创新理论触“屏”可及，在“云端”广泛传播。

“党章是面镜，党章是把尺，要把学党章落实到日常生活中，落实到为民办实事中，为建设我们的幸福家园共同努力。”在营市街街道凯旋新城社区，社区党委书记马朝霞正与党员群众开展“葡萄藤下上党课”宣讲活动。每年立夏以后，大家都喜欢聚拢在葡萄藤连廊消暑纳凉，我们就把学习点设立在这里，在聊家常中把政策“讲透”，把纠纷“化解”，一树葡萄藤架起干群连心桥。

“小院茶馆”“云课堂”“强国聊吧”“马扎党课”等一批批“小、快、灵”的全新宣讲形式彰显了基层智慧，将党的理论、惠民政策、凡人善举等好声音送到群众身边，打通了理论服务群众的“最后一米”，实现了“理响满槐”品牌裂变、“出圈”更出彩。

群众语言吸粉“扩圈”

宣讲是一门用小故事讲活大道理的艺术。

乏味的既定输送难以让群众产生共鸣，宣讲员只有既讲好“普通话”，又讲好“群众语言”，才能被群众所接受，才能实现春风化雨、润物无声的宣传效果。

“信托制物业服务就是要让居民有自主权利，实现业主权益和公共利益的最大化，符合党的二十大报告提出的健全城乡社区治理体系要求。"中大槐树街道裕园社区党委书记刘云香话音刚落，全场顿时响起了热烈的掌声。"参与小区治理工作的居民更多了，小区环境变得更好了。"谈起社区刘书记，居民们纷纷称赞。他以宣讲共商共议邻里"心头事"，讲出了社区治理"大道理"。

党的创新理论不仅能讲出来，也能唱出来、演出来。"山泉湖河美如画，黄河流域中心点，抢抓优势促发展，它就是美丽的泉城新济南……"非遗传承人、槐荫区文化馆馆员刘亚伟用快板曲艺的形式唱出省会济南新变化，将党的政策方针和理论知识编到唱词当中，丰富了传统文化的时代表达，深受广大群众喜爱。

"姊妹们架桥！""三四十个妇女扛着门板，一个接着一个跳进湍急的河流里，她们用自己稚嫩而又柔弱的肩膀扛起了门板，一座壮丽的人桥架起来了。"2023 年 5 月 19 日，营市街街道绿园社区联合山东老干部之家朗诵团举办舞台上的宣讲，诗歌朗诵《沂蒙火线桥》将人们带回那段烽火岁月。情景剧《一双布鞋》《班佑河边的雕像》、女声独唱《我爱你中国》等节目以文艺的形式传承红色基因，现场群众深受感染，沉浸在对历史的追忆中。

风乍起，吹皱一池春水。

唯有找准理论与群众交互的共鸣点，打破形式和场地限制的小众圈层，理论服务才能暖民心、得人心，才能面向更多元、更丰富的大众圈层。源于群众、走进群众，这是"理响满槐"理论宣讲的出发点，也是落脚点。

百年天桥 如约未来

■ 高家涛

如果想要探寻近代以来济南的发展脉络，拥有百年历史的天桥是绝佳的“见证者”。

始建于清朝末年的天桥，是济南第一座大型跨铁路立交桥。伴随着胶济铁路、津浦铁路相继开通以及自主开埠，济南开启了现代化进程，一跃成为全国重要的工商业城市。

横跨津浦、胶济铁路，上“公”下“铁”，老天桥不仅见证了济南的开放与发展，还是当时城区的一条重要通道。历经后期的拆除重建、拓宽改造，新天桥更是完全打通了老城区南北交通，成为济南著名地标。

天桥区，因天桥而得名。恰如百年天桥的历史变迁，作为济南近代工业发源地，天桥区迎来了沧桑巨变。近年来，伴随着黄河重大国家战略、新旧动能转换起步区等战略红利相继落地，天桥区发展更是一日千里。

2023 年 7 月 5 日，“如约天桥”全媒体宣传活动启动，向外界展示出天桥区传统与现代、历史与活力融汇的独特魅力。

历史底蕴

提起天桥，不少人的第一印象是工商业发达。作为近代济南开埠之地，天桥区也是省城老工业基地，产业门类齐全，工商资本活跃。这里曾经诞生了众多济南“第一”。比如，1909 年，济南第一家机制造纸企业泺源造纸厂在此开办；1921 年，成丰面粉厂从美国引进当时世界上最先进的钢磨等设备，开创了济南生产“机制面粉”的先河。在新中国成立之后，天桥区更是成为济南市的工业密集区，纺织业、印染业、造纸业、化工业、粮油加工业等门类繁多，各成规模。

不过，天桥在历史上所拥有的不仅仅是“工商”。

这里还有灿若星河的红色文化。中共一大代表王尽美与邓恩铭雕像纪念广场、“泺口九烈士”纪念碑、中共济南乡师党支部、中

共济南市委重建纪念地，以及中共山东省委秘书处旧址等红色印迹均坐落于天桥区，让这里成为真正的红色之区。百年以来，革命先烈的崇高精神激励着一代又一代天桥人奋进拼搏、不断前行。

这里有熠熠生辉的人文历史。相传在殷商时期，已有氏族部落在此居住。唐时，杜甫在五龙潭畔留下传世之作《陪李北海宴历下亭》。诗中有名句："海右此亭古，济南名士多。云山已发兴，玉佩仍当歌。"其中的"云山"，就是今天的药山。另外，天桥还是秦琼故里，名医扁鹊、元曲大家张养浩的墓葬也坐落于此。

这里有山清水秀的生态环境。天桥区山水相映，钟灵毓秀，"齐烟九点"中有6座山体位于此地，其中的鹊山更因一幅《鹊华秋色图》名扬海内外。此外，黄河、小清河等24条河流在此穿城而过，"济南72名泉"中有12处在天桥，"四大泉群"的泉水都汇聚于此。天桥区还拥有龙湖湿地、云锦湖等湖面2300余亩，水域面积占济南市的1/3以上。

独特的自然禀赋、深厚的历史底蕴、繁荣的经济活力，共同造就了今天"开放、包容、诚信、图强"的天桥精神，也为天桥区在新时代实现跨越发展奠定了基础。

沧桑巨变

近年来，天桥区经济步入高质量发展阶段，一幅新时代社会主义现代化强区的崭新画卷在加速铺展。

激活商贸活力。近年来，天桥区相继出台惠企政策，积极推动传统商贸、专业市场、特色商业街区提质升级，万虹中心、金牛建材等商业载体加快建设，济南堤口果品批发市场、山东通讯城入选山东省商品市场转型升级十大示范基地，“工商天桥”活力再现。

重塑产业辉煌。传统产业加快升级，全区高新技术产业产值占规模以上工业总产值比重达到67%。新兴产业竞相发展，新型功能材料、智能制造装备产业加快集聚发展，规模以上工业总产值和营业收入均突破百亿元。聚力打造黄台电商产业园、凤凰山产业园等标杆产业基地，产业转型升级的步伐不断提速，持续释放充沛动能。

提升城市品质。积极构建大片区开发、大项目引领、大力度投入的城市新格局。与此同时，以文明城市创建、卫生城市复审为抓手，加强城市精细化管理。仅2023年，天桥区新增绿地1.4万平方米、绿道4.5公里、城市公园5个，城区面貌焕然一新。

如约未来

百年前，老天桥由铁路而生；如今，新天桥因时代而变。新老天桥镌刻着城市记忆，也将见证更加美好的未来。

当前的天桥区迈入了产业转型升级的突破期、城市战略能级提升的加速期，提速高质量发展、加快建设新时代社会主义现代化强区，时已至，势已成。

信心，来自交汇叠加的战略机遇。作为济南市唯一一个地跨黄河两岸的中心城区，天桥区是济南新旧动能转换起步区建设的重要一极。随着黄河重大国家战略深入实施、“强省会”战略持续深化，天桥区迎来了千载难逢的发展机遇。

信心，来自对时势与机遇的精准把握。积极融入重大国家战略、推动经济社会高质量发展，天桥区坚持两岸呼应、协同发展，明确了“新型制造业组团、现代农业组团、高科技发展组团、高端服务业发展组团、商贸发展组团”等五个重点区域的产业定位，致力打造多点支撑、板块联动、功能完备的产业平台，为区域高质量发展厚植优势、积蓄动能。

信心，还来自拼的劲头、干的作风。不管是经济发展还是城市更新，最终要靠担当实干、作风优良的干部队伍来实现。天桥区提出了“强基层、强作风、强能力”的三年行动，伴随着以问题为导向、一体化推进“三强”行动，做实基层基础、促进作风转变、提升能力素质，天桥各项工作也将迎来崭新局面。

在“如约天桥”全媒体宣传活动启动仪式上，天桥区委书记孙战宇说，在这个充满生机和希望的季节，我们如约而至，共同见证“如约天桥”全媒体活动的启动，也诚邀社会各界朋友到天桥来观光游览、投资兴业，区委、区政府也将持续提升城市形象，改善民生福祉，让更多人了解天桥、爱上天桥、落户天桥，共同创造更美好的明天！

百年天桥，如约未来！

济南姑娘，站上世界之巅

■ 蜗　牛

超燃青春，逐梦赛场；七战七胜，为国夺冠！

2023 年北京时间 7 月 29 日凌晨，在摩洛哥首都拉巴特，山东济南历城二中女足 2∶1 战胜河北保定一中女足，取得世界中学生足球

锦标赛冠军！两支中国代表队获得比赛冠亚军，也实现了历届比赛中国队历史性突破！

一群平均年龄仅 17 岁的济南女足姑娘，一支仅仅成立两年半的校园女足，历城二中女子足球队为何能七战全胜、冲向世界？

永不服输
刻进灵魂的精神气质

胜负从来不是第一位的，迎难而上的自强和拼搏永远最动人。

据了解，2023 年世界中学生足球锦标赛高手如云，共有来自 17 个国家和地区的 19 支女队、26 个国家和地区的 32 支男队参赛，每一支队伍都是参赛国家选派的精兵强将。

回顾历城二中女足整个世界中学生足球锦标赛征程，多场比赛都曾面对困难，最后却都能克敌制胜：7 月 23 日首场比赛，姑娘们就对阵强劲对手——上一届赛事冠军德国代表队，她们直面挑战，以 2∶0 取得开门红；小组赛阶段，姑娘们又以 5∶2 战胜了实力不俗的冈比亚队；25 日面对一天两赛的艰苦赛程，她们顽强拼搏，接连战胜中国台北和尼日尔代表队，冲进八强；四分之一决赛上，点球大战 4∶3 击败劲敌巴西队；半决赛，1∶0 再胜德国队，闯进决赛……

精神不是万能的，但精神的力量不可或缺。事实上，历城二中女子足球队虽成立只有两年半时间，但能代表国家出战，早就在许多人意料之中。在此前国内的各项比赛中，这支女足队伍的成绩就已经足够亮眼：2021 年第十四届全国学生运动会代表山东取得季军、2022 年山东省第十五届中学生运动会中学女子组冠军、2022 年第一届中国青少年足球联赛女子U17组总决赛冠军、2022年“济南市体彩杯”女子高中组联赛冠军、2022年“济南市体彩杯”女子初中组联赛冠军、2023年第一届山东省青少年校园足球联赛女子U18冠军、2023年第一届山东省青少年校园足球联赛女子U15冠军等。

“我们能克服种种困难拿下冠军，靠的不仅是我们的技术和战术，孩子们的心态、斗志和团结也很重要，她们顶住种种压力获胜了！”历城二中女足总教练姚波说。

这是历城二中的女足姑娘们第一次走出国门，登上世界大赛的舞台。她们，也曾经历困境与挑战，却总能咬牙挺住，直到赢得最终的胜利。这不正是勇于克服困难、善于创造奇迹、敢于赶超先进的济南精神的写照吗？

自强拼搏、团结进取、全力以赴、永不服输……在历城二中年轻姑娘们的身上，我们也看到了中国女足永不言弃的精神、永不服输的气质，期待这群年轻的“铿锵玫瑰”在更多的赛场上精彩绽放。

砥砺奋进
济南教育的执着坚守

“勤”能带动“勤”，“志”能点燃“志”。

走进夺冠背后，比历城二中姑娘们自强自律拼搏夺冠故事更为精彩的是一个农村学校20余年迎难而上逆袭成为齐鲁名校的故事。也正是“人生在勤 志达天下”的“历二”校训，点燃了一域教育的精神内核，成就了在华夏大地绽放异彩的众多“桃李”。

历城二中有着亮眼的成绩单：教育教学成绩优异，位居全省前列；拔尖创新人才培养成果突出，2010年至今，共获得国际奥赛金牌5枚、全国金牌68枚，金牌数排名位居全省第一；艺术体育教育成果丰硕，获“山东体育强省建设先进集体”，校艺术团获“山东青年创新突击队”称号。从一所普通的农村中学发展成为齐鲁名校，进而获评全国教育系统先进集体，对历城二中来说，瞩目的不只是耀眼的成绩，还有缩小城乡教育差距、引导学生成为更好的自己的可行路径。

历城二中作为“全国青少年校园足球特色学校”，2021年1月成立了女子足球队，构建了“管理—活动—比赛”的培育模式，专业素养和整体实力迅速提高并进入全省前列，历城二中也成为济南市乃至山东省的样板学校。

2021年，历城区成立了全国首个县区级校园足球办公室，以历城二中为龙头，搭建了幼、小、初、高各学段“一条龙式”的人才培养链条，同时以年级为单位开设足球课，组织社团活动，开展班级联赛，实现了全员普及与特色培养的教育目标。同时，打通区域内小初高升学绿色通道，确保优秀队员优先到足球试点校入学。

如果说，历城二中女足夺冠是历城区探索体教融合新路径、建设“全国青少年校园足球试点区”的一个缩影，那历城二中逆袭为齐鲁名校则是济南教育深化改革、推进高质量协同育人发展的缩影。

近年来，济南市高度重视校园足球运动的推广与普及，青少年校园足球运动蓬勃发展，青少年足球水平不断提升。2022年，济南市成功获批“全国青少年校园足球改革试验区”，其中历下区、历城区和章丘区获评全国青少年校园足球改革试点县（区）。

秉承体教融合理念，省市教育体育行政部门从校园足球国家层面和人才培养的高度出发，打通职业球队与校园的通道，牵头促成与山东省足球运动管理中心合作共建了山东足协—历城二中女子足球队，携手培养优秀女足后备人才。

黄河文化
流淌在山东人骨子里的精神文脉

不管是女足姑娘们的霸气夺冠，还是历城二中的精彩逆袭，本质上反映的都是山东人骨子里拼搏进取的劲儿，这股“求新求变求发展”的劲儿是流淌在山东人血脉里的黄河文化精神使然。

“黄河浩荡贯长虹，浪泻涛奔气势雄。石障山屏难阻挡，千回百转总流东。”千百年来，黄河九曲，奔腾不息，滋养了辉煌夺目的黄河文化。在山东，黄河是一条文化纽带，更是一条精神文脉。黄河文化贯通了山东人“讷于言敏于行”的哲学思想——重实干、戒空谈，观照今天建设美丽中国生动实践，黄河文化基因已经融入了山东人的血液。

站在新时代，我们更要弘扬黄河文化、延续历史文脉、坚定文化自信，让黄河文化闪耀齐鲁大地，为全面推进中华民族伟大复兴汇聚山东力量。

古城往事越千年

■ 李现新

如果家乡没有一座古城，我们出门在外似乎就没有底气。

长清是千年古县，长清城是千年古城，长清古城就是我们的底气和文化自信。

隋开皇十四年（594）长清建制立县，悠悠1500余年来地域不变，地名不改，史脉清晰，文脉深厚。承载长清千年文脉的非长清古城莫属，“先有刺榆店，后有长清城”“长清塔，流洪顶；石麟山上弄一弄，东北关有三眼井”“石麟山下一座城，一条马路七盏灯”……这些从历史沙漏落下的细碎民谣，从侧面勾勒出长清千年古城动人的身姿。

千年之进

历史上的长清城不止一座，今天我们的老城印象总是定格在石麟山下的这座古城。其实1000多年前，长清县城是从一个叫升城的地

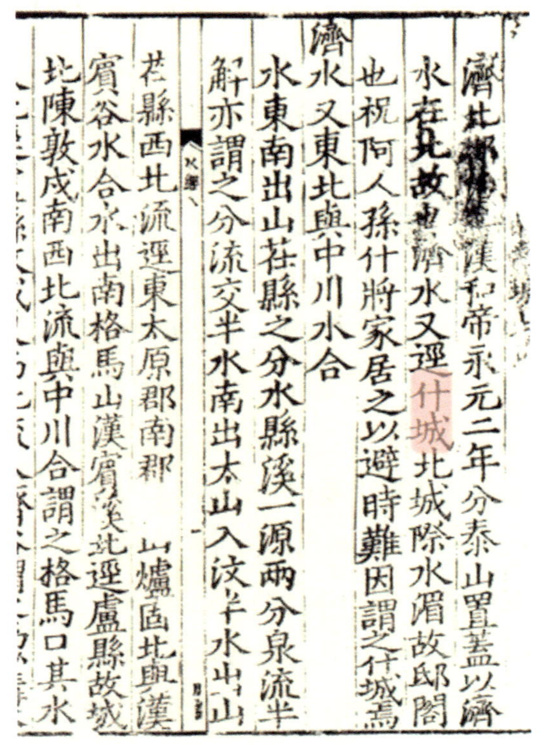
濟北郡治也漢和帝永元二年分泰山置蓋以濟
水在北故也濟水又逕什城北城際水湄故邸閣
也祝阿人孫什將家居之以避時難因謂之什城焉
濟水又東北與中川水合
水東南出山茌縣之分水縣溪一源兩分泉流半
解亦謂之分流交半水南出太山入汶半水出山
茌縣西北流逕東太原郡南郡　山爐固北與漢
賓谷水合水出南格馬山漢賓溪北逕盧縣故城
北陳敦戍南西北流與中川合謂之格馬口其水

《水经注》中关于什（升）城的记载

方东迁到石麟山下的，迁城前这个地方叫刺榆店。

关于升城，史册上多有记载。北魏郦道元在《水经注》中就曾记载过这座城市，“济水又迳什城北，城际水湄，故邸阁也。祝阿人孙什将家居之，以避时难，因谓之‘什城’焉”。大家注意，郦道元笔下的这个“什城”就是“升城”。因在古籍中“什”和“升”字形相近，人们一马虎便把“什”讹为“升”，“什城”也就变成了“升城”。孙什这个人历史无详细记载，只知是祝阿人，也就是今天长清东北部一带的人，可能是当时的富豪士绅，因有时名，所以人们便以其名称呼这个城市。

因阻山带河，地处要冲，又扼守着济水水道，所以升城地位很重要，东晋时在此设立了太原县，北魏时又将设于山茌县（县治在张夏村）的太原郡治移于此。用现在的话来说，升城为地级市的政府驻地。到了隋代开皇五年（585），太原县被废除，升城由县城降格为长清镇，开皇十四年（594）又升长清镇设长清县，升城便成了长清县的第一个县城。长清县在升城待了400多年，北宋初年，当时受地球温暖期的影响，霖霪作沴，江河时有泛滥。长清县城在济水边待不下去了，于是在至道二年（996），向东北迁到10余里外的刺榆店，也就是现在的长清老城区。

至今，长清民间还有“狮子红眼陷卢城”的传说。卢城位于今天的归德街道国庄村一带，从历代记载的方位来看，卢城和升城应是同一座城市，只是不同时代的不同称呼而已。

刺榆店的名称应与刺榆这种植物有关。刺榆是一种本土灌木，多生长在石灰岩质的小山上，耐干旱瘠薄，生命顽强，分布广泛，石麟山正是石灰岩质的小山丘。无独有偶，平阴县的前身叫榆山县，因境内的紫榆山而得名。“紫榆”“刺榆”发音差不多，紫榆也应指刺榆。刺榆店在唐初曾一度设为济北县，但旋起旋灭，很快又被撤并。估计宋初的迁城也考量了刺榆店的地形地貌和基础设施，是可以承载县城功能的。刺榆店于是又成了第二个长清县城，在此一待又是980余年，年深日久，刺榆店名字便被埋没了。到了20世纪80年代初，长清县城另辟新城，长清城再次东移，是为第三个长清县城。

从迁城轨迹上看，长清县城不断东进，千年之进其实就是一个去水向山的过程，主因还是济水（黄河）的泛滥。

千年之恋

到今天，设于北宋的长清老城足足有1027年的寿龄，是名副其实的“千年古城”。护城河、大隅首、全阳塔、老文庙、旧考棚、三眼井、履泉井等成为承载古城千年之恋的象征，长清古城的“邑中八景”则是文人雅士们推出的长清古城文化名片。八景分别为：长堤绕郭、古塔擎空、金牛牧笛、石麟笔峰、藤缠古槐、风鸣异松、通衢名泉、雷山孤亭。

八景中以“古塔擎空”的全阳塔和“石麟笔峰”的文笔塔最具代表性，堪称老城的地标。全阳塔建于北宋，因苏轼曾捐金助缘并写有塔铭而蜚声遐迩，又被称为东坡宝塔。全阳塔是平顶塔，没有塔尖，传说塔尖飞去了河西的流洪镇，又飞到了石麟山上，这就是“长清塔，流洪顶；石麟山上弄一弄”的来历。其实全阳塔并非没有顶，而是子母塔的样式，和现存的兖州兴隆寺兴隆塔差不多，后来子塔被毁，就成了平顶塔。在历史跌宕中，全阳塔早散入尘烟，目力所及，能代表千年古城风韵的当推文庙大成殿。长清县学文庙创建于北宋天禧年间，就其历史来说，在济南市范围内名列前茅，就规模和档次来说为济南县学文庙之最。长清文庙经历代增修，曾一度“规制崇弘，轮奂壮丽”，经岁月洗礼，现只存主体建筑大成殿，并列为省级文保单位。长清文庙于近年得到大规模修缮，重塑了在老城中的独尊地位。八景中“通衢名泉”是指位于南门里大街上的履泉井，因在长清老城南门里路西，身份地位和济南的舜井相当，堪称长清的“舜井”，此井已列入《济南市名泉名录》。

长清城还曾有雄伟壮观的城墙，格式严整的城楼、角楼、月城、护城河、桥梁、长堰等。如今只有护城河尚存，清晰地圈划出了老城的轮廓。

千年之变

近年来，长清区乘黄河战略、西兴战略、济泰同城战略的东风，放大叠加优势，积极推进老城区的更新改造。在规划中，长清沿用老城肌理，传承古迹文脉，划定文物古迹核心保护范围和建设控制地带，使护城河、大成殿、真相院地宫、主考官大殿、石麟书院讲堂、履泉井、丰产桥、跃进桥、长清剧院、老邮局等得到保护，并通过建筑修复、功能置换等措施，凸显老城传统底蕴，留住千年乡愁，守护千年文脉。届时，长清千年古城定会蝶变焕新，以古老而精彩的面貌展现在我们眼前。

往事越千年，时代谱新篇。相信长清古城的千年之变定会增强我们的文化底气，更会激发起我们建设长清的勃勃心气。

章丘的泉

■ 郑　卫

2023 年 7 月，著名学者魏新的文章《济南十分有文化，五分文化在章丘》引起了许多人的共鸣。其实，济南不只文化深厚，也是名副其实的“天下泉城”，而位于济南的章丘素有“小泉城”的美誉。

章丘的泉，积淀着悠长厚重的底蕴

先有平陵城，后有济南府。这是关于济南历史发展最简单的概括。平陵城，就是章丘龙山境地。9000 多年前就有章丘先民在这里繁衍，无数创新创造的智慧成果熠熠生辉，城子崖遗址、西河遗址、洛庄汉墓、危山汉墓、焦家遗址 5 处遗址入选“全国十大考古新发现”，龙山文化、铁匠文化、儒商文化、闯关东文化、黄河文化等，在中华文明史上留下了浓墨重彩的一笔。

最早记载章丘泉水的是《诗经·小雅·大东》，是 4000 年前谭国（今

章丘龙山街道境内）的一名官员所写的一首诗歌，其中有一句“有洌氿泉，无浸获薪”，意思是“清洌的泉水啊，不要弄湿我刚砍到的柴薪”。诗歌虽然反映的是贫苦人民的生活，但是从侧面可以看出当时章丘泉水的数量之多、水质之优。

一方水土养一方人。喷涌不息的泉水，哺育了无数风流人物，让章丘历史文化的天空繁星璀璨。其中，战国阴阳家邹衍被《中国科学技术史》著作者——英国李约瑟博士称为“中国古代科学思想的真正奠基者”；一代名相房玄龄，留下了“房谋杜断”的历史佳话；千古词宗李清照，开婉约派新风；诗文名家张养浩，具有深厚的民生情怀；明中叶“嘉靖八才子”之一的李开先，以“词山曲海”名闻天下；东方商人孟洛川，继承和发扬了“以义为先，以义致利”的齐鲁儒商文化……他们都是章丘走出来的精英人物，既有龙山文化的厚重博大，也有章丘泉水的灵动温婉。

文化和泉水是章丘的绝对优势。两者是章丘的根脉和灵魂，也是

章丘最持久、最核心的竞争力，这是无法复制的。中国龙山，文化厚重；章丘泉水，天下奇观。灵动的泉水承载着灿烂的文化，喷涌至今，滋养着章丘大地。

章丘的泉，充盈着姿态万千的丰韵

论数量，章丘泉水众多，分布广泛。在济南市950处名泉名录中，章丘名泉有137处，百脉泉群属济南市十大泉群之一，百脉泉、龙泉、墨泉、梅花泉、西麻湾、眼明泉等6处泉水被收录在济南市72名泉名录中。“家家泉水，户户垂杨”是章丘真实的写照。在官庄、垛庄、曹范、文祖、普集等山区丘陵地带，遍地开泉，道路成河。以泉命名的村庄众多，如白泉、响水泉、双水泉、黄露泉、朱公泉等，如果算上与泉有关的村庄，那就更多了。其中，官庄街道的石匣村，一个村就有凉水泉、圣水泉、神仙泉、凤凰泉等36处泉眼，成为人们休闲度假的好去处。

论形态，章丘群泉各具风骚，美不胜收。百脉泉吐玉涌翠，水质清莹，泉水从许多看不见的脉孔中涌出，泛出参差错落的颗颗“珍珠”，斑斓夺目，“百脉寒泉珍珠滚”一直以来都是章丘八景之首；墨泉奔腾而出，色如墨玉，是济南市单泉眼喷涌量最大的一处泉水，日涌量可达40000立方米，单靠这一处泉水的实力，50天便可灌满整个大明湖；梅花泉跳跃若轮，绽放如花，五个泉孔激流而出，跌落的泉水在碧绿的池中溅起五朵雪白的浪花，如傲雪斗霜的梅花，奋涌绽放、震撼人心；漱玉泉泉水兀起，雪涛四散，与墨泉遥相呼应，一白一黑，增添了神秘的色彩；眼明泉澄澈空灵，碧波无染，像绽放的莲花，水花四溅，清冽的泉水如同少年的明眸，不染尘埃……自南向北，清波碧流，泉水涌成了万泉湖，再经绣江河流向章丘大地，像母亲的乳汁哺育着章丘万物。

论影响，章丘的泉纵贯古今。关于章丘的泉，历史上许多典籍均有记载。北魏《水经注·卷八》著录：“水出土鼓县故城西，水源方百步，百泉俱出，故谓之百脉水。”唐《元和郡县图漱玉、梅花二泉志·卷十》载：“百脉水，出县（亭山县）东北平地，水源方百余步，百泉俱出合流，故名之。”元于钦在《齐乘·卷二·水》中说：“盖历下众泉，皆岱阴伏流所发，西则趵突为魁，东则百脉为冠。”章丘的泉，治愈了唐王李世民士兵的眼疾，赋予了李清照词作的灵气，激发了蒲松龄创作的热情，倾倒了元好问、张养浩、刘敏中、李开先等无数文人墨客。今天的章丘泉水，更以崭新的姿态展现在世人面前。2023 年国庆期间，大家期盼已久的明水古城揭开了神秘面纱。这是全球首个泉水主题公园，聚力打造“交通上人舟流转、建筑上村舍俨然、产业上农商辉映、生态上稻荷飘香、文化上古今交融”的泉水生态文化标志区，成为集观光旅游、休闲度假、商务会展、文化创意为一体的旅游休闲度假综合目的地。

章丘的泉，散发着独具魅力的气韵

章丘的物，似章丘的泉一样，甘甜醇厚，浑然天成。章丘泉水浇灌出的章丘大葱，以其“高大脆白甜”的特点享誉国内外；龙山小米从清乾隆年间开始进贡，被列入中国“四大名米”；明水香稻由百脉泉水全年浇灌，颗粒饱满、油润光亮，被称为“泉头米”；还有龙山水豆腐、章丘鲍芹、垛庄板栗、文祖花椒、曹范杂粮、白云湖野菜、高官寨芦笋……无论是山珍湖鲜，还是特色小吃，章丘应有尽有。

章丘的景，似章丘的泉一样，多姿多彩，活泼灵动。章丘集“山泉湖河城”于一体，南部山水形胜，中部群泉竞涌，北部黄河风情，在地貌上是最像泉城济南的一个区县，是济南市首家国家全域旅游示范区。

来章丘，访城子崖，看平陵城，感受文化章丘的厚重绵长；游清照园，赏百脉泉，感受生态章丘的风花雪月；进大学城，看产业园，感受科创章丘的梦想无限。

章丘的人，似章丘的泉一样，敢闯敢创，善作善成。章丘作为儒商文化的重要发源地，滋润了章丘人重情重义、真诚守信的心性品格。章丘将孟洛川诞辰日 8 月 25 日设立为“章丘企业家日”，大力弘扬企业家精神，以一座城的名义向广大企业家致敬，让每位企业家和创业者都能安心投资、顺心办事、舒心创业、温馨生活，打造政策最优、成本最低、服务最好、办事最快的投资生态。

章丘的未来，似章丘的泉一样，喷涌不息，潜力无限。黄河流域生态保护和高质量发展战略、省会经济圈一体化战略、“强省会”战略在章丘交汇叠加，文化底蕴深厚质朴，三次产业齐头并进，工业基础强势明显，交通区位优势突出，生态禀赋得天独厚，发展空间潜力巨大，基因传承深入血脉，“七大优势”持续彰显，章丘正在全面建设新时代社会主义现代化强区的征程中阔步向前。

古人云：仁者乐山，智者乐水。一个地方，如果有山有水，就是一个人们向往的去处。如果再有泉，那简直可以成为人们宜居乐业的地方。

济南是这样的地方，章丘也是这样的地方。我们如此幸运，就生活在这里。

品味四季　乐享济阳

■ 何晓艳

在济阳鼓子秧歌铿锵的鼓点中，在回河羊汤鲜香滚烫的热气里，在糖画艺人“笔走龙蛇”的创作中，2024 年 1 月 18 日，2024 春节山东乡村文化旅游节济南启动仪式暨济阳首届年货节盛大启幕。

活动现场人潮涌动、热闹非凡，琳琅满目的非遗、手造、美食、年货以及民俗表演让人眼花缭乱。随着活动的深入，济阳区 2023 年“品味四季　乐享济阳”十大节庆展会活动也在浓浓的年味里画上了一个圆满的句号。

一

2023 年，济阳深入开展优秀地域历史文化研究，深度推进文旅融合，以“品味四季　乐享济阳”为主题，倾情推出了贯穿全年的十大节庆展会活动、十大旅游研学路线，乡村文化旅游蓬勃开展，遍地开花。

“济阳首届啤酒音乐节”“闻韶圣地农民丰收节”“冬季黄河大集暨垛石番茄创意生活节”“2024 春节山东省乡村文化旅游节暨济阳首届年货节”等十大节庆展会活动，你方唱罢我登场，购年货、逛大集，买特产、品美食，看演出、赏非遗，一场场别开生面的文旅盛宴不断掀起群众精神文化生活的新高潮。

本次山东乡村文化旅游节济南启动仪式暨济阳首届年货节，既是济阳十大节庆展会活动的收官之作，也是济阳深化文旅融合、推进乡村文化振兴新的开篇，将为济阳进一步发挥文化优势、赋能经济社会发展提供新的思路，赋予新的动力。

二

城市既要有筋骨肉，更要有精气神。这种“精气神”体现在一座

城市的发展上，应是贯穿高质量发展始终的文化自信自强，应是全社会彰显出的向上向好的精神面貌，以及老百姓不断提升的幸福感和获得感。这种“精气神”离不开文旅融合、文化振兴的生动实践，离不开优秀传统文化创造性转化、创新性发展，离不开文化的强势赋能。

济阳地域历史文化底蕴深厚，黄河文化、闻韶文化在这里交织交融，北纬 37 度黄金线穿城而过，泽被万物，瓜果飘香，给济阳留下了许多天然馈赠和文化典藏。山东大学儒学与黄河文化研学基地就设立在此。

2500 年前，孔子游历济阳，在济阳曲堤聆听韶乐，留下了“子在齐闻韶，三月不知肉味”的千古美谈。济阳“曲堤”，虽不及“苏堤”“白堤”那么有名气，但千百年传承下来的儒家智慧，总能在人们漫步济水韶音博物馆、静观闻韶台遗址的时候，幻化成遗风古韵，声声入耳，余音绕梁，三日不绝。游客行走黄河岸边，驻足葛店险工坝头，依河临风，观澜听涛，即可体会黄河“吞吐万汇，海纳百川”的磅礴胸怀，抑或生发“寄蜉蝣于天地，渺沧海之一粟”的人生感怀。儒风韶韵，千年传承，历久弥新。

三

历史是一座城市的记忆，文化是一座城市的灵魂。守护城市的历史文化，就是守护城市的生命力。济阳积极响应济南建设文化强市目标任务，深入挖掘本土文化优势，整合传统文化资源，把文化作为提升城市品格的重要一环，持续提升城市厚度、温度与热度。

济阳倾力打造“济阳 @ 黄河”文化品牌，积极推进“山东手造”济北手造工程，盘活以黑陶、剪纸、结艺、五彩陶等为代表的手造产品 30 余类。300 余件“山东手造”济北特色产品高调亮相第 32 届全国图书交易博览会、第四届中国国际文化旅游博览会、国际泉水节等大型活动现场，火热吸粉近百万人，让经典的传统文艺变得更鲜活、更生动，更好地融入大众生活。

济阳聚力破题“品味四季 乐享济阳”近郊休闲游，以春日里举办的文旅资源推介会为开端，开启一年四季美不胜收之风景，以年货节为收官，蓄藏岁岁年年底蕴悠长之积淀。“黄河情·稻花香”乡村文化振兴展示带风情百里，济阳鼓子秧歌欢快热烈、气势恢宏，“富硒”西瓜、曲堤黄瓜、“番朵朵”小番茄入口脆爽、甘甜多汁，旺旺工厂深藏着百变“旺仔”的文化秘密，金晔食品见证着山楂酸与甜的蜕变历程，游客们在感官体验中赏心悦目，在文化熏陶下凝神聚力，持续点燃济阳的人气热度。

有人说，每一座城市的爆火，都与其难以复刻的本土文化底蕴有着密不可分的联系。也有人说，旅游回归文化是旅游产业发展的高级阶段和高级形态，旅游业的发展必须有文化赋能。这恰恰印证了文化软实力是一个地方发展的灵魂。

念念不忘，必有回响。2023 年以来，济阳系列节庆展会活动已吸引 67 万人齐聚济阳，带动周边消费 7800 万元，开展各类主题研学活动 300 余期，8 万余人次参观体验，济北新城人气爆燃！

霁月雪明，灯火人间；跨过黄河，旅游向北。2024 年，我们备一场盛宴，用一整个四季，让您的每一场奔赴都不虚此行！

“一鼓作气”的莱芜范儿

■ 武希刚

“夫战，勇气也。一鼓作气，再而衰，三而竭。彼竭我盈，故克之。”这是著名军事理论家曹刿对长勺之战的一番评论，讲述了春秋时期鲁军在战时活用“一鼓作气，再而衰，三而竭”的原理击退强大齐军的史实。这一重要历史事件，与山东省济南市莱芜区有着千丝万缕的联系。

“一鼓作气”之于莱芜

莱芜位于古齐国和鲁国的交界地带，向来是兵家必争之地，曹刿口中的长勺之战就发生在这里，留下了“一鼓作气”的千古佳话。

关于长勺之战遗址，《辞海》记载：“长勺，古地名，春秋鲁地，因商遗民长勺氏居此得名。故址在今山东莱芜市东北。《春秋·庄公十年》：‘公败齐师于长勺。’即此。”莱芜区苗山镇西部有杓山，实际是勺山的演变。山下有东、西杓山两村，附近一带就是当年长勺之战的战场遗址。

如今，漫步于长勺之战旧址，瞻仰遗迹，昔日车马声犹在耳畔，令人不禁感慨万千。然传奇已逝，经典永存。古长勺之战为莱芜留下了“一鼓作气、乘势而上”的不朽传奇，铸就了“一鼓作气、敢打必胜”的奋进精神，成为莱芜人民最鲜明的精神品格。

用历史映照现实、远观未来。进入新时代，莱芜人民始终秉承“一鼓作气”的精气神，持续放大跨越赶超优势，全力争当强省会建设发展“火车头”。

一鼓作气，敢打必胜，莱芜有底气

历史，是向上的根基；时代，是发展的底气。

置身伟大时代，面对发展重任，莱芜这座鲁中古邑、工业新城，底蕴深厚，活力满满。

曾几何时，“俺莱芜有”一句看似俏皮调侃的话，让世界认识了莱芜。融入济南后的莱芜，实现了从县域到省域的跨越。今天的莱芜，底气十足，“八大优势”更加凸显，迎来了前所未有的黄金期，步入了高质量发展的快车道。

机遇在这里交汇叠加——

济莱区划调整后，莱芜被赋予“省会城市副中心”“黄河流域先进制造业中心”定位，黄河重大国家战略、强省会战略强势赋能，纵深推进，全区综合实力大幅跃升，2022 年地区生产总值突破千亿元大关。凭借“省会城市副中心”“黄河流域先进制造业中心”这两块金字招牌，莱芜区吸引来了越来越多的项目和资本，在为区域经济发展注入更多动能的同时，也彰显出蓬勃发展的莱芜力量和厚积薄发的莱芜魅力。

坐拥齐鲁中心的区位优势——

在莱芜，老百姓有“一小时起飞，两小时下海”的美谈，说的就是莱芜得天独厚的区位优势。莱芜地处齐鲁腹地，是全省地理几何中心，距济南国际机场 80 公里，距青岛港 220 公里，距泰山 40 公里，境内三条铁路交会，四条高速纵横。特别是济莱高速免费通行、济莱高铁通车运营，让人流、物流、信息流、资金流加速集聚，将莱芜推向了更高的平台，也为企业带来了源源不断的机会。

物产资源富集——

莱芜区总面积居济南市各辖区第一，有 1739 平方公里，大小河流 300 余条，黄河 13 条主要支流之一的大汶河穿城而过。

莱芜,矿产资源丰富,已发现矿产30余种,其中铁矿石储量6亿吨，列华东之首。

莱芜，农业基础雄厚，是“中国生姜之乡”“中国花椒之乡”，“三辣一麻”（生姜、大蒜、鸡腿葱、大红袍花椒）、“三黑一花”（黑猪、黑鸡、黑山羊、花脸长毛兔）享誉海内外，“莱芜姜·赢健康”成为全国特色康养品牌，品牌价值达到 124 亿元。市级以上农业龙头企业 70 家，万兴果菜、泰丰食品被评为国家级农业龙头企业，农产品出口份额占济南市 80% 以上。

产业门类齐全——

莱芜工业基础雄厚，产业体系完善，国民经济 41 个工业行业大类中，莱芜拥有 40 个；济南市四大主导产业中，莱芜有 3 个，精品钢与先进材料、智能制造与高端装备、生物医药与大健康三大主导工业产业纳入济南市产业战略规划。这里产业发展的空间广阔、基础坚实、动能强劲、禀赋突出，是企业集聚发展的丰厚沃土。

创新活力加速迸发——

2023 年省政府工作报告中，“平台”一词出现 16 次，充分说明“无平台、不经济”的趋势导向。莱芜拥有一二三产错位发展、特色鲜明、功能互补的莱芜高新区、莱芜农高区、雪野旅游区三大功能区，全市独一无二。三个功能区既是改革主体、产业高地，也是创新平台、招商平台、服务平台，伴随着产业、技术、人才等要素资源的加速整合，莱芜将释放更多创新活力，实现价值倍增。

山清水秀生态美——

莱芜山多、水多、林多，素有“山头三千河西流，盆地尽沃土”的美誉，具有鲁中地区最好的生态禀赋，坐拥“五山两水一湖一池”，北部雪野湖水面面积15平方公里，是省级旅游度假区；南部莲花山峰峦叠翠，素有“北普陀”“东九寨”之称。全区森林覆盖率36%以上，拥有全省首个国家“两山”实践创新基地——房干村，获评山东省文旅康强县和山东省全域旅游示范区。

人文厚重有底蕴——

莱芜有5000多年的文明史，历史悠久，人文荟萃，是东夷文化区域中心、大汶口文化重要发祥地，是“伯益封地、嬴秦祖里”，纵贯南北、绵延古今的齐鲁古商道，镌刻着“长勺之战”的不朽传奇和“管鲍分金”的千古美谈。特别是由于地处古代齐鲁两国交界处，双方商贸往来密切，莱芜自古便是开放的桥头堡，绘就了“兼容并蓄、合作共赢”的城市底色，涵养了“崇德尚实、重工厚商”的地域风尚，成为一片发展的热土、创业的高地。这里拥有5项国家级非遗项目——孟姜女传说、锡雕、莱芜梆子、酱肉制作技艺（亓氏酱香源）、中元节习俗，24项省级非遗项目，为全市数量最多。莱芜是革命老区，80多年前，山东省工委在莱芜鹁鸽楼村重建；70多年前，莱芜战役在这里打响，红色精神在嬴汶大地上传承不息、深入人心。

宜居宜业的优势——

莱芜区致力于打造一座宜居宜业的城市，紧扣“省会城市副中心”定位，坚持产城融合理念，大力推进城市功能板块建设，深入实施城市更新三年行动计划，努力做精城市品质、做优业态功能；致力于打造市场化、法治化、国际化、便利化的一流营商环境，持续优化“产业、政策、服务”三位一体的产业生态，着力构建更加完善有力的政策支撑体系，服务事项100%上网，“拿地即开工”成为常态，“一窗受理”“全省通办”赢得群众普遍赞誉。企业在莱芜尽享政策红利，获得长足发展。

一鼓作气，敢打必胜，莱芜有力量

在2023年4月份召开的全省民营经济高质量发展工作会议上，莱芜区捧回了“山东省民营经济高质量发展先进区”的牌子。这是莱芜区继荣获全国科技进步先进区、国家知识产权强县工程试点区、国家外贸转型升级示范基地、中国产城融合创新示范区、省级全域旅游示范区、服务业先进区、全省数字化智能化试点区等称号之后，在经济领域获得的又一项含金量极高的荣誉。

时间继续往回拨。

2023年2月10日，济南市统计局发布2022年全市各区县主要经济指标。莱芜区地区生产总值突破千亿元大关，达到1005.3亿元，同比增长3.4%，成为济南市第6个千亿级区县。

首次跃上千亿元新台阶，意味着经过一年的负重前行，莱芜区迈入了一个更高“级数”的台阶，进入了与更强高手同台切磋的竞技场，由此跨入高质量发展新阶段。

成为济南市第6个“千亿元区”，莱芜区一直被寄予厚望。济南市“十四五”发展规划提到，济南将推动莱芜创新转型发展，突出抓好山东重工绿色智造产业城建设，支持莱芜区打造不锈钢产业基地，到2025年莱芜区地区生产总值突破1000亿元。此番突破1000亿元，莱芜区提前完成了任务。

沿着时间坐标继续往回走。

2022年2月17日，莱芜区第一次党代会开幕。围绕答好“建设什么样的莱芜，怎样建设好莱芜”这一时代命题，莱芜区第一次党代会明确提出，大力实施“生态立区、工业强区、创新兴区”发展战略，加快打造黄河流域先进制造业中心和省会城市副中心，全力争当强省会建设发展“排头兵”，奋力谱写现代化新莱芜精彩篇章。

新一届区级班子在深入调研的基础上，系统梳理莱芜八大优势，科学制定发展战略，大力实施“生态立区、工业强区、创新兴区”发展战略，加快建设实力强劲、创新引领、生态宜居、人民幸福、治理高效的现代化新莱芜。

以战略思维谋全局，抢抓机遇赢得主动。伴随着具有莱芜特色的“生态立区、工业强区、创新兴区”发展战略的持续推进，莱芜高质量发展的道路越来越宽，昂首迈进“千亿俱乐部”。

显然，“千亿俱乐部”并没有让莱芜停下追逐的步伐。新的一年，莱芜区将继续凝心聚力抓项目，全力以赴拼经济，蓄势聚能谋发展，奋力开创莱芜高质量发展新局面。

莱芜区坚定不移深耕工业经济，加速构建“以钢为基、以车为本、以药为先”的雁阵型产业集群。

以钢为基，精品钢与先进材料产业优势集聚——

莱芜区拥有泰山钢铁、九羊集团、莱威新材料、爱地高分子等规模以上工业企业28家。泰山钢铁、九羊集团蝉联“中国企业500强”，泰钢不锈钢制品产业基地启动建设，400系不锈钢占据全国25%的市场份额，口镇化工助剂产业园是济南市三个化工专业园区之一，莱威新材料超高分子量聚乙烯纤维制造技术打破国外技术垄断。

以车为本，智能制造与高端装备产业蓄势崛起——

智能制造与高端装备产业体系中现有规模以上工业企业达到91

家，拥有中国重汽、凯傲叉车、正泰线缆、朗进科技、泰莱电气、威马泵业、奔速电梯等众多骨干企业，2022年实现产值近100亿元。目前，已初步形成以“四辆整车”为龙头，以特种装备、电力装备等为支撑的产业集群。

以药为先，生物医药与大健康产业规模凸显——

济南市把莱芜区纳入全市生物医药与大健康产业发展的战略版图，使其成为全市“双核引领、双谷呼应”产业格局的重要组成部分。目前，莱芜区已集聚企业44家。

在此基础上，莱芜区不断加大招商引资力度。莱芜区委、区政府主要领导带头外出招商，赴北京、上海、安徽、江苏、浙江等地洽谈项目，通过“走出去”与“请进来”并举，实现招大引强引优，全力推动招商引资工作不断取得新成效。

3月30日，“大河奔腾 莱芜聚力”济南市莱芜区2023年优势产业推介暨重点项目签约活动举行，集中签约项目39个，总投资279.05亿元。

一粒种子，可以长成一棵参天大树，无数棵参天大树就能组成一片茂盛的森林。39个项目就是39粒种子，为莱芜“工业强区”战略带来了无限可能和空间。

一鼓作气，敢打必胜，莱芜有这个范儿

“夫战，勇气也。一鼓作气，再而衰，三而竭。”这里的“一鼓作气”，强调的是战场上鼓足士气的重要性。而放到如今的莱芜身上，就是面对发展目标，始终保持“一鼓作气”的范儿，多一些韧劲儿，多一些拼劲儿，多一些闯劲儿，多一些干劲儿，不达目的誓不罢休。

早在2022年，在嬴汶大地上就刮起了一场以“走在前、争一流、开新局”为主题的头脑风暴，以“七破七兴”加快作风大转变。细数这“七破七兴”，其最终落脚点也无外乎引导全区上下继续保持“一鼓作气”的范儿，乘势而上，敢打必胜。这种范儿既包含“咬定青山不放松”的韧劲儿，又有“不破楼兰终不还”的拼劲儿，也有“踏平坎坷成大道”的闯劲儿，更有“绝知此事要躬行”的干劲儿。

咬定青山不放松——莱芜人身上有那么一股韧劲儿。在莱芜人看来，不思进取、甘于人后是不作为的表现，平推平拥、小成即满、不敢对标、不敢追赶更是可耻的。干就干好、不甘人后、追求卓越的理念早已深入百万莱芜人民的骨髓。他们追求“跳出莱芜看莱芜，站在全局谋发展”，渴望将自身置身全市、全省乃至全国大格局中寻找定位、谋划发展。“事争一流、唯旗是夺，争第一、创唯一”是莱芜最鲜明的追求。

不破楼兰终不还——莱芜人身上有那么一股拼劲儿。在莱芜人眼中，故步自封只会引起本领恐慌。他们善学善作善成，他们致力于解决“盲目自信、经验办事，不知道干什么、怎么干”等突出问题，自觉克服“本领恐慌”“知识恐慌”“专业恐慌”，切实把事业当成学问来研究、把工作当成事业来干，做到管一行专一行、干一行精一行。“永不满足、永不止步、精益求精、争当标兵”成为莱芜最鲜明的特质。

踏平坎坷成大道——莱芜人身上有那么一股闯劲儿。在莱芜人看来，闯劲不足、思路狭窄只会让工作停滞不前。他们敢于破除一切不合时宜的思维定式、固有模式和路径依赖，敢于跳出“舒适区”，勇蹚“深水区”，敢闯“无人区”，善于将遇到的“堵点”“难点”转化为“提升点”“突破点”。“思想解放、敢闯敢试，锐意改革、奋勇争先”是莱芜最鲜明的主题。

绝知此事要躬行——莱芜人身上有那么一股干劲儿。莱芜人从不拈轻怕重，也不消极应付。他们敢接最烫手的山芋，敢碰最硬的钉子，他们习惯于把“要我担”变为“我要担”，用“顶上去”代替“绕过去”，将“不可能”变为“一定能”，他们认为功成不必在我、建功必须有我。他们有“不进则退、慢进亦退”的进取精神，有“今天再晚也是早、明天再早也是晚”的观念，有“开局就是决战、起跑就是冲刺”的劲头。他们让“干字当头、一抓到底，攻坚克难、敢打必胜”成为莱芜最鲜明的标识，让“雷厉风行、大干快上，只争朝夕、不负韶华”成为莱芜最鲜明的基因。

对于莱芜区来说，就是要在保持已有成绩的基础上，再多一些韧劲儿，多一些拼劲儿，多一些闯劲儿，多一些干劲儿，始终保持“一鼓作气”的范儿，让争先晋位成为莱芜最强音，加快实现更高质量发展。

向着下一个目标奋进！

“钢铁之城”是如何炼成的？

■ 钢 轩

钢铁推动着人类文明的车轮滚滚向前，济南市钢城区是全国唯一以钢铁命名的城区。20世纪70年代以前，它还是黄羊山下一片绿油油的荒地，经过50余年岁月洗礼，如今摇身一变，已跻身全国十大钢铁厂基地行列，从无到有，一步一步见证着传奇。

源远流长

钢城矿冶历史悠久，境内出土的大量青铜器、铁器等文物向我们证明，自商周时期这片土地便已经和钢铁铸下深厚的缘分，也向我们展示了春秋战国时牟国青铜冶铸业的发达。西汉尚未实行官营以前，私人冶铁业较发达。历经汉、唐、北宋、元、明，采矿、冶炼取得长足发展，现有西冶、宋家庄等处冶炼遗址。

冶炼业发达的前提是采矿业发达。钢城铜矿主要分布在铁铜沟、青冶行一带，铁矿主要分布在城子坡、寨子、里辛、黄庄一带，影响较大的是银山、铁山等银、锡、铁矿遗址。

1982年，文物工作者在银山村西铁山上，发现了唐代铁矿遗址。银山铁矿遗址跨越3个小山头，南北长约1.5公里，最大深度30余米。该遗址是山东省目前发现规模最大的铁矿遗址之一，出土文物有铁钎、铁锤及其他与冶炼有关的器具。据传，唐初大将尉迟敬德曾率兵在此开矿。

铁矿遗址四周还出土过大量陶器残片，从出土的陶器纹饰分析，残存陶片上起汉代晚期，下至明清，规模之大和出土的冶铁工具之多，足以证明这里曾是汉代和唐代及明清重要的冶铁和锻造兵器及制作农具的地方。

早在2000多年前，这里开矿冶铁就开始蓬勃发展，为时代的进步做出了重要贡献。1998年，银山铁矿遗址被钢城区人民政府公布为第一批重点文物保护单位。

薪火相传

1958年，中共中央政治局扩大会议提出年内钢铁产量要比上年翻一番的目标。为适应这一要求，钢城一带被列为山东省钢铁生产基地，并开始建设年产生铁10万吨、钢5万吨的钢铁企业——省属沂蒙生建钢铁厂。

1964年，根据中共中央关于备战工作的指示，泰沂山区被列为"小三线"建设范围，不仅沂蒙生建钢铁厂要重新恢复生产，还要建设一座小型特殊钢厂，以解决军工生产的钢材配套问题，位置选在黄羊山北麓。厂名对内称山东钢厂，对外称新成铁工厂，1968年6月按设计规模建成投产。

1969 年 11 月，根据中央指示，山东集中力量加速莱芜地区钢铁工业建设，时任山东省委第一书记杨得志奔赴莱芜，实地查看确定山东省最大的钢铁基地。

经过全面筛查，最终选定由徐家庄火车站向东延伸至铁铜沟一带作为莱钢钢铁厂所在地，也就是现在莱钢所在区域。1969 年 11 月 15 日，山东省成立莱钢工程指挥部；1970 年 4 月 11 日，莱钢工程会战誓师大会召开，由此拉开了莱钢大会战的序幕。

炉火照天地，红星乱紫烟，每一声敲打都是坚实发展的脚步。1975 年 5 月 20 日，莱钢大会战主体工程 620 立方米高炉建成投产。这座当时全省最大的高炉，被称为“齐鲁第一炉”。它的建成投产，不仅是莱钢的一件大事，也是山东冶金行业的一件大事。从此，“620”成为莱钢的一个具有象征意义的数字符号，成为这片热土上的新地标。

经过50多年的建设发展，莱钢已成为具有综合生产能力的大型钢铁企业集团，成为全国规模最大、规格最全的H型钢精品生产基地，全国最大的齿轮钢生产基地，全国规模最大、附加值最高的粉末冶金生产基地。

“让高山低头，河水让路，敢教日月换新天”的精神引领着这座钢铁城市驶入高质量发展的快车道。一项项成就的背后，挺立的是钢铁人顶风冒雨的钢铁脊梁，浸透的是钢铁人的辛勤汗水。

继往开来

钢城以钢立区，以钢兴区。曾经，“一钢独大”、产业单一的问题严重制约了钢城的发展，这些主客观因素倒逼区委、区政府不断推动钢城产业结构调整：黄河下游重要支流大汶河钢城段完成综合治理，济莱高铁建成通车，实施全域城市更新、蓝天保卫战，全区抢抓战略机遇，坚持全面融入、等高对接，努力实现跨越发展。

近年来，在大力发展绿色钢铁、智慧制造等支柱产业的同时，钢城区确立了“城市更新高质量”发展目标。在共建共享、共同缔造的理念下，补齐城区短板，提升城区功能品质，让城市更新真正融入社会发展、惠及百姓万家，让城区从“增长”向“成长”转变。

钢铁意志，众志成城。时代在变迁，但坚韧不拔、艰苦奋斗的钢铁精神一直在延续。站在新的历史起点上，钢城将带着奉献的豪情不断前行，为建设“强新优富美高”新时代社会主义现代化强省会贡献力量。

“现代平阴”绘新景，御风而行向未来

■ 赵青山

持续上扬的经济曲线，产业兴旺的和谐乐章，乡村振兴的铿锵步伐，跨越赶超的豪迈士气，暖意融融的民生实践……目之所及皆新景，身之所感皆活力！

2023 年，平阴这片热土迸发出了强劲的发展活力，勾勒出了经济社会高质量发展的绚丽篇章，实现了“六个跨越”，建设现代平阴的奋进步伐愈发铿锵有力。

2024 年 1 月 2 日，济南召开市委经济工作会议暨 2024 年“项目深化年”工作动员大会，明确了 2024 年全市经济工作的路线图和发力点。乘借着此次大会的东风，平阴县将持续突出工业优先，聚力转型升级，加快项目建设，坚持产业、城市“两手抓”，纵深拓展“双城共建、两翼齐飞”发展布局，奋力跑出高质量发展“加速度”。

产业项目齐头并进，厚植发展新动能

数字经济是工业经济时代跨界融合发展的主要经济形态，是重塑区域竞争新优势的关键力量。近年来，济南在全国率先提出打造数字先锋城市，深入实施工业强市发展战略和数字经济引领战略。平阴县全力对标对表“数字济南”建设目标，把提升企业数字化水平作为鼓励企业技改的方向之一，大力实施“智改数转”提升行动，引导企业加快数字化转型步伐。

平阴县积极牵头组织联通、移动等数字化转型领域的服务机构对企业进行现场问诊，为济南龙山炭素有限公司量身打造了智能化仓储项目和智能数字中心。智能化仓储项目有效改善了原料贮存过程无组织排放的问题，而智能数字中心则实现了公司生产、环保、安全、能源、设备管理等数据的可视化平台接入，公司智能化、数字化管理又上新台阶。

玫德集团则借助“数字经济浪潮”，大力推行信息化与工业化深度融合实施的数字化、绿色化赋能工程，新上 20 万吨智能化管道生产线和自动化包装生产线，建设工业立库，提供从智能制造到智能仓储物流的系统解决方案。该项目是平阴县传统产业数字化、智能化改造的引领性项目。

“智改数转”提升行动，只是平阴县高高擎起“工业强县”大旗，以传统产业转型升级为主线、以数字化转型为重要方向，全力构建现代化产业体系的一个缩影。2023 年以来，平阴县认真落实全市“项目突破年”部署要求，坚持“优存量、扩增量”，积极探索产业高端化、

智能化、绿色化发展路径；深入开展“民营经济服务年”，出台“支持民营经济高质量发展 12 条措施”，持续培育壮大“两优两特”产业集群，成功入选全省绿色低碳高质量发展先行区建设试点名单，获批全省能源绿色低碳转型试点单位。

2024 年，平阴县将以全市“项目深化年”为指引，把项目建设作为经济社会发展的“主引擎”和“硬支撑”，聚焦发展需要，围绕短板弱项、资源禀赋、产业基础等方面，谋划储备项目 320 个，总投资 1220.16 亿元，为高质量发展蓄势赋能。战略性谋划发展新兴产业集群，围绕贝兰圭芯片、万维半导体、紫荆光电等项目开展延链补链，在新一代信息技术、新能源、新材料等领域策划引进更多优质项目，不断拓展产业发展新赛道。

提升城市“颜值”，“精致平阴”更显“气质”

“高水平推进城市建设管理，聚力在优化城市功能品质上实现新提升。”市委经济工作会议对城市建设管理提出了明确目标。近年来，平阴县持续推进“精致平阴”建设，不断刻画城市发展的全新维度。下一步，平阴县将进一步做优城市规划，提升城市品质，增强城市竞争力，为加快转型发展提供有力支撑。

2023年以来，平阴县着眼做大框架，做强功能，做优品质，更大力度推进城乡统筹协调、一体发展，持续优化生产、生活、生态空间布局，大力推动城乡精品精致建设，不断提升外在“颜值”、内在“气质”。战略性谋划打造东部产业新城，平阴昂首跨入“双城时代”。

精细精致推进老城更新。“峰出云翠”、实验学校北片区等项目有序推进，66个老旧小区改造项目进展顺利。不断提升路网服务能力，“两清零，一提标”任务全面达成。用心用力抓好全国文明城市创建，广泛开展“共建美好平阴”主题实践活动，新时代文明实践场所实现全覆盖。依托全省规范城市户外广告和招牌设施管理试点，全面整治城区16条主次干道，持续用“绣花功夫”为城市美颜塑形。

坚持民生为本，开出民生“幸福花”

此次市委经济工作会议强调，要千方百计增进民生福祉，聚力在推进共同富裕上实现新提升。平阴县将“民之所需，力之所至”化作为民服务的生动实践，以抓铁有痕、踏石留印的劲头办好每项民生实事，用党员干部的“辛苦指数”换得群众的“幸福指数”。

平阴县用心用情用力做好教育、卫生、就业、养老、社会治理等民生工作。千难万难，不能让民生为难，持续加大民生事业投入，用炽热的为民情怀书写了温暖厚实的民生答卷，成为全省首批迎接县域义务教育优质均衡发展国家评估认定区县。在全市率先启动妇幼保健机构标准化建设，落实异地就医结算制度，实现县域医保服务管理一体化。健全完善养老服务体系，建成县综合养老服务中心，东阿镇获评国家智慧健康养老应用试点，平阴县入选全省县域养老服务体系创新示范县。进一步强化社会治理水平，使乡村振兴绽放活力、生态环境不断改善，绘就了群众看得见、摸得着、体会得到的幸福画卷。

加压奋进起好步，笃行实干开新局。平阴县将把市委经济工作会议暨2024年“项目深化年”工作动员大会勾勒的“任务图”化作“施工图”，以“起步就是冲刺、开局就是决战”的精气神，推动各项工作在量上有增长、质上有提升，推动全县工作“大变样”，为加快建设“强新优富美高”新时代社会主义现代化强省会贡献平阴力量。

千年古商河　风韵人文秀

商河县，一个底蕴丰厚的千年古县；商河人，一个风骨巍然的精诚群体。斯时、斯地、斯人，拨开历史长河的层层涟漪，撷来古县商河风云际会里那些跳动的浪花，美丽画卷跃然眼前……

斯时，黄帝长子少昊有凤来仪

2017 年 9 月，联合国地名专家组中国分部、民政部以及中国地名研究所联合公布了全国首批 100 个“千年古县”名单，商河县荣列其中。

以“千年古县”最重要的两个认定标准——“置县 1000 年以上，专名沿用至今 1000 年以上，或历史上虽有短暂变更但又恢复使用至今的”来对照，商河县荣膺“千年古县”实至名归。商河县春秋时期为齐国麦丘邑，西汉置枋县，东汉废，隋开皇十六年（596）重置商河县，距今 1400 余年。

立足春秋，宏阔的历史镜头再往前拉伸，邈远寥廓的远古时代与商河的亲近感扑面而来。商河旧志“封圻”篇记载，在黄帝的长子少昊时期，商河属于少昊的刑官爽鸠氏的管辖之地。这是商河有史以来与三皇五帝有所瓜葛最确切的记载。按少昊生卒于约公元前 2598 年—公元前 2525 年推算，商河县时空坐标的历史轴线由此拉伸至 4500 年前。

历史镜头进一步聚焦，按商河春秋时期属齐国作历史定量测算，商河人文历史 3000 年，岁月沧桑而年轮飞扬，县龄千年而青春昌旺。

斯地，黄河少女时代造化万千

商河地处黄河下游冲积平原，全县土壤成土母质是第四纪黄河冲积物，由黄河泛滥和决口所携带的大量泥沙在水流的分选作用下沉积而成。据统计，全国名字带河的县（不含市、区）共 26 个。其中商河县因县随河名、河县同名而独领风骚，更因黄河古道过境千年而威

武刚健。

关于县境内古黄河变迁，地方旧志记载：“自周定王五年至宋庆历八年，河流可考者，凡千六百四十余年而行县境。”自公元前602年黄河在宿胥口首次改道东行漯川，直到公元1048年黄河在濮阳东商胡埽决口改道北流，黄河或漫溢过境或直接作为主河道过境长达1650年之久。中国近代史上的“通才”刘鹗，也即清代《老残游记》的作者，其所著《历代黄河变迁图考》“第六”显示，在公元69年汉明帝时期修筑黄河大堤时的黄河路线图上，商河县赫然在列。

黄河历史上有26次较大的改道，母亲河少女时代的调皮在商河展现无遗，如今碧波荡漾的大沙河依稀可辨她婀娜的身姿。西汉著名经学家、长安人许商在境内治理黄河水患，民念其功，“托名于河，以寄其思”，自此许商所治理过的这条河谓之许商河，隋代重置县时名为滴河县，至宋元祐元年（1086）滴河县改为商河县，沿用至今。而治河有功的许商，不仅在商河县历代名宦祀里作为首位名宦被世代供奉，而且在商河历史地名里熠熠生辉。据商河县《王氏族谱》载，康熙年间王再雪的谥文里有“先生，讳再雪，字新又，济南许商人也”，说明直到清代康熙年间，“许商”亦作为地名无疑。

沧桑大地，且与岁月共情长。2005年11月，商河县城驻地商河镇改名许商街道办事处，并在县城人民公园塑立许商塑像，以纪念许商治水的功绩。

唐代，商河曾地属沧州，时任沧州刺史薛大鼎曾赋诗赞颂许商治水：“洪流入海地无波，百姓欢呼麦丘坡。犹恐甘棠遭败剪，嘉名永锡许商河。”光阴流转，1300多年之后的2005年，一座镌刻着“许商河”的巨石矗立在省道248线（今国道240线）大沙河畔，宛若一位老人在诉说悠悠光阴里的滴河与商河。

斯人，麦丘祝谏翘楚人文风骨

一句“百姓欢呼麦丘坡”，时空穿越隋唐直奔春秋时期商河的莽莽原野。自上古时期的尧舜禹时代至今，4000 年里，黄河上游渭南的华州与下游济南的商河先后出现过两次“三祝”的典故——华封三祝和麦丘三祝，在寥廓无际的历史长河里激荡着智慧的浪花。

春秋中期的某一天，齐桓公策马逐鹿于麦丘邑之地，喜获当地 83 岁长寿老人三杯祝酒，留下“麦丘三祝”（亦称“三祝三谏”）的千古佳话：一祝金玉为贱、人民是宝，二祝贤者在侧、谏者得入，三祝君主无得罪于臣下和百姓。桓公闻之称善，扶而载之，自御以归，礼之于朝，封之以麦丘，而断政焉。

这一典故出自《晏子春秋》及西汉韩婴《韩诗外传·卷十》、汉代刘向《新序·杂事》，这是有文字历史以来商河县第一次有先民形象在典籍中出现，麦丘邑人直谏君主的事迹充分显示了商河先民率真耿直而朴素向善的民本思想，这一思想在商河县首批国家级非物质文化遗产——鼓子秧歌这一民间舞蹈中得以淋漓展现，剽悍粗犷的舞蹈风格与春秋时期麦丘邑人的耿直性格一脉相承。

一方水土，养一方人。夏商之时，先商始祖契“封于商”；秦汉时期，秦始皇东巡驻跸商河台子刘“蓑蒲系马”，高祖刘邦三位后裔刘辟光、刘偃、刘让在商河先后封为扐侯、宜成侯、枋侯，商河荣膺三侯封地。光武中兴，刘秀赐名龙桑寺。隋唐之时，隋帝杨广商河演武助战千里平叛。商河孟云卿、孟简、孟迟三位著名唐代诗人，与后唐名相马裔孙合称“三孟一马”，彪炳史册，尤以孟云卿与“诗圣”杜甫情笃谊厚传为佳话；有明一代，少司马张九叙“大人之风”一脉相承，北曲一派张自慎雅负才藻，成就商河县南北双张传奇；清末，鲁北相府以“商河城北一家王”比肩“武定府中半城李”，并成为“当代红楼梦”《清水幻象》的故事原型地。20世纪30年代，娄西山（殷巷镇人）敢为人先，在梁漱溟乡村建设运动带动影响下，参与创建商河县“美棉联社”，使商河成为山东省首批15个试点县之一。

一座古城，是文化遗产，也是生活家园；是精神传承，也是生命记忆。数千年的文明发展史，形成了商河县蔚为大观、独具特色的地方文化，更涵养了商河人踔厉奋发、耿直向善的人文风骨。

这座低调的千年古城有着不低调的过往与底蕴，穿越熠熠生辉的文化长河，温暖了岁月，惊艳了时光。

发挥宣传优势 为发展赋能

■ 高 宣

2023 年 12 月 12 日，全市宣传思想文化工作会议召开，这是宣传思想文化战线的大事，为我们准确把握新形势新要求、推动宣传思想文化工作高质量发展指明了前进方向。

置身新时代社会主义现代化强省会建设大潮中，宣传思想文化工作该如何开创新局面？对于济南高新区而言，这个问题可以具象为：宣传思想文化工作如何为“世界一流高科技园区”发展赋能？

济南高新区成立于 1991 年，在国家级高新区综合评价中最高排名第十位，以 2.8% 的面积贡献全市 13.4% 的经济总量。园区锚定“世界一流高科技园区”目标，向“高”而攀，向“新”而行，逐步成长为济南市经济社会发展的“主引擎、主阵地、主力军”。奋进新征程上，宣传战线如何为“世界一流”建设提供坚强思想保证、强大精神力量及有利文化条件？

坚持对标一流，扭住“三个关键”

《论语》有云：“取乎其上，得乎其中；取乎其中，得乎其下；取乎其下，则无所得矣。”对于宣传工作而言，唯有凡事对标一流、力争一流，才有可能突破跃迁，展现新气象新作为。

扭住制度体系建设这个关键。宣传思想文化工作肩负着“举旗帜、聚民心、育新人、兴文化、展形象”的使命任务，每一项都非易事，需要在战略性、基础性工作上下功夫，在关键处、要害处下功夫，在工作质量和水平上下功夫。高新区围绕“建设世界一流高科技园区”目标定位，结合工作实际，全面梳理、优化各项宣传工作制度，从顶层设计保障党中央和省委、市委关于宣传思想工作的决策部署落地生根。

扭住队伍建设这个关键。宣传思想文化工作需要不断增强“脚力、眼力、脑力、笔力”，努力打造一支政治过硬、本领高强、求实创新、能打胜仗的队伍。高新区宣传工作者不断掌握新知识，熟悉新领域，开拓新视野，增强本领能力，努力开创全区宣传思想文化工作新局面。

扭住媒体平台这个关键。“能用众力，则无敌于天下矣；能用众智，则无畏于圣人矣。”当前，宣传思想文化工作的环境、对象、范围、方式发生了很多变化。我们要切实建强区级融媒体中心，搭建群众爱用好用的社会服务平台。

坚持“一盘棋”理念，做好五个方面的结合

宣传思想文化战线肩负着为全面建设社会主义现代化国家、全面推进中华民族伟大复兴提供坚强思想保证、强大精神力量、有利文化

条件的重要职责。对于高新区而言，宣传思想文化工作关系到对重大项目的牵引力、高质量发展的支撑力、科技创新的驱动力，以及对人才和资本的吸引力。宣传部门要树立“一盘棋”理念，把宣传思想文化工作同行政管理、行业管理、社会治理紧密结合，构建大宣传格局，做好“结合”文章。

加强对上沟通联络。及时传达学习各级宣传思想文化工作会议精神，准确把握新时代宣传思想文化工作新形势、新要求，练就过硬本领。

加强与各部门联动。与各部门单位建立良好的信息交流渠道，积极发挥各业务主管部门职责作用，凝聚多方合力，赋能“大宣传”格局。

加强与重点企业互动。与企业建立相互赋能的有效机制，在支持重点企业做好对外宣传的同时，引导它们在非公企业宣传教育、文明建设等领域担当作为，为经济社会平稳运行助力。

加强与党建人才工作协同。加大宣传与党建工作的协同力度，在文明单位创建、全环境立德树人等领域，与机关党委、各非公企业党委、各街道党工委等高效协作，发挥“1+1 > 2”的成效；精准把握人才引领发展的最新定位，在打造人才高地关键时期，发挥矩阵式宣传作用。

加强与民生保障部门协作。加大对教育、卫生、保障工程等领域的新闻宣传，强化基层穿透力，根据受众分类，将各类民生保障信息广泛向辖区群众普及。同时，重点防范脱实向虚的宣传方式，注重讲真话、讲成效。

坚持问题导向，提升工作水平

宣传思想文化工作必须与时俱进，不能故步自封，必须坚持问题导向，找准弱点、痛点，谋划实招硬招，将其逐一破解。

济南高新区聚焦补齐短板弱项，持续加强融媒体中心和新时代文明实践中心建设，培育宣传宣讲“新思享”、文明实践“新力量”两大品牌，以融媒体中心为主阵地，构建全媒体传播体系，打造高新区思想引领的“桥头堡”、政策理论的“宣讲员”、文明新风的“倡导者”、新闻资讯的“百事通”、服务群众的“大本营”。同时，创新宣传教育工作方式，全力提高覆盖率和受众人数；加强宣传品牌打造，适时开展宣传策划、媒体记者行、短视频比武、智库论坛、新闻发布会五个主题活动，进一步提升文明实践活动的参与度，打造更有契合力、亲和力的宣传阵地。

“为者常成，行者常至。”唯有深入学习领悟习近平文化思想，把思想和行动统一到党中央对宣传思想文化工作的决策部署上来，方能释放出宣传工作的磅礴动能，担负新的文化使命，展现新气象新作为，推进各项重点任务落实落地，为加快建设新时代社会主义现代化强省会贡献“高新”力量。

问泉哪得清如许

■ 刘兆河

“水生民，民生文，文生万象，泉生济南”，很好地诠释了泉水、人文和城市之间不可分割的内在联系。南部山区以泉源为统领的自然山水和人文遗迹，对济南的社会风情、城市形态和人文养成提供了丰富的营养。只有全方位、立体化、多角度挖掘和梳理南山泉源文化，才能真正体会到泉文化在济南文化和城市发展中的核心价值和地位。要破解济南这座城市的文化密码，我们就要沿着泉水的脉络，追溯济南历史的源头，去探索南部山区的前世今生。

泉水溯源

济南有着“泉城”的美誉，七十二名泉扬名天下。关于济南泉水的源头，历来众说纷纭。

最早提出南部山区是济南泉水源头并加以考证的是“善政垂后世，

诗美耀湖光”的曾巩。他在《齐州二堂记》里写道：“泰山之北与齐之东南诸谷之水，西北汇于黑水之湾，又西北汇于柏崖之湾，而至于渴马之崖……齐人皆谓尝有弃糠于黑水之湾者，而见之于此。盖泉自渴马之崖，潜流地中，而至此复出也。”据文中曾巩叙述，黑水湾在前，柏崖湾在后。我在南部山区工作多年，从乾隆《历城县志·卷八·山水考三》和现有地名分析，应该是柏崖湾在前，黑水湾在后，疑为曾巩的误记。为了考证济南泉水的补给源，他亲自到南部山区考察，结合弃糠于黑水之湾（即仲宫锦阳川）而见于趵突泉的说法，得出玉符河水“自渴马崖入地，复出为趵突泉”的结论；又根据济南泉水色味相同，做出诸泉同源的判断。

元代于钦在《齐乘·卷二·水》中写道：“盖历下众泉，皆岱阴伏流所发，西则趵突为魁，东则百脉为冠。”“岱阴”指泰山北麓的济南南部山区；“伏流”指降雨渗入石灰岩的地下潜流；“所发”指山前冒出来的泉子，也就是趵突泉、百脉泉等著名泉群。

现代地质考察研究证明，济南南部山区为泰山北麓，自南而北有中山、低山、丘陵，至市区变为山区和平原的交接地带，相对高差800多米。地势南高北低、坡度平缓，有利于地表水和地下水向城区源源不绝地汇集。大气降水渗漏地下，顺沉积岩层倾斜方向北流，至城区遇到岩浆侵入体阻挡，承压出露地表，形成泉水。《济南市南部山区保护与发展规划》中确定的泉水涵养区重点渗漏带有11处，总面积约25.6平方公里。

据此，南部山区不仅是济南泉水最重要的涵养区，更是济南泉群和泉水的源头。

泉水盛宴

南部山区自古以来泉源上奋，名泉众多。作为济南十大泉群之一的涌泉泉群，涵盖了南部山区仲宫、柳埠、西营三个街道办事处。该区域内溪流遍地，泉水潺潺。载入《济南泉水志》的名泉多达126处，未曾载入的泉池有500余处。2004年新评的“济南七十二名泉”中，涌泉泉群有涌泉、突泉、泥淤泉、苦苣泉、避暑泉、缎华泉、大泉、圣水泉8泓泉水入选。

南山泉群，大泉喷涌，小泉吟唱，养育和形成了南部山区的“一水两库三川”。

“一水”，即玉符河。千年玉符河，纳百泉清流，汇三川玉水，将泰山与黄河相连。玉符河发源于泰山北麓的锦绣、锦阳、锦云三川，

三川之水汇入卧虎山水库，流出始称玉符河，向西北流经市中、长清、槐荫，注入黄河，并分流小清河，全长40.8公里，形成“山水相依、渔耕井然”“阡陌辉映、溪流相连”的郊野公园，呈现出“绿岛映秀、碧水回环”“林草丰茂、鱼翔浅底”的湿地景观。

“两库”，即卧虎山水库和锦绣川水库。卧虎山水库位于锦云川、锦阳川、锦绣川汇流后的玉符河上，流域面积为557平方公里，库容量达1.2亿立方米。水中游鱼跳跃，水上白鹭翱翔，鱼鸟竞技，美不胜收。锦绣川水库位于锦绣川中部，总库容4150万立方米。库水碧绿，烟波浩渺，周围重峦叠嶂，花木扶疏。每到汛期，水从大坝10个溢洪口飞落，形成高达30多米的瀑布，声如滚雷，壮如烟云，堪称南山之绝景。

“三川”，即锦绣川、锦阳川、锦云川三条河域。锦绣川，又名北川。《历城县志》载：“梯子山之右有洞曰仙人，涧曰云梯，锦绣川之源也。”锦绣川流经西营、绣川、仲宫，汇入卧虎山水库，全长36公里，流域面积221.6平方公里。又载：“两岸之上……春涧野花，秋林红叶，望之如锦，故名锦绣川。”锦阳川，又名南川。《历城县志》载：“锦阳川，在中宫东南，起源长城岭仙龙潭西北至中宫太甲山西，延袤七十余里。”长城岭，《酉阳杂俎》谓之“分流山……玉水源也”。锦阳川古时又称玉水，汇集柳埠窝铺峪、龙门峪、齐城峪、梨峪之水，流经仲宫与锦云川汇合，注入卧虎山水库。锦云川，又名锦银川、西川，流经高而、仲宫，与锦阳川水汇合，注入卧虎山水库，流域面积55.2平方公里。《历城县志》载：“长城岭又东北分者，莫高于秋千台，秋千台又西为玉皇岭，左分为东棋子岭，两山之间，锦云川水出焉。”又称：“锦云川……延袤六十余里，山川争秀，与锦绣、锦阳鼎踞其胜。”

南山不仅养育了 20 万父老乡亲，而且造就了独具特色的区域风貌，形成了“一水两库三川”山水融合的地理景观，正是“五百里三川，山重重，水潺潺，直到历下成趵突”。

泉源文化

泉水有源，文化有根。南山人民对泉水的感情，不仅是情感上的热爱，还有文化上的认同、精神上的依恋。南山融合了古老久远的东夷文化、交汇融合的齐鲁文化、仁爱济世的儒家文化、影响深远的宗教文化、隐藏民间的泰山文化、因泉而生的村居文化、题咏泉溪山川的诗词文化和举足轻重的红色文化、注重礼仪的饮食文化，形成了自己丰富而独特的文化景观。

纵观南部山区，秉承中华文明，在如此狭窄的区域内融合了“儒释道”、泰山文化、骚客文化和红色文化等众多优秀传统文化，在国内也极为罕见。

巍巍泰山，何其壮哉！悠悠南山，何其厚哉！若要真正感知南山历史、领悟南山文化，从泉源文化入手，就能抓住南山文化的本质和灵魂。特别是在生活节奏不断加速的今天，重新倡导、弘扬泉源文化，挖掘和拓展其文化内涵，十分契合人们回归自然、追求宁静、返璞归真的心理需求，也是生态旅游未来发展的大势所趋。

“溪涧岂能留得住，终归大海作波涛。”您来与不来，我都在南山等您！

盘活红色文化 赋能乡村振兴

■ 张栋栋

走进济南起步区大桥街道鹊山东社区，黄河铁路大桥、王士栋烈士纪念地、鹊山惨案纪念地……其“红色”元素令人印象深刻。近年来，鹊山东社区用红色文化为乡村振兴塑形铸魂，全力推动形成了以红色文化为核心，集红色教育、文化体验、生态观光、乡村休闲为一体的文旅业态，激活乡村发展新动力。

以红色文化润心，追忆沧桑历史。鹊山东社区深入挖掘区域自然文化资源，积极配合完成王士栋烈士纪念地改造提升工程、鹊山山体改造提升项目。同时，为传承红色基因，更好推动爱国主义教育，起步区于2020年对王士栋烈士雕像进行了维护，同时按照“融合百年铁路大桥历史人文资源，彰显携河发展时代风貌”的设计理念，修缮了纪念地周边道路，新建了停车区、雨水花园、红色廊道、最佳观桥点等景观设施，积极打造爱国主义教育基地。

传承红色基因，赓续红色血脉。鹊山东社区周边红色文化资源丰

富。为着力加强社区党员的红色教育，结合王士栋烈士纪念地改造提升工程，社区还组建了红色文化宣教队，为前来悼念的机关单位、社会团体和群众进行宣讲。占地约 160 平方米的“鹊山东方红”党建文化长廊，生动展现了鹊山当地的发展脉络和红色文化。在党建共建中，由“双报到”单位援建的深岩井，不仅解决了社区居民吃水难的问题，更为社区带来产业资源。党支部始终坚持组织群众、动员群众、服务群众，演绎了新时代的红色鹊山故事。

打造党员义田，延伸红色党建内涵外延。打造党员责任田，选种合适的经济作物，组织全体党员义务劳作，并将丰收的农作物全部回馈给社区年迈老人、困难群众、残障人士等群体，累计发放花生、豆角等时令经济作物 30 吨，惠及 1000 余人次。党员责任田为社区弱势群体送上了实实在在的温暖。如今，鹊山东社区的党员义田从最初的 3 亩发展到 30 余亩，涵盖多种经济作物的种植基地，逐渐形成了鹊山东社区的党建品牌，也吸引了周边企业及共建单位的参与，建立了一条联系群众、服务群众的纽带，增强了党支部的凝聚力，拉近了党群关系，成为党员“树形象、展风采”的有效窗口。

构建党员网格化管理机制，提升基层治理水平。近年来，鹊山东社区党支部秉持“抓党建就是抓发展、抓服务、抓民生”的理念，大力推进党员网格化管理，形成“1+2+5+15”的网格小组构架，即一个党支部集中统一领导、社区“两委”干部包挂党员小组、5个党小组长分别包3个胡同，将社区15条胡同、60名党员全部纳入网格管理，建立起辐射全社区439户、1900余名群众的三级网格管理架构，实现了基层党建和基层社会治理的双向融合。

以多彩活动倡树，探索沿黄文旅发展新篇章。由鹊山东社区居委会主办，六六房车俱乐部、济南公共交通集团有限公司一分公司协办的“2023黄河大集——济南鹊山生态房车露营季”活动启动仪式在鹊华烟雨生态园区举办。来自全国各地的房车爱好者以较大规模集结方式组织红色旅游，既是美好生活的大汇聚，更是宣扬红色文化的大带动。2023年，济南市广场舞大赛暨起步区第三届广场舞大赛在鹊山东社区激情开赛，为群众搭建了展现个性风采、追求文化品质、享受艺术魅力的互动交流平台。

2023年，山东省文化和旅游厅发布了《关于公布第二批山东省红色文化特色村的通知》，确定全省47个村为第二批山东省红色文化特色村，济南市4个村入选，鹊山东社区便位列其中。

乡村振兴，既要塑形，也要铸魂，文化振兴是全面推进乡村振兴的重要内容。起步区将充分利用红色文化的影响力和感召力，激活乡村振兴的各类资源要素，打造乡村治理新格局，确保乡村振兴各方面工作扎实有序推进。

『泉』映时光

QUANYINGSHIGUANG

济南的春天

扫一扫，看视频

济南宣传
大明湖
济南的春天

济南宣传
超然楼
济南的春天

济南，一路生花

扫一扫，看视频

济南宣传
『花海如潮』
济南一路生花

济南宣传
龙鼎大道
济南一路生花

泉底济南，哪一眼最惊艳

扫一扫，看视频

济南宣传
济南宣传
濂泉

曾巩，河山一览汇波楼

扫一扫，看视频

济南宣传
因众泉汇流 从北水门泄出
故亦名 汇波门
济南名士多

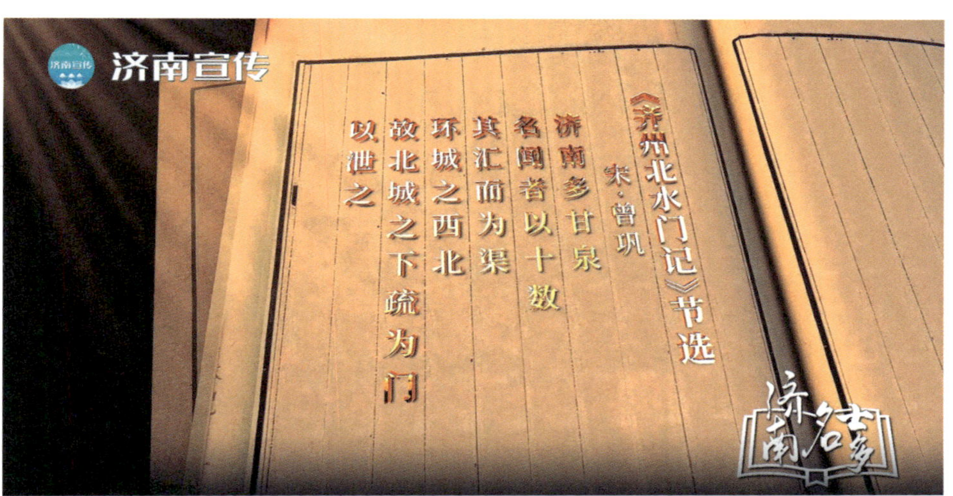
济南宣传
《齐州北水门记》节选
宋·曾巩
济南多甘泉
名闻者以十数
其汇而为渠
环城之西北
故北城之下疏为门
以泄之
济南名士多

济南的初夏

扫一扫，看视频

济南宣传
绿叶阴浓树影婆娑

琵琶泉

扫一扫，看视频

济南宣传
诗画济南泉城

济南宣传
琵琶泉
诗画济南泉城

中国传统色打开济南的夏天

扫一扫，看视频

济南宣传
东方既白
『相与枕藉乎舟中
不知东方之既白』
苏轼《赤壁赋》
南山云海

济南宣传
芰荷
『莫言春度芳菲尽
别有中流采芰荷』
贺知章《采莲曲》
明湖荷韵

传统美学打开中秋里的公园

扫一扫，看视频

济南宣传
真正体验到生活在宋朝的一天

泉城飘扬中国红

扫一扫，看视频

济南宣传
喜迎国庆
泉城飘扬
中国红

济南宣传
欢乐国庆
泉城飘扬
中国红

申遗成果展
——济南泉·城文化景观

扫一扫，看视频

济南宣传
这是两个汉墓

济南宣传

重阳登历山，共赏“丰”俗嘉年华

扫一扫，看视频

济南宣传
重阳佳节，来济南，逛山会

济南宣传
佳节又重阳·登兹历山
第40届千佛山"九月九"重阳山会
千佛山"九月九"重阳山会兴起于元代

看赵孟頫笔下的《鹊华秋色图》

扫一扫，看视频

济南宣传
秋天里
诗画济南泉城

济南宣传
诗画济南泉城

菊景满园，秋浓趵突泉

扫一扫，看视频

济南宣传
菊王展区
"斗菊大赛"作为每年菊展的重头戏

济南宣传
济南市第四十四届趵突泉金秋菊展
时下正在进行的趵突泉金秋菊展

济南的秋天

扫一扫，看视频

秋登华不注，湖光摇碧山

扫一扫，看视频

济南宣传

济南宣传

回家·韩美林艺术展

扫一扫，看视频

济南宣传
今天的这场艺术展非同寻常

济南宣传
声音来源：
著名主持人任鲁豫
欢迎大家来到泉城济南

日落华不注

扫一扫，看视频

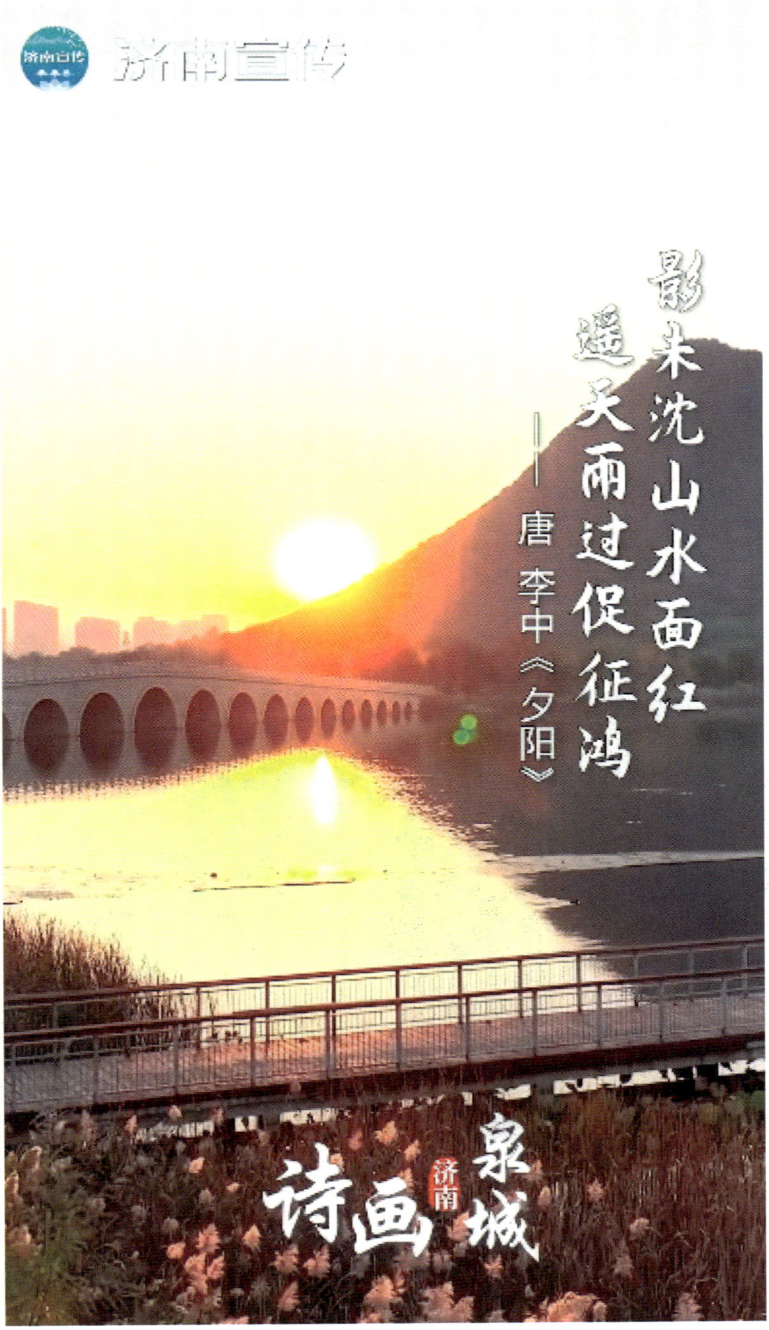

影未沈山水面红
遥天雨过促征鸿
——唐 李中《夕阳》

诗画济南 泉城

落叶缓扫，泉城迎“金”冬

扫一扫，看视频

更凸显了济南城市治理的温情关怀

落叶如婀娜舞者优雅旋转

雪落成诗济南府

扫一扫，看视频

济南宣传
诗画
济南
泉城

济南宣传
护城河
诗画
济南
泉城